Andreas Simon

Chicago, die Gartenstadt.

Unsere Parks, Boulevards und Friedhöfe, in Wort und Bild. Nebst anderen Skizzen.

Andreas Simon

Chicago, die Gartenstadt.
Unsere Parks, Boulevards und Friedhöfe, in Wort und Bild. Nebst anderen Skizzen.

ISBN/EAN: 9783743644359

Hergestellt in Europa, USA, Kanada, Australien, Japan

Cover: Foto ©Andreas Hilbeck / pixelio.de

Weitere Bücher finden Sie auf **www.hansebooks.com**

Humboldt-Standbild im Humboldt Park.

Chicago, die Gartenstadt.

Unsere Parks, Boulevards und Friedhöfe, in Wort und Bild.

Nebst anderen Skizzen.

Reich Illustrirt.

Von Andreas Simon.

Chicago:
Druck und Verlag der Franz Gindele Printing Co., 140–146 Monroe Straße.
1894.

Inhalts-Verzeichniß.

	Seite.
Chicago's Volkshaine,	11
Lincoln Park	15
Süd Park-System	44
Das West Park-System	67
Humboldt Park	77
Einweihung des Humboldt-Denkmals	89
Garfield Park	96
Douglas Park	103
Die Boulevards	111
Namensverzeichniß der West Park-Commissäre	115
Chicago's Beerdigungsplätze — Einleitung	117
Friedhofstimmen	121
Graceland	122
Rosehill	130
Friedhof Calvary	137
Bonifazius-Kirchhof	141
Wunder's Gottesacker — Jüdische Friedhöfe	145
Friedhof Oakwoods	150
St. Maria — Mount Greenwood	157
Mount Olivet und Mount Hope	162
Haase's Park	166
Forest Home — Jüdische Kirchhöfe	170
Friedhof Waldheim	177
Concordia Gottesacker	182
Böhmischer Nationalfriedhof	185
Mount Olive	186

	Seite.
Allerlei Skizzen	193
Bekränzte Grabhügel	195
Peterson's Baumschule	198
Blumenpflege	207
Privatgärten und Gewächshäuser	211
Adolph Schöninger's Gartenanlagen	212
Wicker Park und Uihlein's Pflanzenhäuser	215
J. C. Vaughan's Handelsgärtnerei	216
C. E. Dreuer, biographische Skizze	219
Michael und Rudolph Brand	220
Theo. A. Kochs	223
Die Heißler und Junge Co.	224
Die Wm. Schmidt Baking Co.	227
Arnold Brothers	228
Bank of Commerce	231
Geschäftsanzeigen	235

Illustrationen.

	Seite.
Humboldt-Standbild im Humboldt Park	2
Lincoln Park Ansicht	8
General Grant's Reiterstandbild	13
Im Lincoln Park	17
Der „Mall" im Lincoln Park	21
Das Schiller-Denkmal im Lincoln Park	25
Das Linné-Denkmal im Lincoln Park	29
Blumenparterre im Lincoln Park	33
Die Indianergruppe im Lincoln Park	37
Das neue Palmenhaus im Lincoln Park	41
Lincoln Denkmal im Lincoln Park	45
Washington Park-Ansichten	49
Sonnenuhr im Washington Park	53
Die „Himmelsthür" im Washington Park	57
Wohnpalast der Frau Catharine Seipp	61
Das Humboldt-Denkmal im Humboldt Park	65
Seeufer-Corso	69
Das Fritz Reuter Standbild	74
Onkel Bräsig mit Lining und Mining	75
Humboldt Park-Ansichten	79
Im Humboldt Park	83
Das Fritz Reuter-Denkmal im Humboldt Park	87
Im Garfield Park	91
Kapelle in Graceland	101
Das Innere der Kapelle in Graceland	105
Einfahrt zum Friedhof Graceland	109
E. S. Dreyer's Wohnhaus	113
Das Wacker-Denkmal in Graceland	119
Im Friedhof Graceland	123
Einfahrt zu Rosehill	127
Rosehill — Denkmal der Battery "A"	131
Rosehill — John Wentworth's Denkmal	135
Einfahrt zum Friedhof Calvary	139

	Seite.
Denkmal der Frau Louise Hesing in „Bonifacius"	143
Soldatendenkmal in Rosehill	147
Denkmäler in Graceland	151
Eingang zum Friedhof Oakwoods	155
Rosehill — Feuerwehr Denkmal	159
Park Ansicht in Graceland	163
Einfahrt zu Forest Home	167
Ansicht von Forest Home	171
Einfahrt zum Friedhof Waldheim	175
John Bühler's Familien Denkmal	179
Im Friedhof Waldheim	183
Soldatendenkmal im Böhmischen Nationalfriedhof	187
Im Friedhof Waldheim	191
P. S. Peterson's Wohnhaus	198
Das Gottfried Denkmal in Waldheim	201
Egandale — Veranda-Schmuck	205
Egandale — Der „Blumenkorb"	209
Adolph Schöninger's Wohnpalast und Gewächshäuser	213
Edward Uihlein's Gewächshäuser	217
United States (früher Brand's) Brauerei	221
Theo. A. Kochs in 1873 und 1893	223
Heißler und Junge's Dampfbäckerei	224
Dampfbäckerei der Wm. Schmidt Baking Co.	226
Das Karle-Denkmal in Waldheim	229
Arnold Brothers' Gebäude	231
Felsenlandschaft in Egandale	233
J. C. Vaughan's Gewächshäuser	237

Lilienteich im Lincoln Park.

Vorwort.

Die Anpflanzung und Einrichtung von öffentlichen Parks in Chicago legt beredtes Zeugniß dafür ab, daß von der zuständigen Behörde — der Gesetzgebung des Staates Illinois — zur Zeit schon, als Chicago noch zu den kleineren Städten gehörte, der hohe Werth anerkannt wurde, den öffentliche Anlagen, wie Parks und Boulevards, für die Gesundheitspflege und Volkserholung besitzen.

Dank der Freigebigkeit der Bevölkerung, die alljährlich viele tausende von Dollars in die Kassen der Parkbehörden zahlt, ist in ausreichendem Maße dafür gesorgt, daß die Parks, die „Lungen" der Großstadt, von Jahr zu Jahr um neue Reize und anmuthige Landschaftsbilder bereichert werden. Sie sind ja anerkanntermaßen für das körperliche Wohlbefinden ein Bedürfniß und ein Mittel für die sittliche und aesthetische Erziehung des Volkes.

Jeder Mensch, der für die Freuden der Natur ein empfängliches Herz besitzt, wird erheitert, indem er sich den wohlthuenden Eindrücken hingibt, die diese schattigen Volkshaine auf ihn ausüben und vergißt dort viel leichter die Kümmernisse und Beschwerden des alltäglichen Lebens. Beruhigt, neu gestärkt an Körper und Geist, kehrt er zu seiner gewohnten Beschäftigung zurück.

Was kann also wohl dem im Schweiße seines Angesichts sein Brod verdienenden Stadtbewohner Angenehmeres geboten werden, als die Gelegenheit, seine kurzen Erholungsstunden mit den unschuldigen, aber köstlichen Freuden an der herrlichen Natur, wie sie sich in den großartig angelegten Parks dem Auge darbietet, auszufüllen? Von den vielerlei Verwendungen, die das Geld der Steuerzahler findet, dient somit keine einem nützlicheren, segensreicheren, mehr auf das körperliche Wohlbefinden der ärmeren Volksklassen bedachten Zweck, als die, welche der Verschönerung und dem Instandhalten öffentlicher Parks gewidmet ist. Diese üben besonders an Sonn- und Feiertagen eine mächtige Anziehungskraft auf die Bewohner der Stadt Chicago aus, die von früh bis spät, zu Fuß und zu Wagen, in dichten Schaaren durch die Eingänge der lauschigen Haine strömen und dort im kühlen Schatten der Bäume, im Anblick der buntschillernden Blumenflora und der vergnügt und frohlockend umherspringenden Kinder, sich ganz und voll dem Genusse hingeben, der den müden und abgearbeiteten Stadtmenschen am sonntäglichen Ruhetage sich in diesen von der huldvollen Mutter Natur so verschwenderisch ausgestatteten Erholungsplätzen darbietet.

Sie erweisen sich in der That als ein großer Segen für die Bevölkerung unserer Großstadt, im Besonderen aber für den Theil, der in ärmlichen, engen Quartieren sein Leben fristen muß und von einem Sonntag zum andern mit den Sorgen und Mühsalen des Lebens zu kämpfen hat. Für diese Klasse von Leuten und deren Kinder hat der Ruhetag in der Jahreszeit, welche einen Spaziergang nach unseren öffentlichen Parks und ein Verweilen dortselbst gestattet, seine größten Annehmlichkeiten; die frische würzige Luft, die dort weht, der das Gemüth erhebende Anblick der grünen Matten, der von Singvögeln bevölkerten Wäldchen, der Blumen und spiegelblauen Parkgewässer mit ihren behende durch die Wellen streichenden Kahnen, erfüllen das Herz mit frischem Lebensmuth und lassen die Widerwärtigkeiten des Alltagslebens wenigstens für die Dauer des einen Tages in Vergessenheit gerathen. Die inmitten von Mangel und Entbehrungen und in ungesunden Wohnungen aufwachsenden, in der Hitze des Sommers dem Siechthum verfallenden Kinder der ärmeren Volksklassen, gewinnen hier neue Kräfte und die erquickende Luft, welche ihre fieberischen Wangen umfächelt, die sich ihren matten Blicken aufthuende landschaftliche Herrlichkeit, sie bringen Sonnenschein und Heiterkeit in das kranke Kindesgemüth und in vielen Fällen wohl auch Genesung.

Ganz besonders große Anstrengungen sind im letztverflossenen Jahr (1893) gemacht worden, nicht nur, um den einzelnen Parks eine noch reichere Fülle von landschaftlichen Reizen zu verleihen, sondern auch, um die noch fehlenden Glieder in der die Stadt umschließenden, unvergleichlich prächtigen Boulevardkette zu vollenden. Konnte Chicago bis dahin schon mit gutem Recht stolz sein auf sein Park und Boulevard-System, so kann es jetzt nun, nachdem die im Vorjahre in Angriff genommenen kostspieligen Verschönerungspläne bis auf Weniges durchgeführt sind, mit einer von freudigstem Stolze gekennzeichneten Genugthuung auf diese interessante Sehenswürdigkeit hinweisen.

Dieses Buch soll nicht nur den vielen Fremden, die Chicago besuchen und unser Park- und Boulevard-System, sowie die prächtigen, parkähnlichen Friedhöfe der Stadt nur dem Namen nach kennen, als Führer durch jene Anlagen dienen, sondern ihm ist außerdem die Aufgabe gestellt, das Publikum im Allgemeinen über die segensreichen Eigenschaften der Parks, deren Raumverhältnisse und Einrichtungen und über die wunderbaren Fortschritte zu belehren, die in neuerer Zeit auf dem Gebiete der landschaftlichen Verschönerungen von Friedhöfen gemacht worden sind. Zum Theil besteht der Inhalt dieses Buches aus kürzeren Artikeln, die aus der Feder des Verfassers stammten und im Lauf der letztverflossenen Jahre in der „Illinois Staats-Zeitung" erschienen. Auf den von Parkfreunden und Naturliebhabern mir gegenüber vielfach geäußerten Wunsch, die betreffenden Schilderungen der Naturschönheiten Chicagos in Buchform erscheinen zu lassen, habe ich die Artikel zusammengestellt, verbessert und ergänzt und von der Ueberzeugung ausgehend, daß eine sachliche Beschreibung unseres vielgepriesenen Park- und Friedhof-Systems, wie es sich jetzt in seiner höchsten Vollendung dem Auge zeigt, geeignet ist, unter allen Schichten der Bevölkerung Interesse zu erwecken, unterbreitet dieses Buch einem rücksichtsvoll urtheilenden Publikum und allen Naturfreunden

Der Verfasser.

Bärenzwinger im Lincoln Park.

Chicago's Volkshaine.

Lincoln Park. — General Grant's Reiterstandbild.

Lincoln Park.

Von allen unseren herrlichen Parks hat sich wohl keiner einer größeren Beliebtheit und eines regeren Besuches zu erfreuen, als der vom Michiganjee bespülte mit kunstvollen Denkmälern geschmückte und immer anmuthiger sich gestaltende Lincoln Park.

Ende November des Jahres 1892 wurde im Sherman House in hiesiger Stadt von einer Anzahl hervorragender Bürger zu Ehren eines Mannes ein Bankett veranstaltet, welcher als der eigentliche Schöpfer des Lincoln Park betrachtet wurde. Dieser Mann ist das frühere Stadtrathsmitglied John M. Armstrong, welcher in den Jahren 1863 und 1864 genannter Körperschaft angehörte und angeblich zuerst auf die Idee kam, den damaligen städtischen Friedhof, welcher sich von North Avenue, zwischen Clarkstraße und dem See, nördlich bis zur Menomineestraße erstreckte und die nördlich daran grenzenden sechszig Acres in einen Volkspark umzuwandeln.

Es gab Leute, die Hrn. Armstrong's Verdienst streitig zu machen suchten und dazu gehörten in erster Reihe William C. Goudy und Lawrence Proudfoot. Ersterer behauptete, er sei der eigentliche „Vater des Lincoln Parks" und Herr Armstrong als Alderman habe ihm nur als Werkzeug gedient, eine von ihm entworfene Verordnung behufs Schaffung eines Parks auf dem Friedhofsgrundstück und den nördlich davon belegenen 60 Acres im Stadtrath zur Annahme zu unterbreiten. Herr Proudfoot, welcher während der Jahre 1865 und 1866 dieselbe Ward wie Herr Armstrong — die alte 13. — im Stadtrath vertrat, suchte, ähnlich wie Herr Goudy, in einem langen Schreibebrief an die Presse darzuthun, daß Herr Armstrong auf die ihm zugedachte Ehre keinerlei Anspruch habe; er führte aus, daß die von Armstrong am 14. März 1864 eingereichte Verordnung, welche die Vornahme von weiteren Beerdigungen auf dem städtischen Friedhofe untersagte, nie zur Durchführung gelangte und ein todter Buchstabe blieb. Nicht weniger als 533 Leichen von verstorbenen Armen seien nach Annahme jener Verordnung noch dort begraben worden, aber am 4. September 1865 habe er, Proudfoot, es durchzusetzen gewußt, daß eine von ihm im Stadtrath eingereichte Resolution zur Annahme gelangte, welche es der zuständigen Behörde streng zur Pflicht machte, die Armstrong'sche Verordnung unnachsichtlich durchzuführen.

Im April 1866 kam die Angelegenheit in Gestalt eines Beschlußantrages nochmals vor den Stadtrath, der dann ein Spezial-Comite ernannte, welches mit dem Stadtarzt und anderen Medizinern die Frage erörtern sollte, ob die Vornahme von weiteren Begräbnissen auf dem städtischen und dem benachbarten katholischen Friedhof nicht eine schädliche Wirkung auf den Gesundheitszustand der Bürger ausüben würde. Diese Frage wurde von dem Comite bejahend beantwortet und daraufhin erließ der Stadtrath ein Gesetz, welches das Verbot von Begräbnissen auf alle Bezirke innerhalb der Stadtgrenzen ausdehnte. Nachdem die Besitzer von Begräbnißplätzen den heftigen Widerstand, den sie der geplanten und nothwendigen Ausgrabung der auf dem Stadtkirchhof, dem heutigen Lincoln Park, ruhenden Gebeine entgegengesetzt hatten, fallen gelassen und sich damit zufrieden gegeben hatten, für die aufgegebenen Grabstätten solche in Rosehill und Graceland in Tausch zu nehmen und die Ueberführung der menschlichen Ueberreste nach dorthin gestatteten, wurde im Stadtrath der ernste Versuch gemacht, das frei gegebene Land in Bauplätze auszulegen und zum Besten der städtischen Kasse zu verkaufen. Eine den Verkauf anordnende Resolution wurde zur Annahme unterbreitet, aber es wurde zu der erwähnten Resolution der Ersatzantrag gestellt, genanntes Land zu Park zwecken der Stadt zu übermachen, wodurch der projektirte Verkauf vereitelt und es möglich gemacht wurde, daß bald darnach eine Verordnung zur Annahme gelangte, welche die Umwandlung des Friedhofs in einen Park vorschrieb.

Goudy hat Armstrong's Behauptung zufolge mit der Urheberschaft der „Lincoln Park Idee" gar nichts zu thun gehabt und kann mit der von Armstrong eingereichten Verordnung nur insofern in Verbindung gebracht werden, daß er auf Ersuchen Armstrong's an der Verordnung einige Verbesserungen vornahm, die den Entwurf in gesetzlichere Form brachten. Ganz besonders jedoch verdienen die in ihren Gräbern ruhenden Pioniere Chicago's, George Manierre, William Jones, Benjamin W. Raymond, Walter L. Newberry, Grant Goodrich und Mark Skinner ehrende Erwähnung hinsichtlich des Antheiles, den sie an den frühesten Bestrebungen behufs Veranlagung des Lincoln Parks genommen haben; diese Männer überreichten dem Stadtrath im Jahre 1860 eine Bittschrift, in welcher sie auf den verwahrlosten Zustand des Friedhofes hinwiesen und ernstlich darum nachsuchten, auf den nördlich an den Friedhof angrenzenden 60 Acres Beerdigungen nicht zu gestatten, sondern diesen Theil des Landes zu anderen öffentlichen Zwecken zu reserviren; es zu verkaufen würde unklug gehandelt sein und sei deshalb nicht rathsam. Hieraus könnte man den Schluß ziehen, daß darin der eigentliche Ursprung, der Uranfang, der „Park Idee" gesucht werden müsse.

Zu jener Zeit hatte die nördlich von North Ave. gelegene Gegend wenig Anderes aufzuweisen, als eine Anzahl Farmhäuser und Gemüsefelder. Der am südlichen Ende von Lincoln Park angelegte Friedhof war der zweite, den die Stadt eingerichtet hatte; der erste befand sich da, wo heute die Wasserwerke an Chicago Ave. stehen, welche Straße damals die nördliche Grenze des bebauten Stadtgebietes bildete. La Salle Ave. war nördlich von Chicago Ave. noch nicht durchgebrochen und Statestraße fand ihren nördlichen Endpunkt an Divisionstraße. An der Nord Clarkstraße befand sich nördlich von Chicago Ave. noch ein kleiner Wald von kümmerlichen Eichbäumen, welcher unter der Jugend der Nordseite als Spielplatz in hohem Ansehen stand. Nördlich von hier hatte die Clarkstraße nur wenige Häuser aufzuweisen. Als das Park=Projekt zuerst vor den Stadtrath und somit vor die Oeffentlichkeit kam, rief dasselbe in der hiesigen Presse einen Sturm der Entrüstung hervor. Während eine Zeitung es eine Schande nannte, die im Friedhof beerdigten Leichen auf's Neue in ihrer Ruhe zu stören, nachdem viele von ihnen erst kurz vorher von dem Friedhof an Chicago Ave. nach dorthin geschafft worden seien, meinte ein anderes Blatt, die Verausgabung von Geld für das Anlegen eines Parks „so weit von der Stadt entfernt", würde unglöser Verschwendung gleichkommen. Monatelang dauerte der Kampf, der von der Presse gegen den Parkplan geführt wurde, doch er war umsonst, die Verordnung wurde schließlich angenommen. Noch ehe die Legislatur von Illinois die auf die Verwaltung unserer Parks Bezug habenden Gesetze erließ und dem Gouverneur die Befugniß übertragen wurde, Park Commissäre zu ernennen, wurden die Arbeiten in Angriff genommen, die Lincoln Park schufen. Dieser Name wurde ihm vom Stadtrath am 5. Juli 1865, also drei Monate nach der Ermordung Abraham Lincoln's, beigelegt, nachdem er im Herbst des vorhergehenden Jahres zuerst Lake Park getauft worden war. John C. Ure war der erste Superintendent, welcher angesichts der geringen Mittel, die vorhanden waren, seine Thätigkeit in sehr engen Grenzen halten mußte. Doch als wenige Jahre später die ehemalige Todtenstadt und die nördlich angrenzende sandige Wüstenei unter der Leitung des Landschaftsgärtners Benjon sich mehr und mehr zu einer lieblichen Parklandschaft entwickelte, da wurden die Bewohner der West= und Südseite von dem Wunsche beseelt, der Nordseite gleichgestellt zu sein und in ihren resp. Stadttheilen auch solche grüne und schattige Haine zur Benutzung und Erholung zu besitzen. Und daß dieser Wunsch, welcher bald ernstem Verlangen Platz machte, glänzend in Erfüllung gegangen ist, dafür liefert unser herrliches Park=System den besten Beweis. Während nun aber die bei dem Armstrong Bankett genossenen Gerichte und angehörten Reden noch dem Verdauungsprozesse unterlagen, gelangten verschiedene der Theilnehmer an dem festlichen Gelage zu der Ueberzeugung, daß Armstrong eigentlich doch mehr Ehre abgekriegt habe, als ihm von Rechtswegen zukam. Und unter den Leuten, die sich frei und offen zu jener Ansicht bekannten, befanden sich auch mehrere alte deutsche Ansiedler, denen es nun leid that, daß die Verdienste deutscher Männer um das Zustandekommen des Lincoln Park bei dem Festschmaus im „Sherman House" und in den Zeitungsbericht

Im Lincoln Park.

ten so ganz und gar todtgeschwiegen wurden. Von den Deutschen, die ein ebenso gutes Recht haben wie Armstrong, vielleicht ein besseres noch als er, sich zu den allerersten und eifrigsten Befürwortern der Umwandlung des städtischen Kirchhofs und des mit Banmgestrüpp bewachsenen Landes, welches nördlich angrenzte, in einen Volkspark, zu rechnen, sind in allererster Reihe Anton Hottinger und Valentin Ruh zu nennen, die im Jahre 1863, nachdem die Neueintheilung der Stadt in 14, anstatt wie bis dahin 7 Wards, stattgefunden hatte, von den Wählern der 14. Ward als ihre Vertreter in den Stadtrath geschickt wurden und somit Amts Collegen des zur nämlichen Zeit in der 13. Ward erwählten sehr jugendlichen Alderman John M. Armstrong wurden, der damals erst 21 Jahre zählte. Es war im Februar 1864, als Alderman Holden von der Westseite, ohne sich vorher mit seinen Collegen von der Nordseite in's Einvernehmen gesetzt zu haben, im Stadtrath den Antrag stellte, den östlich von der Clarkstraße, zwischen Wisconsinstraße und Fullerton Ave. belegenen Land- (oder Sand-) Complex zu parzelliren und ihn behufs Aufbesserung der infolge der Kriegslasten sehr geschwächten städtischen Finanzen als Bauplätze zu verkaufen. Dieser Antrag wirbelte damals viel Staub auf und wurde ganz besonders von den Aldermen Hottinger und Ruh energisch bekämpft. Auf dem Heimweg von einer jener stürmischen Sitzungen besprachen Hottinger, Ruh und Armstrong die brennende Frage und die beiden Erstgenannten, welche auf weiten Reisen in Europa Gelegenheit gehabt hatten, die großen öffentlichen Parks der alten Welt zu bewundern, überdies dem jugendlichen Armstrong an Alter und Lebenserfahrung weit überlegen waren, „verfielen auf die Idee", die genannten sechzig Acres Land zu einem städtischen Park umzugestalten. Armstrong stimmte lebhaft zu; indessen waren es zunächst nur Hottinger und Ruh, die sich sofort mit der Verwirklichung des Gedankens beschäftigten und zu diesem Zwecke eine lebhafte Agitation unter den Bewohnern der Nordseite, insbesondere unter den Deutschen, in's Leben riefen, nachdem sie sich vorher mit dem im Jahre 1861 erwählten Mitgliede der städtischen Bau Commission (board of public works), Herrn John G. Gindele, welcher von den sechs Jahren seiner Amtszeit vier als Präsident genannter Behörde fungirte, hinsichtlich des Planes berathen und dessen lebhaftes Interesse für denselben erweckt hatten. Ende Februar 1864 fand in der alten Nordseite-Turnhalle eine fast ausschließlich von Deutschen besuchte Massenversammlung zum Zwecke der Förderung des Parkprojektes statt, in welcher Alderman Ruh den Vorsitz führte. Nach eingehender Besprechung des Planes wurde Ald. Armstrong, welcher der Sekretär der Versammlung war, mit der Einreichung einer die Umgestaltung des bewußten Landcomplexes in einen öffentlichen Park bezweckenden Verordnung beauftragt, und dieser Aufgabe entledigte sich er in der nächstfolgenden Sitzung jener Körperschaft.

Aber auch die Pläne, nach denen Lincoln Park ausgelegt und ursprünglich verschönert wurde, waren das Werk eines Deutschen, und zwar des Hrn. Gindele, welcher nicht nur als Präsident der städtischen Baubehörde, sondern auch als Canal Commissär und in anderen hervorragenden Stellungen sich einen hochgeachteten Namen erwarb und als einer der verdienstvollen Deutschen Chicagos, unter dessen Amtsführung der Bau des ersten Seetunnels an der Tunnels an Washingtonstraße ausgeführt wurde, in der Erinnerung seiner hiesigen Landsleute fortlebt. Selbstverständlich stand Herr Gindele als Fertiger des ursprünglichen Entwurfs für den Parkbau dem Projekt als eifriger Förderer zur Seite und das fiel angesichts seiner Stellung als Präsident der Baubehörde sehr schwer in die Wagschale. Ihn hatte aber anscheinend die Idee, aus dem der Stadt gehörenden Kirchhof und den angrenzenden 40 Acres einen Park zu machen, schon beschäftigt, noch ehe Hottinger, Ruh, Armstrong, Goudy, Proudfoot u. s. w. an so etwas gedacht hatten. Das geht aus dem Bericht hervor, den die Stadtbaubehörde am 24. Februar 1862 an den Stadtrath richtete und worin über der Unterschrift des Commissärs Gindele, Fred. Letz und Benjamin Carpenter Folgendes in Bezug auf den Stadtkirchhof gesagt wird:

„Allgemeines Interesse ziehen die Arbeiten auf sich, die in dem Theile des Grundstückes vollführt worden sind, der sich nördlich von dem Kirchhof entlang zieht und noch nicht in „Lots" ausgelegt ist. Hier befinden sich etwa 40 Acres öffentlichen Landes mit unterschiedlicher Bodenoberfläche, welches vom See begrenzt wird und mit jungem Gehölz bewachsen ist, wodurch der Stadt Aussicht auf einen reizenden Park, der mit geringen Kosten hergestellt werden könnte, geboten ist. Schon jetzt ist diesem Theil, ohne größere Unkosten zu verursachen, ein einladendes Ansehen gegeben worden, indem die jungen Bäume beschnitten und ausgeputzt wurden, ein Thorweg hergestellt und mehrere kleine Brücken über den "County ditch" (County Graben), der sich in den See ergießt, geschlagen worden sind. Hübsche Fahrwege werden durch den Kirchhof und Park angelegt und das Ganze wird zu einem angenehmen Aufenthaltsort für Spaziergänger und Fahrgäste umgewandelt werden. Es ist sehr wünschenswerth, daß diese Verbesserungen am Fortschreiten nicht gehindert werden und da die zu diesem Zweck vorhandenen Mittel nahezu erschöpft sind, sollte eine weitere Bewilligung hierfür gemacht werden."

Der Bericht, welcher von der Behörde für öffentliche Arbeiten am 25. April 1863, also ein Jahr vor der Einreichung der Armstrong'schen Verordnung, dem Stadtrath unterbreitet wurde, enthält Folgendes in Bezug auf „öffentliche Parks und den Stadtkirchhof":

„Sehr wenig hat im vorigen Jahre zur Verschönerung der Parks gethan werden können, da die Bewilligung dafür nicht hinreichend war. Es würde dem Publikum zweifelsohne große Freude bereiten, wenn die wenigen öffentlichen Grundstücke im Besitze der Stadt einer Verschönerung unterzogen würden. Ganz besonders empfehlen wir eine liberale Bewilligung für die Veranlagung und Verbesserung des nördlich von dem Friedhof liegenden Landes zu Parkzwecken. Es wäre zu wünschen, daß ein Plan vereinbart werde, auf Grund von welchem dieses Land ausgelegt und verschönert werden könnte. Fahr- und Fußwege, die mit dem Friedhof und den angrenzenden Straßen eine Verbindung herstellen würden, sollten in Angriff genommen und zu diesem Behuf eine jährliche Bewilligung ausgesetzt werden. Dieser Park würde ein Flächengebiet von 50 Acres enthalten.

Wie es um das übrige Parkwesen damals bestellt war, geht aus einem Bericht des „Parksuperintendenten" John C. Ure vom 10. April 1863 hervor. Da heißt es:

„Vor etwa 6 Monaten wurde ein großer Theil des Zaunes an der östlichen und südlichen Seite des Kirchhofs vom Sturm umgeweht; die Pfosten waren verfault. Ein anderer Theil des östlichen Zaunes wurde nahezu ganz in den heran geschwemmten Sand begraben. Da die Bretter verfault waren, haben wir sie im Sand stecken lassen und auf ihnen einen neuen Zaun gebaut. Vom 1. Januar 1862 bis zum 1. April 1863 wurden 2218 Leichen auf dem Friedhof begraben, ausschließlich 615 Leichen von verstorbenen Rebellengefangenen. Vor dem Monat Juni 1861 wurde über die Begräbnisse keinerlei Verzeichniß geführt."

Der mit einem monatlichen Gehalt von $33.33 besoldete „Parksuperintendent" Ure hatte damals auch noch Washington Park auf der Nordseite, Dearborn Park auf der Südseite und Jefferson und Union Park auf der Westseite zu beaufsichtigen. In dem letzterwähnten Bericht heißt es in Betreff des Washington Parks:

Während der verflossenen Saison sind hier 70 Bäume gepflanzt worden. Die Pfosten der Thorwege sind anders gesetzt worden, um das Vieh aus dem Park fern zu halten. Wie ich erfahren habe, wurden die Pfosten von Unbefugten herausgezogen, um Kühen Zutritt zum Park zu gestatten. Wenn diesem Uebelstand nicht entgegengetreten wird, werden wir gezwungen sein, entweder einen Wächter anzustellen oder an Stelle der Pfosten Treppen zu setzen, wie im Union Park. Im Dearborn Park sind an Stelle der abgestorbenen Bäume neue gepflanzt worden. Die in jener Nachbarschaft wohnenden Bürger wünschen den Park schöner hergerichtet zu haben, als es uns mit den geringen verfügbaren Mitteln möglich ist."

Im Jahre 1863 wurde vom Stadtrath für Parkzwecke gar keine Bewilligung gemacht, während für die Verwaltung des Friedhofs nur $500 ausgeworfen waren, was kaum genügte, um den Thorwärter dortselbst anzumessen zu besolden. Aehnliche Verhältnisse herrschten im darauffolgenden Jahr, doch wurden in letzterem (1864) $13,393.18 für ein Blatternhospital auf dem städtischen Friedhof verausgabt. Im Jahre 1864—65 endlich, nachdem die Bemühungen der dem Parkprojekt freundlich gesinnten Aldermen im Stadtrath mit Erfolg gekrönt waren, wurden die Arbeiten im Lincoln Park und auch im Union Park contractlich vergeben und ernstlich in Angriff genommen. Hr. Gindele war zur Zeit Präsident der öffentlichen Bau-Commission und verwendete seinen ganzen Einfluß und viel Mühe darauf, der deutschen Nordseite die Zierde eines schattigen Volkshaines in möglichst kurzer Zeit zu verleihen.

Der „Wald" im Lincoln Park.

Diese historischen Skizzen werden genügen, um Allen begreiflich zu machen, daß außer den alten Ansiedlern George Manierre, William Jones, Benj. W. Raymond, Walter L. Newberry, Grant Goodrich und Mark Skinner, die, wie bereits erwähnt, schon im Jahre 1860 dem Stadtrath eine Gedenkschrift in Bezug auf die Verwendung des nördlich vom Friedhof belegenen Landes zu öffentlichen Zwecken überreichten, der Behörde für öffentliche Arbeiten und ganz besonders deren Präsidenten, John G. Gindele, das Hauptverdienst gebührt, den Boden geebnet zu haben für die Anpflanzung und Einrichtung unseres prächtigen Lincoln Park.

Es mag hier auch noch erwähnt werden, daß Herr A. C. Hesing während seiner Amtszeit als Lincoln Park-Commissär, 1874—76, mit aller ihm zu Gebote stehenden, ihm bis in's hohe Alter hinein treu bleibenden unermüdlichen Thatkraft und Energie darauf hinwirkte, auch den östlich von Clarkstraße, zwischen Center- und Diversey-Straße belegenen und bis zur westlichen Grenze des heutigen Parks sich erstreckenden Theil des damals mit Wald bewachsenen Landes durch Expropriirung desselben dem Parkgebiete anzugliedern, doch dieser wohllöbliche Plan wurde durch die Machinationen mehrerer Gegner des Projekts, die in Springfield mit aller Macht dagegen ankämpften, vereitelt.

Die ersten Park-Commissäre waren E. B. McCagg, J. B. Turner, Joseph Stockton, Jacob Rehm und Andrew Nelson. Hr. Turner starb im Jahre 1871 und dann wurde die Behörde neu organisirt durch Ernennung folgender Mitglieder: Samuel M. Nickerson, Joseph Stockton, Belden F. Culver, Wm. H. Bradley und Francis Kales. Im 1874 legten Nickerson, Kales und Bradley ihre Aemter nieder, worauf der Gouverneur J. H. Winston, A. C. Hesing und Jacob Rehm an deren Stelle ernannte. Die beiden letztgenannten Herren, welche eine sehr wirksame Thätigkeit entfalteten, und besonders während der langwierigen Expropriationsverfahren behufs Besitzergreifung der nöthigen Ländereien sich großer Mühen unterzogen, traten nach zweijähriger Arbeit im Interesse des Volkes von ihrem Amte zurück und erhielten T. F. Withrow und L. J. Kadish zu Nachfolgern. Commissär Culver schied in 1877 aus dem Amte und Max Hjortsberg trat an seine Stelle.

Die Behörde des Lincoln Park ist gegenwärtig aus folgenden Commissären zusammengesetzt: N. A. Waller, Präsident; Charles S. Kirk, F. H. Winston und August Heuer. Seit Einsetzung der ersten Park-Commission haben derselben die folgenden Deutschen angehört: Jacob Rehm, A. C. Hesing, L. J. Kadish, Andrew Leicht, Christopher Straßheim und August Heuer.

Keiner unserer Parks liegt dem Herzen der Stadt so nahe als Lincoln Park und diesem Umstande ist es besonders zuzuschreiben, daß er für gewöhnlich den Löwenantheil an der Menge der Parkbesucher, einheimischer wie fremder, erhält. In zweiter Reihe besitzt er vor den anderen Parks mehrere sehr schwer in die Wagschale fallende Vorzüge, von denen nur die interessante zoologische Abtheilung, die Staatsmännern, Kriegshelden, Gelehrten u. s. w. gesetzten Denkmäler, der im Sommer labende kühle spendende blaue See und der von Herrn Yerkes, dem Präsidenten der Straßenbahngesellschaften der Nord- und Westseite, gestiftete elektrische Springbrunnen hervorgehoben werden mögen.

Er ist vom Geschäftsmittelpunkt der Stadt aus leicht mit der Clarkstraße Kabelbahn zu erreichen und liegt auf der Nordseite der Stadt, zwischen Clarkstraße, dem Michigan-See, North Avenue und Diverseystraße. Sein Flächengebiet beträgt 375 Acres. Die Lincolnpark-Behörde wurde im Jahre 1869 durch einen Erlaß der Staatsgesetzgebung geschaffen und 4 Jahre später wurde die erste Steuerumlage behufs Ankaufs des nöthigen Landes und Bestreitung der Verschönerungskosten ausgeschrieben. Der südliche Theil der Gebietsstrecke wurde damals als städtischer Kirch-

Ihren schönsten Ausdruck findet die Bewunderung, das Empfinden der dichten Schaaren, welche zur Sommerszeit in den schattigen Anlagen lustwandelnd umherschlendern, in dem prächtigen Blumenparterre, welches sich von dem Denkmal Friedrich Schiller's nördlich bis zum neuen Palmenhause entlang erstreckt.

Herr Charles Stromback, der ebenso geschickte als beliebte Obergärtner des Lincoln Park und der würdige Nachfolger des leider viel zu früh aus dem Leben geschiedenen Hermann De Bry, verwendet, wie man das von ihm seit Jahren schon gewohnt ist, auf die Zucht und Vermehrung von für das Auspflanzen in's Freie bestimmter Blumen und Zierpflanzen im Herbst und Winter viel Sorgfalt, sodaß ihm beim Wiedererwachen der Natur eine reiche Fülle seiner Zöglinge zu dem erwähnten Zweck zur Verfügung steht. Sobald dann die Tulpen und Hyazinthen, die lieblichen Kinder des Lenzes, auf den Beeten der großen Anlage verblüht sind, macht Herr Strombach mit seinem Corps von Gehülfen sich an's Werk, effektvoll und malerisch zusammengestellte Sommerblumen über die Beete zu vertheilen, und über läßt es dann selbstverständlich der gütigen Mutter Natur, das von ihm hergerichtete Werk weiter auszuführen, den Pflanzen ferneres Wachsthum und Farbenschönheit zu verleihen.

Ende Mai wird das große Blumenparterre wieder wie in früheren Jahren mit zahlreichen, an beiden Seiten der Fuß- und Fahrwege sich entlang schlängelnden Rabatten von verschiedenfarbigen Geranien, Stiefmütterchen, Colens, Verbenen, Heliotrop, Nelken, einfachen Chrysanthemen, Linum grandiflorum, Levkojen, Gladiolen, Cannaceen, Rosen, Rittersporn, Hahnenkamm, Gänseblümchen, Balsaminen, Petunien u. s. w. bepflanzt. Diese bilden nicht nur eine Einfassung der schön gepflegten Fußwege, sondern gleichzeitig einen lieblichen, guirlandenförmigen Rahmen für die kunstvoll angelegten, farbenschillernden Teppichbeete, von denen sich zwei am nördlichen Ende und je eins an beiden Seiten des von Eli Bates dem Volke zum Geschenk gemachten Springbrunnen in der Mitte der Anlagen sich befindet.

Bei allen sind die den verschiedenen dabei zur Verwendung kommenden Pflanzen eigenen Farbenschattirungen in sinniger und wirkungsvoller Weise zu sehr gefälligen, den Erzeugnissen der Kunstweberei ähnlichen Mustern und Zeichnungen zusammengefügt und das Ganze legt für den geläuterten Geschmack und den Kunstsinn des Hrn. Obergärtners einen untrüglichen Beweis ab; auch am westlichen Saume der Anlagen, dem Hauptfahrwege entlang, werden jedes Jahr zwei Interesse erregende Teppichbeete auf dem grünen Sammetrasen ausgebreitet und auf dem kurzgeschorenen Grase, von welchem der Sockel des Schillerdenkmals umwachsen ist, sind bunte, sinnige Verzierungen gezeichnet.

Daß Lincoln Park von einem Schiller-Denkmal geziert wird, ist in erster Reihe dem Schwabenverein von Chicago zu verdanken, welcher mit Hülfe vieler anderer deutschen Bürger die Mittel zusammen brachte, die nöthig waren, um dem Lieblingsdichter des deutschen Volkes ein würdiges und kunstvolles Monument zu setzen.

Die erste Anregung hierzu wurde von genanntem Verein dadurch gegeben, daß er am 5. November 1880 beschloß, behufs Deckung der Kosten den Reinertrag aus dem alljährlich von ihm abgehaltenen Canstatter Volksfest und sonstiger festlicher Veranstaltungen in einen „Schiller-Fond" fließen zu lassen, welcher am 1. Januar 1884 bereits $3022 aufzuweisen hatte. Später, am 1. September 1884, fand in der Nordseite Turnhalle eine Versammlung deutscher Bürger statt, welche den Beschluß faßte, die Beschaffung des noch fehlenden Geldes und die vollständige Durchführung des geplanten Werkes zu übernehmen. Hierdurch wurde die Sache in die Hände des gesammten Deutschthums gegeben, als dessen Vertreter nachgenannte Herren einen Denkmal-Ausschuß bildeten:

Franz Amberg, August Bauer, Franz Demmler, Hermann De Bry, Emil Dietsch, Edward S. Dreyer, Joseph Frank, Carl Härting, C. E. Heß, Philip Henne, A. C. Hesing, Arnold Holinger, L. L. Hund, Theo. Karls, Francis Lackner, A. C. Leicht, T. J. Lesens, Leopold Mayer, Fridolin Madlener, C. C. Möller, Louis Nettelhorst, Geo. Prüssing, Julius Rosenthal, Harry Rubens, Dr. R. Seiffert, Max Stern, Gustav Stieglitz, Joseph Schöninger, Frank Wenter, G. A. Weiß und Ludwig Wolff.

Dieses Comité organisirte sich durch die Erwählung folgender Beamten: Präsident, Julius Rosenthal; Vize-Präsident, Louis Nettelhorst; Schatzmeister, Gustav Stieglitz; Sekretär, Franz Demmler.

Von dem Schwabenverein waren früher schon Unterhandlungen angeknüpft worden behufs Erlangung eines Nachgusses der von dem Bildhauer Ernst Rau modellirten Schiller Statue in Marbach. Diese wurde nach einer Büste angefertigt, welche der berühmte Bildhauer Danneder, ein Jugendfreund Schiller's, nach dem Leben entworfen hatte; der Guß wurde nun Wilhelm Pelargus in Stuttgart übertragen und die Lincoln Parkbehörde ließ die erforderlichen Grundmauern auf eigene Kosten herstellen. Sockel und Postament wurden nach den von Professor

C. Dollinger in Stuttgart entworfenen Zeichnungen von dem verstorbenen Chicago'er Bildhauer John F. Gall angefertigt.

Am 11. November 1885 fand unter entsprechenden Feierlichkeiten und im Beisein einer großen Menschenmenge die Grundsteinlegung zu dem Denkmal statt und die feierliche Enthüllung desselben wurde auf den 9. Mai 1886, den Jahrestag von Schiller's Tod, festgesetzt, doch da fünf Tage früher auf dem Heumarkt von den Anarchisten die mörderische Bombe geworfen wurde und sich die Befürchtung Bahn gebrochen hatte, daß bei einer größeren Ansammlung von Menschen ähnliche Auftritte sich wiederholen möchten, wurde die Feier bis zum 15. Mai verschoben, um dem Publikum Zeit zu lassen, die Besorgniß von sich abzuschütteln.

Die Enthüllung des Denkmals fand an letztgenanntem Tage, trotzdem es regnete, was nur vom Himmel wollte, programmäßig und unter starker Betheiligung des deutschen Publikums und zahlreicher Vereine statt. Obgleich der Regen in Strömen nieder auf die hunderte von aufgespannten Schirmen prasselte, hielten die Theilnehmer wacker Stand und lauschten andächtig den schönen Reden, dem Männergesang der Vereinigten Gesangvereine, den weihevollen Weisen des Festorchesters.

Die Redner waren die Herren Julius Rosenthal, Mayor Carter H. Harrison und **Wilhelm Rapp**. Letzterer, der Chef-Redakteur der „Illinois Staats-Zeitung", hielt die eigentliche Festrede, deren Wortlaut folgender war:

„Heute vor einundachtzig Jahren und sieben Tagen, am **Vorabend seines Todestages**, verlangte **Schiller** im Krankenzimmer seines Hauses in Weimar, man solle den Fenstervorhang öffnen, er wolle die untergehende Sonne sehen. Und nun schaute er, dessen mächtiger Geist in jenen letzten Lebenstagen, an seinem letzten Meisterwerke, dem unvollendet gebliebenen Trauerspiele „Demetrius" arbeitend, das „unabsehbar der Morgensonne sich entgegenstreckende Russenreich" durchwandert hatte, lange in die Strahlen der Abendsonne. Die Abschiedsblicke, welche der größte Dichter der Freiheit und der Menschenwürde in seinem Sterben auf die Pracht der irdischen Natur geworfen hat, waren dem fernen, freien **Westen** zugekehrt. Ahnte er, daß den Schöpfungen seines Geistes und seinem Ruhme auf amerikanischem Boden eine Heimath von Weltmeer zu Weltmeer erblühen werde?

Zu derselben Zeit, als **Amerika** sich die Unabhängigkeit von fremdem Joche erstritt, hatte ein junger **Schiller** seinen eigenen **Unabhängigkeitskampf** zu bestehen. Der württembergische Herzog Karl Eugen suchte den Dichtergeist des von ihm abhängigen Karlsschülers und Regimentsarztes zu erdrücken. Doch obgleich der Tyrann mißliebige Schriftsteller mittelst eines plötzlichen Federstrichs in die Kerker von Hohentwiel und Hohenasperg warf, setzte der Jüngling Schiller in Stuttgart voll des muthigsten Freiheitsgefühls und Thatendrangs sich standhaft gegen ihn zur Wehre. Und in demselben Jahre, in welchem Amerika's Unabhängigkeit vollendet wurde, befreite er sich gänzlich von den Fesseln seines Zuchtmeisters.

Selbst die bitterste Enttäuschung und Noth nach seiner Flucht konnten ihn nicht dazu bringen, sich vor dem Bedränger seiner Jugend zu demüthigen. Ebenso wenig vermochten sie den Flug seines Genius zu hemmen, wenn es ihm auch damals bei der seine dichterische Thätigkeit gar oft unterbrechenden Arbeit um's karge Brod nach seinem eigenen Ausdruck häufig zu Muthe war, wie Einem, „der aus der Schlacht kommt und Flöhe fangen muß."

Sein hoher Sinn, sein Drang, sich und die Menschheit zu veredeln, hob ihn hoch empor über alle Erbärmlichkeiten des Lebens. Zu einem sorgenfreien Dasein verhalfen ihm später die eigene Kraft sowie ein kleiner Fürst, aber großer Mensch, **Karl August von Weimar**. Auch vor diesem bethätigte er stets den „Männerstolz vor Königsthronen". Der gute Herzog bewirkte es freilich, daß der römisch deutsche Kaiser „Franz der Andere" den Verfasser revolutionärer Trauerspiele und Geschichtswerke wegen seiner Verdienste um deutsche Sprache und Vaterlandsliebe „in des heiligen römischen Reichs Adelstand gnädigst erhob, einsetzte und würdigte." Doch daß „Schiller ganz unschuldig daran" ist, das bezeugt uns keine Geringere, als seine treffliche Gattin, welche zwölf Jahre zuvor freudig ihren Geburtsadel hingegeben hatte, um ihn, den Bürgerlichen, zu heirathen. Auch als unfreiwillig Geadelter wies Schiller jede Beeinflussung seiner dichterischen Thätigkeit von Seiten seines Herzogs zurück und blieb offen und freimüthig dem Glaubensbekenntnisse treu, das er vor einem anderen deutschen Fürsten, dem Herzog Friedrich Christian von Augustenburg, abgelegt hatte:

„Politische und bürgerliche Freiheit bleibt immer und ewig das heiligste aller Güter, das würdigste Ziel aller Anstrengungen und der große Mittelpunkt aller Kultur."

Durch die „Veredlung der Gefühle und die sittliche Reinigung des Willens" suchte Schiller sich und die Menschheit, vor Allem seine Deutschen, „der Freiheit und der unveräußerlichen Menschenrechte" würdig zu machen, die Freiheit vor jenem „Mißbrauch rasender Thoren" zu bewahren, mit ihr die „heilige Ordnung, die segensreiche Himmelstochter", unauflöslich zu verbinden, und die Höllentochter der Anarchie aus der Welt zu verbannen. Dies war das große Ziel seines Lebens. Bei diesem Streben wurde er nicht nur ein erhabener Dichter, sondern auch ein erhabener Mensch, der ebenso groß handelte als er dachte; und zugleich war der Sänger der Frauentugend und der Vaterliebe in einem Zeitalter des sittlichen Zerfalls in Europa, der beste und zärtlichste der Familienväter.

Im engen Rahmen einer Volksrede läßt sich jedoch Schiller's Persönlichkeit ebenso wenig erschöpfend darstellen, als mir dies vor sechs Monaten auf dieser Stätte in Betreff seiner Dichterkraft möglich gewesen ist. Das schönste und treueste Bild dieser Persönlichkeit giebt uns Goethe. Noch im hohen Greisenalter blickte der große Altmeister deutscher Dichtung voll Rührung auf seinen Seelen und Herzensbund mit Schiller zurück, und bei Erwähnung seines geselligen Verkehrs mit dem ihm so früh Entrissenen sagte er:

„Schiller erscheint hier wie immer im unumschränkten Besitz seiner erhabenen Natur. Er ist groß am Theetisch, wie er es im Staatsrath gewesen sein würde. Nichts engt ihn ein, nichts zieht den Flug seiner Gedanken herab; was in ihm von großen Ansichten lebt, geht immer frei heraus ohne Rücksicht und ohne Bedenken. Das war ein rechter Mensch, und so sollte man auch sein."

An einer anderen Stelle sagt Goethe, dieser unendlich reiche Geist, über sein Verhältniß zu dem „hohen Manne":

„Für mich insbesondere war es ein neuer Frühling, in welchem Alles froh neben einander keimte und aus aufgeschossenen Samen und Zweigen hervorging."

Auch in Chicago's Lincoln-Park befindet sich Schiller in guter Gesellschaft. Hier wird er, zumal an jedem schönen Sonntag, auf ein Volk herniederblicken, welches, aus den verschiedensten Nationalitäten zusammengesetzt, unter dem gemeinsamen Segen der Freiheit und des amerikanischen Bürgerrechts geeinigt ist. Und vor allen wird hier stets kräftig und selbstbewußt die Sprache der Deutschen in sein Ohr klingen. Ohne Erröthen dürfen die Deutsch Amerikaner sich ihm nähern. Denn in seinem Geiste hat ihre ungeheure Mehrzahl hier stets gehandelt, im Frieden wie im Kriege. Sie tragen keine Verantwortlichkeit für die Verbrechen der undankbaren „rasenden Thoren", welche weder deutsch, noch amerikanisch, sondern „international" sind.

Den Rücken wird unserem Dichter in diesem schönen Parke der edle Lincoln decken, welchen er mit seinem Seherblicke vorausgesehen zu haben scheint, wenn er in seiner Geschichte des Freiheitskampfes der Niederlande schreibt:

„Eines Meuchelmörders Hand reißt noch den Steuermann von dem Ruder; das Schicksal der Freiheit scheint besiegelt; mit Wilhelm von Oranien, der sich, ein zweiter Brutus, über eine furchtsame Selbstsucht erhoben, dem großen Anliegen der Freiheit geweiht hatte, scheinen alle ihre rettenden Engel geflohen. Aber die wallen den Segel bedürfen des Ruderers Hülfe nicht mehr...... Die neue Republik hebt aus Bürgerblut ihre siegende Fahne."

Die Flanke des Dichters der Schlacht und des Heerlagers, des geschichtschreiberischen Meisters in der Schilderung großer Kriegsthaten, wird der Feldherr Grant decken, der siegreiche Vertheidiger der Freiheit und der Menschenrechte. Noch aus einem anderen Grunde wird der amerikanische Kriegsheld im Lincoln Park der würdige Genosse des großen deutschen Mannes und Dichters sein. Grant hat zuletzt noch in schwerem Siechthum mit wunderbarer Geistesstärke dem Tode ein bedeutendes Geschichtswerk abgerungen; unser ebenso heldenhafter Schiller aber hat gleichfalls unter schweren Körperleiden seine größten Meisterwerke geschaffen, selbst den „Wallenstein", diese in der Weltliteratur unerreicht dastehende dramatische Schöpfung, und den „Wilhelm Tell", die schönste aller Freiheitsdichtungen.

Uns aber wird heute Schiller — von Künstlerhänden seiner schwäbischen Hei-

Das Linné-Denkmal im Lincoln Park.

math und von schwäbischen und deutschen Herzen in der neuen Heimath zu neuem körperlichen Dasein erweckt — in der vollen Blüthe seiner leiblichen wie seiner geistigen Kraft und Hohheit vor Augen treten — als der jugendliche Dichter des Don Carlos. Das Wort, welches er in dieser herrlichen Schöpfung gerade vor einem Jahrhundert seinem Posa in den Mund gelegt hat, gilt von ihm selbst, dem niemals alternden, die Vervollkommnung und Beglückung aller Menschen anstrebenden und bis in die ferne Zukunft fortwirkenden Dichter und Seher:

„— — — Das Jahrhundert
Ist meinem Ideal nicht reif. Ich lebe
Ein Bürger derer, welche kommen werden."

Nach Schluß dieser sehr beifällig aufgenommenen Rede trug Frl. Lina Stüdli Schiller's herrliche Dichtung „Die Worte des Glaubens" vor und dann erfolgte durch Hrn. Rosenthal die Uebergabe des Denkmals an die Lincoln Parkbehörde, worauf diese den deutsch amerikanischen Bürgern Chicago's durch Park Commissär Joseph Stockton ihren Dank für das dem Park und dem Volk geschenkte Denkmal aussprechen ließ.

Den Blick nach Norden, über den großen Blumengarten des Parks gerichtet, steht das Standbild da, in edler Einfachheit und Lebenswahrheit; die zwei auf dem Postament angebrachten Worte aber: „Friedrich Schiller", verkünden wie mit eherneu Zungen, daß der Deutsche auch fern von seiner alten Heimath und inmitten der aufreibenden Kämpfe des Lebens in einem Lande des krassesten Materialismus das Andenken seines Lieblingsdichters in Ehren zu halten weiß.

Außer dem Blumenpanorama, welches sich nördlich vom Schiller-Denkmal ausbreitet, bietet Lincoln Park noch manches Andere auf dem Gebiet der Blumengärtnerei, doch den ersten Rang nehmen unstreitig die Lilienteiche ein, von denen der eine dicht am nördlichen Ende der Wasserwerke, der andere weiter nördlich sich befindet und die während des ganzen Sommers den Gegenstand aufrichtiger Bewunderung bilden. Beide beherbergen zahlreiche Glieder der Familie der Nymphäaceen, unter denen auch heuer wieder eine Victoria Regia, deren Blätter einen Umfang von 6 Fuß erlangen und von denen dann je eines ein Kind von 10 bis 12 Jahren zu tragen im Stande ist, sich hervorthut. Die an den verschiedenen Lilien und Lotuspflanzen aufbrechenden Blüthenknospen sind entweder weiß, roth, blau, oder gelb und es haben sich hier Nymphäaceen zusammen gefunden, die aus aller Herren Länder stammen. Da ist die Nymphäa Tuberosa, und die Nymph. odorata rosea, die Nordamerika zur Heimath hat; die Lotuspflanzen sind ägyptische Gewächse, die Nymph. Candidissima englische; die Nymph. Flava stammt aus Florida, die Zwergwasserlilie aus China, die Nymph. devoniensis aus Indien, die Nymph. Zanzibarensis und Nymph. dentata aus Afrika.

Die beiden Lilienteiche mit ihrem Reichthum von Wasserpflanzen auch anderer Gattungen, wie Schilfrohr, Binsen, Wassermohn, Wasserhnson u. dgl., bilden in der That eine Gesammtgruppe von großem Liebreiz und üben selbstverständlich auf den Blumenfreund eine bedeutende Anziehungskraft aus. Ein recht gefälliges Bild liefern auch die am südlichen Endpunkte des sog. „Mall" hergestellten Blumenanlagen, deren höchste Zierde die in kühnen Bögen und Schnörkeln sich von dem grünen Rasen abhebenden Arabesken und ein nahe dabei befindliches farbenglühendes Teppichbeet bilden. Weiter nördlich breiten sich mehrere herzförmige Geranienbeete aus, die einen lustig in die Höhe schießenden und mit dem Regen um die Wette niederplätschernden Springbrunnen umschließen. Die von da aus in nördlicher Richtung nach dem unteren Parksee führende breite Promenade ist wie üblich an beiden Seiten mit Geranienbeeten und mächtigen hohen Blumenvasen geziert.

Ehe wir uns von dem Reiche der Park-Flora anderen Gebietstheilen des Lincoln Park zuwenden, wollen wir noch schnell einen Gang durch das Gewächshaus machen. Dort ist so ziemlich Alles, was an Zierpflanzen der Kalt- und Warm-Cultur, an Freilandpflanzen, an blühenden und an Blattpflanzen, die gärtnerische Kunst hervorzubringen und zu züchten vermag, in den veredeltsten und vollkommensten Sorten und in einer Reichhaltigkeit beisammen, die durch ihre Farbenschönheit dem Beschauer laute Bewunderung entlockt. Blühende Orchideen, Palmen und Bananenbäume, Farren, Blattpflanzen der seltensten Zucht, blühende Gloxinien und Begonien, Pelargonien, Fuchsien, Cacteen, Cannas, Chrysanthemum Pflanzen in großer Mannigfaltigkeit, blühende Schlingpflanzen, Azaleen und wie sie alle bei ßen, die duftigen Kinder Flora's, sie bilden hier eine Welt von Farbenpracht und Duft und strahlender Schönheit.

Kürzlich ist Lincoln Park um eine weitere Zierde bereichert worden, nämlich um ein Palmenhaus, wie sich wohl weit und breit im Lande (den Gartenbau Palast auf dem Weltausstellungsplatz natürlich ausgenommen) kein schöneres finden lassen wird. Es macht einen imponirenden Eindruck mit seinen mächtigen, gewölbten Glasdächern und gewaltigen Dimensionen. Das eigentliche Palmenhaus, d. h. der Hauptbau, hat eine Länge von 156 Fuß, eine Breite von 90 Fuß und ist 50 Fuß hoch. Das sich nördlich daran anschließende Conservatorium oder Schauhaus mißt 96 bei 31 Fuß in der Länge und Breite und 24 Fuß in der Höhe und der für Orchideen bestimmte, auch in nördlicher Richtung vom Palmenhaus sich erstreckende Raum ist 100 Fuß lang und 30 Fuß breit. Das an der nordöstlichen Ecke des Palmenhauses frei gelassene Grundstück wurde einer später erst getroffenen Anordnung zufolge in Uebereinstimmung mit den ursprünglichen Plänen mit einem dritten glasbedeckten länglichen Bau bedeckt, in welchem eine interessante Sammlung von Farrenkräutern untergebracht worden ist. Mit Ausnahme der Grundmauern, die aus Stein hergestellt sind, bestehen die dem Licht von allen Seiten Zutritt gestattenden hohen Wände und Dächer des Palmenhauses aus nichts als aus Stahl und Glas, welch Letzteres eine Dicke von einem viertel Zoll hat. Die Heizung dieses Pflanzenpalastes wird durch mit heißem Wasser gefüllte Röhren vermittelt und da die Dampfkessel unter dem Gewächshause oben auf dem Hügel sich befinden und dort folglich auch der Rauchfang in die Lüfte ragt, ist das Palmenhaus glücklicherweise verschont geblieben von einem die Harmonie störenden, qualmenden Schornstein.

Der Fußboden des neuen Pflanzenpalastes befindet sich 6½ Fuß höher als das Niveau der Rasenfläche außerhalb, von welcher terrassenförmige Anlagen und breite Steintreppen zu dem Gebäude emporführen. Von dem südlich davon sich ausbreitenden Blumenparterre geleitet ein bequemer Spazierweg und eine der Treppen zu dem Vordereingang zum Palmenhause hin, in welchem die Gewächse sämmtlich frei in den Boden gepflanzt worden sind, ohne dabei Töpfe oder Kübel in Benutzung zu ziehen. Hierdurch wird den tropischen und anderen Pflanzen ein rascheres und gesunderes Wachsthum gesichert. Um dem zum Bepflanzen bestimmten Boden Charakter zu verleihen, sind an geeigneten Stellen Felssteine in einer mit der Ungebundenheit der freien Natur wetteifernden Weise gruppirt und arrangirt worden, was dem Ganzen auch den Stempel eines tropischen Landschaftsbildes aufdrückt.

Während das Schauhaus hauptsächlich den schönsten Exemplaren blühender Gewächse dient, ist der den Farren gewidmete Raum durch einen über malerisch gruppirtem Felsgestein plätschernden Wasserfall geziert; aus den Ritzen und Winkeln zwischen diesem von Moos bewachsenen Gestein sprossen die schönsten Gattungen der Kryptogamen Familie hervor.

Alles in Allem genommen ist es dem strebsamen, eifrig um die Zufriedenheit der Parkbehörde nicht nur, sondern auch die des Publikums erfolgreich sich bewerbenden Obergärtner Stromback nun nach Vollendung des Glaspalastes in ausgedehntem Maße vergönnt, sein Können und Wissen auf dem Gebiete der Pflanzen- und Blumenzucht in das allerhellste Licht zu stellen; auf die Besucher des reizenden Parks aber wird Letzterer dann eine noch größere Anziehungskraft ausüben, als bisher der Fall gewesen ist.

Während der Humboldt Park auf der Westseite erst im Herbst von 1892 sein erstes dem menschlichen Genius gesetztes Denkmal erhielt, nämlich ein Standbild Alexander von Humboldt's, hat Lincoln Park seit einer größeren Anzahl von Jahren schon eine Reihe von prachtvollen Denkmälern aufzuweisen, die diesem beliebten Lustgarten ein ganz besonderes Interesse verleihen. Gleich am südlichen Eingang nahe North Avenue erhebt sich die hagere und lebenswahre Gestalt des großen Märtyrer Präsidenten dieses Landes, Abraham Lincoln. Dieses Denkmal ist eine Schöpfung des Bildhauers Augustus St. Gaudens und wurde von dem schon erwähnten Menschenfreund Eli Bates dem Volke von Chicago geschenkt; es kostete $40,000. Eine kurze Strecke weiter nördlich, auf der westlichen Hälfte des Parks, steht das von Richter Lambert Tree gestiftete lebensgroße Standbild von Robert Cavelier La Salle, dem französischen Erforscher des amerikanischen Nordwestgebiets, und in östlicher Richtung hiervon, nahe dem Ufer des Michiganéee's, befindet sich das Reiterdenkmal General Grant's.

Die Einweihung desselben fand am 7. October 1891 statt und gestaltete sich zu

Lincoln Park. — Blumenparterre mit dem alten Palmenhaus.

einer gewaltigen patriotischen Kundgebung seitens des Volkes von Chicago. Als die Hülle fiel von Roß und Reiter, erbebte die Erde unter dem dröhnenden Donner der Kanonen, flatterten Hunderte von Fahnen und Standarten im Winde und ein begeisterter Jubelruf aus hunderttausenden von Kehlen wogte in mächtigem Brausen weithin durch die Luft.

Michigan Avenue und alle nach dem Lakefront Park führende Straßen, wo die zahlreichen militärischen und bürgerlichen Vereine sich am frühen Nachmittag versammelten, um von dort aus in langem, imposantem Zug nach dem Lincoln Park, dem Schauplatz der Enthüllungsfeier, zu marschiren. Auf der ganzen Länge des Weges waren die Bürgersteige an beiden Seiten der Straße dicht mit Zuschauern besetzt, welche ihrer Begeisterung ganz besonders dann Luft machten, wenn die alten Veteranen des Rebellionskrieges vorbei marschirten. In dem Wohnpalaste des Hrn. Potter Palmer am Seeufer-Corso ließ Frau Grant, die Wittwe des Gefeierten, den Zug Revue passiren, worauf dieselbe sich mit Frau Potter Palmer und mehreren anderen Damen in einem Wagen der Parade anschloß und mit nach dem Park fuhr.

Lincoln Park war, so weit das Auge zu schauen vermochte, von einer nach Hunderttausenden zählenden Menge dicht angefüllt. Schon am Vormittag begann die Völkerwanderung aus allen Theilen der Stadt nach dem Park und auch die innerhalb von etwa 100 Meilen in der Runde liegenden Ortschaften sandten zahlreiche Abordnungen zu dem großartigen Feste.

Die Rednertribüne und umgebenden Sitzreihen waren nordöstlich und in unmittelbarer Nähe von dem Denkmal aufgebaut und von hier aus fiel der Blick auf ein Panorama, wie es sich malerischer und imposanter nicht denken läßt. Im Osten, in weiter Ferne, begrenzte der tiefblaue See den Horizont. Leichte Fahrzeuge, Schleppdampfer und Vergnügungsböte mit farbigen Wimpeln wiegten sich in reichem Schmucke auf den unruhigen Wellen des Sees. Das Ufer und der daran entlang führende Fahrweg waren auf der ganzen innerhalb des Parks liegenden Strecke von einer riesigen Menschenmenge angefüllt, aber trotz des Gedränges und Stoßens war kein Unfall zu verzeichnen.

Als der Theil des Zuges, welchem Frau Grant sich angeschlossen hatte, durch den an beiden Seiten des Fahrweges zusammengeballten Menschenknäuel sich hin durch wand und in die Nähe der Rednertribüne gelangte, brach ein tausendstimmiger Beifallsjubel aus. Frau Grant war außer von Frau Potter Palmer und deren Gatten auch von ihrem Sohne Ulysses S. Grant begleitet. Ihr ältester Sohn, Fred. Grant, hatte von Wien aus telegraphirt, daß er der Stadt Chicago für das seinem Vater gestiftete Denkmal herzlichen Dank ausspreche.

Den Vorsitz über diese Riesenversammlung führte Hr. Edward S. Dreyer, Präsident des Denkmal Comites und dann später auch Präsident der Grund eigenthums-Börse von Chicago.

Daß diese große Ehre einem Deutschen widerfuhr, war ein erfreuliches Zeichen der Zeit. Es wurde dadurch gewissermaßen der Beweis geliefert, daß die englisch sprechenden Bürger Chicago's sich der wichtigen Rolle, die das Deutschthum dieser Stadt in allen öffentlichen Angelegenheiten und in allen das Gemeinwohl fördernden Bestrebungen spielt, vollauf bewußt sind. Diese Auszeichnung war daher nicht nur für Hrn. Dreyer, einen würdigen Vertreter des Deutschthums, sondern für die gesammte deutsche Bürgerschaft und Geschäftswelt Chicago's eine ehrende und höchst schmeichelhafte.

Die Feier nahm ihren Anfang, noch ehe der letzte Theil des Riesenzuges im Park angelangt war; die Parade hatte eben einen alle Erwartungen weit übertreffenden Umfang angenommen. Nachdem Herr Dreyer den selbstverständlich erfolglosen Versuch gemacht hatte, die unübersehbare Menschenmenge zur Ordnung zu rufen, eröffnete er die hehre Feier durch eine kurze, der Gelegenheit und seinem Amte angepaßte Rede und stellte dann Bischof Newman vor, welcher den Segen des Himmels auf die Versammlung herab beschwor.

Als Redner folgten dann aufeinander Edward S. Taylor, Sekretär der Lincoln Parkbehörde, welcher als Sekretär des Denkmal-Vereins das Standbild durch eine längere Rede an die Parkbehörde übergab. W. C. Goudy, Präsident der Letzteren; Major Hempstead Washburne und Richter W. C. Gresham, welch' Letzterer die von einer kühnen und edlen Sprache gekennzeichnete Hauptrede hielt.

Die Feier war zu Ende, aber immer marschirten noch Abtheilungen des Zuges heran, die dann, sich mit dem allgemeinen Gewühl vermischend, nach einem hastigen Blick auf das Denkmal sich von dem den Heimweg suchenden Menschenstrom mit fortreißen ließen.

Gleich nachdem die ersten Berichte von dem Ableben des großen Feldherrn in Chicago eingetroffen waren, wurden schon die ersten Schritte gethan, die zu der Schaffung des kunstvollen Denkmals führten. Die bronzene Reiterstatue wurde nach einem Entwurf des Cincinnatier Künstlers Louis T. Rebisso gegossen, der hiermit ein Kunstwerk von anerkanntem Werth geliefert hat; etwaige Mängel an dem Denkmal werden von den vielen Vorzügen, die es besitzt, tief in den Schatten gestellt.

Das Denkmal Comite, dessen energischer Thätigkeit es binnen so kurzer Zeit gelang, das erforderliche Geld zu sammeln, war aus nachgenannten Herren zusammengesetzt:

Henry Towner,	Jacob Grommes,	E. B. Raymond,
F. T. Harven,	L. J. Lesens,	M. Selz,
Norman Williams,	H. W. Fuller,	Joseph Charles,
George H. Rozet,	C. Henrotin,	Edward Rose,
Thomas F. Cunningham,	Georg Schmidt,	John Grosse,
C. B. Farwell,	Robert Lindblom,	Charles Kern,
F. T. McAulen,	E. F. Cragin,	Charles H. Wacker.
W. T. Johnson,	S. A. Jewett,	J. B. Sullivan,
Louis Wampold,	P. E. Stanley,	M. Schweisthal.
Henry Wieland,	P. P. Heywood,	

Ein anderes Comite, welchem die Aufgabe gestellt war, die Herstellung des Denkmals zu überwachen und als Vertrauensmänner (trustees) für den Gesammtausschuß zu fungiren, bestand aus den Herren:

E. S. Dreyer, Präsident; William E. Strong, Potter Palmer, F. McGregor, Norman Williams, Edward S. Taylor, Sekretär; Samuel M. Nickerson, Joseph Stockton.

Um nun zu den sonstigen Verbesserungen und Verschönerungen dieses in der Gunst des Publikums so hoch stehenden Fleckchens Erde überzugehen, mag zuerst eine Reihe von Summen angeführt werden, die mit der Namhaftmachung der Verbesserungen, für welche sie ausgeworfen wurden, leicht erkennen lassen, was allein nur im Laufe des Jahres 1892 gethan worden ist.

Alle die wichtigen Arbeiten am Partufer, welches durch Ausfüllungen im See um ein beträchtliches Stück weiter in letzteren hinausgerückt worden ist, sowie auch die Neuanpflanzung und das Versetzen von Bäumen und der Bau neuer Fahr- und Fußwege und viele andere hiermit verwandten Arbeiten sind unter der Leitung des Parksuperintendenten Pettigrew, welcher sich durch seinen praktischen Sinn und strenge Gewissenhaftigkeit die vollste Zufriedenheit seiner Vorgesetzten, der Park Commissäre, erworben hat, ausgeführt worden.

Die für die Verbesserungen des erwähnten Jahres bewilligten Summen sind die folgenden:

Für das Instandhalten des Parks $90,000; $14,000 für den Bau eines neuen Fahrweges von dem elektrischen Springbrunnen nach dem Maschinenhause; $15,000 für die Weiterführung des Seeufer Corso's nördlich von der Einbiegung des See's nach dem Wasser Canal hinüber, bis zur Fullerton Ave.; $5600 für einen Reitweg nördlich von Fullerton Ave; $6315 für Canalisationsarbeiten; $1894 für Pfahl- und Stein Einfassung an beiden Seiten des Boot Canals am Seeufer; $7245 für neue Rasenanlagen; $10,100 für die terrassenförmigen Anlagen um das neue Palmenhaus sammt steinernen Treppen; $24,598.75 für unvollendete Contractarbeiten am neuen Palmenhause; $2500 für ornamentale Gruppirungen aus Felssteinen in Letzteren und $550 für Bänke; $2000 für Rouladen unter den Treibhäusern; $10,000 für die Fortlegung des Wellenbrecher Baus nördlich von Fullerton Ave. und des Strandes ebendaselbst; $2881.50 für Macadamirung und Einfassung der North Ave., von Dearborn Ave. bis zum Seeufer Corso; $3326.25 für Macadamirung der Fullerton Ave., von Clarkstraße bis North Park Ave.; $3181.69 für Macadamirung der Lake View Ave., von Roslyn Place bis Fullerton Ave.; $11,375 für Vollendung des neuen Seeufer Corso's, von der Seeeinbiegung (nicht weit vom Grantdenkmal) nördlich bis Fullerton Ave; $3584.20 für Wasserleitungen dortselbst

und $3160 für Abzugsröhren; $3360 für steinerne Straßenrinnen; $16,229 für Material; $9375 für Vollendung der Seemauer und $4244 für einen Wagen Corso und Strand gegenüber der mehrerwähnten Seeeinbiegung nach dem Boot-Canal. Das alles zusammen ergiebt die Summe von $289,949.39.

Der Bau eines Uferschutzes war unstreitig eine der wichtigsten Verbesserungen, die jemals im Lincoln Park vorgenommen wurden und durch ihn werden die Parkufer gegen die Zerstörungswuth der stürmischen Wellen geschützt. Der erste widerstandsfähige Wellenbrecher wurde im Jahre 1874 von der Fitz Simons & Connell Co. gebaut und zwar von Oakstraße nördlich bis North Avenue. Auf diesem Schutzdamm, dessen Pfähle unter dem Wasserspiegel abgeschnitten wurden, ist im Juni 1886 mit dem Bau der jetzigen Seemauer, die aus Portland Cement, dem sogenannten „Germania Brand", hergestellt, von Bellevue Place nördlich begonnen worden und gleichzeitig wurde dem See durch Auffüllen ein großes Stück Land abgerungen, wodurch es möglich wurde, den Seeufer Corso südlich bis Oakstraße zu verlängern. Als dann die Seemauer bis Burton Place gediehen war, wurde von North Ave. aus ein Wellenbrecher in einem Bogen in den See hinaus gebaut und dann wieder in nördlicher Richtung weitergeführt.

Zwischen diesem Schutzdamm und dem Parkufer wird nach Fertigstellung des ersteren bis Diverseystraße eine Wasserfläche von ungefähr 140 Acres eingeschlossen sein, die zum großen Theil schon aufgefüllt und dem Parkgebiet einverleibt worden ist. Der von den Wellen bespülte, aus granit'nem Bruchstein hergestellte Strand hat mit dem im Jackson Park viel Aehnlichkeit. Er erhebt sich, von der Wasserfläche sanft ansteigend, in einer Breite von 48 Fuß zu einem aus künstlichem Stein gebildeten Parapet und Promenadenweg, die zusammen eine Breite von 22½ Fuß haben. Westlich hier angrenzend liegt sich ein prachtvoller, 45 Fuß breiter Fahrweg entlang, von dem aus sich ein 60 Fuß breiter, mit Bäumen bepflanzter Rasenstreifen in gefälliger Bogenlinie nach dem sich westlich davon anschließenden Regatta Canal hinab zieht, dessen westliches Ufer ungefähr die Linie beschreibt, die das frühere Seeufer eingenommen hat. In dem Theile der neuen Anlagen, der sich dem Grantdenkmal gegenüber befindet, zieht sich eine nicht sehr breite Einbiegung des Sees nach dem Boot Canal hinüber und über diese „Seeenge" ist eine zierliche Drehbrücke gebaut worden; weiter nördlich, gegenüber dem Wasserwerken des Parks, stellt eine weitere Brücke die Verbindung zwischen dem eigentlichen Park und den neuen Uferanlagen her. Auch besitzt das nördliche Ende der Anlagen an einer Stelle, die sich nicht weit südlich von Diverseystraße (der nördlichen Grenze des Parks) befindet, eine zweite Bucht oder Einbiegung des Sees nach dem Boot-Canal und einen weiteren Brückenbau. Der Boot Canal beginnt 800 Fuß nördlich von North Ave., dem elektrischen Springbrunnen des Herrn Yerkes gegenüber, und erstreckt sich von da bis zur Nordgrenze des Parks.

In Bezug auf die Rasen- und Baum Cultur des Parks sagte Verwalter Pettigrew in einem seiner Berichte:

„Lincoln Park wurde auf einer Reihe von Dünen angepflanzt, deren Sand, von dem See an's Land geworfen, von der allerunfruchtbarsten Sorte war. Die zwischen den Dünen liegenden niederen Stellen vermochten kaum schwarze Erde genug zu liefern, um damit den sandigen Parkboden dicker als einen Zoll zu bedecken und trotz aller späteren Anstrengungen und Unkosten in Betreff der Verbesserung des Erdreichs im Park befinden wir uns auch heute noch nicht in der Lage, Bäumen, Strauchwerk und Rasen einen nahrhaften Boden zu bieten, der zu deren Wachsthum so nothwendig ist. Angesichts der Thatsache, daß die Rasenflächen vom Publikum immer mehr benutzt werden, ist es absolut erforderlich, den Boden fruchtbarer zu gestalten. Während eines jeden der drei letztverflossenen Winter wurden ungefähr 3000 Kubikyards Dünger auf den Rasenplätzen ausgebreitet und obwohl das dazu beitrug, Gras und Bäumen ein schnelleres Wachsthum zu verleihen, so ist die Wirkung doch keine nachhaltige; was dem Boden noth thut, ist ein schwererer Untergrund von dichter Beschaffenheit, wie z. B. Lehm, der das Durchsickern des vom Regen erweichten Düngers nicht so leicht gestatten würde. Bei der Schaffung neuer Rasenanlagen ist auf die angedeutete Weise verfahren worden. Wir sind jetzt an einem Zeitpunkt angelangt, wo etwas geschehen muß, um den Erfordernissen einer kräftigen Baumcultur für die Dauer gerecht zu werden. Eine liberale Bewilligung für diesen Zweck und eine sorgfältig beaufsichtigte Anpflanzung junger, gesunder Bäume würden in Bälde sehr ersprießliche Resultate liefern."

Nun zunächst ein Wort über die schon viel besprochene Herstellung einer Verbindung des Lincoln Parksystems mit dem Boulevardsystem der Westseite. Wie die Sachen im Herbst des Jahres 1892 lagen, war leider nicht daran zu denken, das erwähnte Bindeglied in unseren umfangreichen Boulevardgürtel noch zeitig genug einzufügen, um während der Weltausstellung das Boulevardsystem den fremden Gästen als ein vollendetes Werk präsentiren zu können.

Die Diversenstraße war ursprünglich bis zum Fluß zu Boulevardzwecken auserschen, doch eine vom Stadtrath erlassene, dahingehende Verordnung ist von der Parkbehörde ohne Weiteres zurückgewiesen worden, weil der Verordnung eine Clausel mangelte, welche den Parkcommissären das Recht gegeben haben würde, das von dem Boulevard Vortheil ziehende Grundeigenthum zur Bezahlung derjenigen Kosten, die vorläufig aus dem Baue von gleichmäßig breiten Seitenwegen und dem Aufstellen von Boulevardlaternen entstehen, zu besteuern. Was die Verordnung in dieser Hinsicht bestimmte, war die Erhebung einer Spezialsteuer von 25 Cents per Frontfuß behufs Instandhalten der Boulevards, dessen Holzpflaster für's Erste zu diesem Zwecke weiter dienen sollte. Der Stadtrath hat sich bisher nicht bemüßigt gefunden, die zurückgewiesene Verordnung zu amendiren; doch selbst wenn in der Sache noch schleunig vorangegangen und eine alle Betheiligten befriedigende Lösung der Angelegenheit gefunden werden sollte, so würde es sicher nun für die Verwaltung der West-Parks zu spät sein, bis zur Eröffnung der Weltausstellung noch von Wrightwood Ave. aus, wo sich jetzt der nordöstliche Endpunkt des Humboldt Boulevards befindet, das nöthige Wegerecht nördlich und östlich bis zum Fluß an Diversenstraße zu erwerben und diese Strecke des Boulevards noch zu bauen; der Bau einer Brücke dort über den Fluß würde die geringsten Schwierigkeiten bereiten und mit Leichtigkeit zeitig fertig gestellt werden können.

Die im zoologischen Garten des Lincoln Park zur Freude von Jung und Alt einquartierten Thiere sind jetzt die folgenden: 2 afrikanische Löwen, 1 „fliegender" Fuchs, 5 Affen, 2 Tiger, 2 Leoparden, 5 Berglöwen, 2 Wildkatzen, 1 Luchs, 3 Wolfshunde, 2 Wölfe, 22 Füchse, 1 Frettchen, 1 Stinkthier, 4 Dachse, 1 Otter, 13 Bären, darunter sind 2 braune, 7 schwarze, 2 graue und 2 zimmetfarbene; 12 Waschbären, 143 Eichhörnchen, 4 Beutelratten, 1 Seelöwe, 22 weiße Ratten, 5 Biber, 2 Stachelschweine, 10 Waldhühner, 20 Meerschweinchen, 24 Hasen, 50 Prairiehunde, 10 Büffelochsen, 1 Steinbock, 15 Kaschmirziegen, 7 Muselthiere, 1 Damhirsch, 11 virginische Rehe, 1 Lama, 1 Elephant, 1 Elennthier, 1 Jaguar, 1 türkischer Aar, 17 Adler, 7 Geier, 18 Eulen, 3 Elstern, 4 Papageien, 3 Kakadus, 12 Ringtauben, 19 Pfauen, 3 Fasane, 4 Wachteln, 2 Kraniche, 3 Falken, 11 weiße Gänse, 7 Schwäne, 3 Pelikane, 20 Schildkröten, 15 Krokodile, 2 Eidechsen, 3 Klapperschlangen und eine Land Schildkröte.

Im Frühjahr von 1878 wurde auf dem damaligen, vom Fuße der North Ave. in den See hinaus reichenden „Pier" ein Kinderspital eingerichtet, welches jährlich mehr als 5000 armen kranken Säuglingen einen gesunden Aufenthalt gewährte. Die Mütter kamen während der heißen Jahreszeit schon früh Morgens mit den kleinen Patienten an und verweilten dort bis zum Eintritt der Dunkelheit. Diese segensreiche Anstalt ist vor einer Reihe von Jahren von dort entfernt worden, doch ist seitdem eine andere ähnliche, das Sanitarium der „Daily News" am Seeufer, etwa ¼ Meilen weiter nördlich, an ihre Stelle getreten.

Lincoln Park wird in nahe bevorstehender Zeit um einen weiteren und zwar sehr gewichtigen Anziehungspunkt bereichert werden, nämlich um ein naturwissenschaftliches Museum, welches die werthvolle Sammlung der hiesigen Akademie der Wissenschaften aufnehmen soll. Genanntes Institut hat sich bislang ohne ein eigenes Gebäude behelfen müssen und die erwähnte Sammlung wurde während einer Reihe von Jahren in der nun vom Erdboden verschwundenen Ausstellungshalle am Seeufer untergebracht, wo wo sie später nach einem Lagerraum geschafft und dort, dem menschlichen Auge fast ganz entrückt in einem dunklen Winkel aufgespeichert wurde. Aber seit geraumer Zeit schon ging die Verwaltungsbehörde der Akademie mit dem Plane um, mit Hülfe gemeinnütziger vermögender Bürger und einer der Parkbehörden in einem dem Volke leicht zugänglichen Parke ein zur Aufnahme und Vergrößerung der Sammlung bestimmtes Gebäude zu errichten, und kaum war dieses Vorhaben in die Oeffentlichkeit gedrungen, da entstand auch schon zwischen der Verwaltung der Westparks und derjenigen des Lincoln Park ein lebhafter und eifriger Wettstreit, der sich darum drehte, das geplante Museum auf der einen Seite zur

Gewächshaus im Lincoln Park.

den Garfield Park, auf der anderen Seite für Lincoln Park zu gewinnen. Die Westparkbehörde machte zu diesem Behufe äußerst liberale Anerbietungen und versuchte ihr Bestes, im Verwaltungsrathe der Akademie eine Entscheidung zu ihren Gunsten herbeizuführen; aber auch die Lincoln Park=Commissäre waren nicht müßig und sie führten ihre schwersten Geschütze in's Feuer, um im Interesse der großen Menge von Menschen, die alljährlich diesen, dem Mittelpunkt der Stadt so nahe gelegenen und so bequem erreichbaren Park besuchen, die Schlacht zu gewinnen. Und Lincoln Park hat den Sieg davongetragen, denn die große Mehrheit der Direktoren des wissenschaftlichen Instituts hat sich entschlossen, das Museum im Lincoln Park aufstellen zu lassen. Damit ist im vorigen Herbst begonnen worden und zwar auf dem Platze, auf welchem das hölzerne Officegebäude des Park superintendenten stand, welches sich eine kurze Strecke östlich von dem Eingang von Center- und Clarkstraße befand und während der Amtszeit des verstorbenen Superintendenten Hermann De Bry diesem als Wohnung diente. Das neue Gebäude wird einen Flächenraum von ungefähr 300 bei 100 Fuß bedecken und drei Stock hoch werden; die Baukosten sind auf $100,000 veranschlagt. Ein geringer Theil des unteren Stockwerkes soll auf Wunsch der Park=Commissäre, die gesonnen sind, $25,000 zu den Baukosten und jährlich $5000 für die Verwaltung des Museums beizutragen, der Parkverwaltung als Amtsstuben zur Verfügung gestellt werden. Angesichts der Thatsache, daß das erwähnte Holzhaus immer baufälliger wurde und seinem Zweck nur noch eine kurze Spanne Zeit hätte dienen können, würde die Parkbehörde so wie so bald gezwungen gewesen sein, ein neues Officegebäude im Park herzustellen, welches nach Ansicht des früheren Commissärs Stockton $30,000 bis $40,000 gekostet haben würde. Daraus ist ersichtlich, daß der beabsichtigte Beitrag von $25,000 zu den Baukosten des Museums um $5000 bis $15,000 niedriger ist, als der Betrag, der zu einem neuen Bureau=Gebäude erforderlich gewesen wäre. Zu dem Museumsbau hat Hr. Mathew Laflin $75,000 geschenkt, doch knüpfte er an dieses Geschenk die Bedingung, daß von anderer Seite, von Bürgern der Nordseite vielleicht, die Summe von $50,000 aufgebracht werde, welche gewinnbringend angelegt und deren Zinsen zur Bereicherung der Sammlung verwendet werden sollen. Lincoln Park wurde seiner bequemeren Lage halber als der geeignetste Platz für das Museum erachtet und dort wird ein größerer Theil des Volkes von Chicago aus dem Besuch des Museums Nutzen ziehen und Belehrung finden, als wenn einer der weiter entfernt liegenden Westseite-Parks dafür ausersehen worden wäre. Lincoln Park vereinigt auch in großem Maßstabe eine Menge von anderen Anziehungspunkten, welche den übrigen Parks mangeln. Daher bildet er während der Sommermonate das Mekka einer überwiegend großen Mehrzahl der aus allen Schichten der Bevölkerung hervorgehenden Naturfreunde und deren Familien. Im Winter aber kann der Park den Leuten außer dem Thierhaus, der dann und wann vorhandenen Schlittschuhbahn und dem Palmenhaus nichts bieten, was ihnen Erholung oder Belehrung verschaffen könnte. An den Naturschönheiten der freien Parklandschaft mit ihren herrlichen Blumenbeeten können sich Besucher nur während der einen Hälfte des Jahres erfreuen, den größten Theil der übrigen sechs Monate benutzt die Natur zu ihrem Winterschlaf. Wird Lincoln Park aber nun ein Museum aufzuweisen haben, angefüllt mit Naturgegenständen aus dem Thier- und Pflanzenreiche, Mineralien, Versteinerungen, mikroskopischen Präparaten, Skeletten u. s. w., alles nach wissenschaftlichen Grundsätzen geordnet und so viel als möglich mit volksthümlichen Namen bezeichnet, so wird dasselbe während des Winters einen hochwillkommenen Ersatz bieten für die der Ruhe pflegenden Park-Vegetation und besonders der lernbegierigen Jugend zum Heile gereichen.

Süd-Park-System.

Es war im Jahre 1865, als die Einrichtung öffentlicher Parks auf der Südseite unter den Bewohnern der Letzteren zuerst in allgemeiner Weise auf's Tapet gebracht wurde, doch nahm die Frage erst im Herbst von 1866 festere Gestalt an. Vor dem Zusammentritt der Staatsgesetzgebung in jenem Jahre fanden mehrere Versammlungen statt, in welchen die Sache in Erwägung gezogen und beschlossen wurde, einen Versuch zu machen. Auf der Südseite befand sich kein alter Kirchhof, wie die Nordseite einen aufzuweisen hatte, der von der Stadt zu Parkzwecken hätte hergeschenkt werden können, sondern das erforderliche Land mußte käuflich erworben werden. Die Männer, die sich damals mit großem Eifer der Sache annahmen und zu Gunsten derselben eine lebhafte Agitation in's Werk setzten, waren Thomas Hoyne, Gouverneur William Bross, J. Y. Scammon, H. H. Honoré, Paul Cornell, J. Irving Pearce, L. B. Sidway, Chauncey T. Bowen, Richter John M. Wilson und John D. Jennings. Ganz besonders begeistert von der Idee war Gouverneur Bross, welcher mit dem Landschafts-Architekten Fred Law Olmstead bekannt geworden war und denselben zu Rathe gezogen hatte.

Für Parkzwecke geeignet wurde damals eine Landparzelle erachtet, die unter dem Namen Egandale bekannt war und westlich von der Cottage Grove Ave. und nördlich von der 55. Straße sich entlang zog. Dieses Land war durch den verstorbenen Dr. William B. Egan so geschmackvoll ausgelegt und bepflanzt worden, daß es ohne weiteres Zuthun als Park hätte gelten können. Tannen und Kiefern standen in malerischen Gruppen auf den Anlagen zwischen blühenden Büschen und dichtbelaubten Schattenbäumen, zwischen denen hindurch hübsch geebnete Fahrwege sich schlängelten. Kein Wunder, daß die Parkfreunde mit lüsternen Blicken auf Egandale schauten und Ezra B. McCagg, der Partner von Hrn. Scammon, sich bewogen fühlte, eine Gesetzesvorlage auszuarbeiten, welche die Expropriation genannten Landes zu öffentlichen (Park-) Zwecken vorschrieb. Diese Vorlage wurde im Januar 1867 der Staatsgesetzgebung unterbreitet, stieß aber dort ohne Weiteres auf energischen Widerstand. Die Liegenschaften des Dr. Egan waren auf dem Wege des Zwangsverkaufs unter die Controlle der Chicago'er Smith's und der Philadelphia'er Drexel's gerathen, welche die Herren Norman Williams und Norman C. Perkins mit der Bekämpfung genannter Vorlage betraut hatten. Die neuen Herren von Egandale wollten zwar einen Park, doch sollte zu einem solchen von Egandale auch nicht das kleinste Stückchen benutzt werden, aber sie hätten es gerne gesehen, wenn man alles unmittelbar an Egandale angrenzende Land rings um die Besitzung in Parkanlagen umgewandelt hätte. Doch dagegen opponirten nun wieder die Eigenthümer jener „Grenzländereien"; ihrer Ansicht zufolge war Egandale das einzige zweckentsprechende Stück Land in jener Gegend und ihre eigenen Grundstücke ganz und gar nicht passend. Das Publikum im Allgemeinen brachte der Streitfrage lebhaftes Interesse entgegen, doch die Meinungen waren getheilt. Die einen befürworteten die Expropriation von Egandale, Andere wieder wollten von der Anlage eines Parks überhaupt nichts wissen und wieder Andere meinten, Egandale sei doch gar zu weit von der Stadt entfernt!

Die Tagespresse vertrat die verschiedensten Ansichten und nach fortgesetzten Kämpfen zwischen den einander feindlich gegenüberstehenden Interessen und nachdem die Frage in ein Stadium fast unentwirrbarer Confusion getreten war, war sie nahe daran, im Sande zu verlaufen. Da wurde zu guter Letzt an einem Samstag Abend im Leland Hotel eine Conferenz abgehalten, bei welcher es wie in einem Wild West Show herging. Außer einer Schaar Neugieriger hatten sich eingefunden die Herren Chauncey Bowen, S. S. Hayes, H. H. Honoré, James P. Root, General Geo. W. Smith, Gouv. Bross, Melville W. Fuller, J. Irving Pearce, Norman C. Perkins, Norman Williams, J. K. C. Forest, Paul Cornell, John C. Dore und Frank Eastman, die beiden Staatssenatoren, die Mitglieder des Abgeordnetenhauses von der Südseite und andere Bürger.

Das war eine gar stürmische Sitzung! Ein jeder einzelne der Anwesenden verfocht seine eigenen individuellen Anschauungen in der fraglichen Angelegenheit mit einer Ausdauer und Zähigkeit, die an Eigensinn grenzten und das immer hitziger

Lincoln Denkmal im Lincoln Park.

werdende Wortgefecht ungemein in die Länge zogen. Schließlich wurde die in der Legislatur um keinen Schritt vorwärts gekommene Vorlage in der Versammlung behufs Vornahme von Abänderungen und Beifügung neuer Bestimmungen herumgereicht und es kam ein Ausgleich zu Stande. Die Besitzer von Egandale erklärten sich bereit, einen Streifen ihres Landes an dessen westlicher Grenze, der Cottage Grove Avenue entlang, und einen zweiten Streifen von dem südlichen Ende an der 55. Straße abzutreten. Da es für wünschenswerth erachtet wurde, die Anlagen bis zum: See auszudehnen, kam man auch noch dahin überein, einen weiteren bis zum Seeufer führenden Streifen in Benutzung zu ziehen. Hr. James P. Root gab sich mit diesem Uebereinkommen zufrieden unter der Bedingung, daß man ihm gestatte, die südliche Grenzlinie dieses Streifens festzustellen, was ihm auch gewährt und wodurch es ihm möglich gemacht wurde, seinem Grundeigenthum auf einer Strecke von 300 Fuß eine „Front" an dem Streifen nach dem See zu verschaffen. Natürlich gab es da auch noch Andere, welche zum Vortheil ihres in jener Gegend belegenen Grundeigenthums Bestimmungen trafen in Bezug auf die Festsetzung von Grenzlinien; dann wurden George W. Smith und James P. Root mit dem Entwurf einer neuen Vorlage für die Legislatur beauftragt und die Versammlung ging mit dem Gefühle der Befriedigung über das Endresultat auseinander. Jene Vorlage wurde zum Gesetz erhoben, welches jedoch den Wählern von Süd Chicago, Hyde Park und Lake bei der jährlichen Townversammlung zur Abstimmung unterbreitet werden mußte. Viele von den Leuten, die noch nicht zur Erkenntniß der unschätzbaren Vortheile gekommen waren, welche umfangreiche Parkanlagen für das Volk einer großen Stadt im Gefolge haben, stimmten gegen die „Bill" und fanden in noch Anderen, denen der ganze Plan im Lichte einer großartig angelegten Grundeigenthums Spekulation erschien, treue Bundesgenossen. Als die Stimmen gezählt waren, hielten beide Parteien sich so ziemlich die Wagschaale; aber obwohl das Züngsein sich auf die Seite der Parkfreunde zu neigen schien, wurde, indem einige Unregelmäßigkeiten bei der Stimmenabgabe zu Tage getreten waren, gegen das Parkprojekt entschieden. Herr Thomas Hoyne, welcher eine feste Stütze der Parkpartei gewesen war, beanstandete die Verkündigung des Wahlergebnisses in den Gerichten, zog aber zum Leidwesen seiner Genossen den Kürzeren.

Die Parkfrage trat zunächst im Jahre 1868 wieder in den Vordergrund und die Agitation wurde auch dann wieder von den genannten Urhebern der bisher so sehr vom Mißgeschick verfolgten Bewegung erneuert. Sie fanden sich des Oefteren theils zu geheimen, theils zu öffentlichen Berathungen zusammen und die Sache wurde schließlich in fast allen Grundeigenthums-Bureaus der Stadt zum Tagesgespräch. Es wurden allerhand Pläne geschmiedet und man wurde nicht müde, an den in den Bureaus herumhängenden Karten Parks auszulegen. Wiederholt brachten die Zeitungen die Neuigkeit, daß ein bestimmtes Flächengebiet für die Anlage eines großen Parks endgültig ausgewählt sei, wenn aber dann nähere Angaben über die Lage der betreffenden Grundstücke folgten, brach jedes Mal in den Kreisen der interessirten Landeigenthümer ein Sturm der Entrüstung los, die sofort alle Hebel in Bewegung setzten, das „Unheil" — wie sie es nannten — von sich abzuwenden. Die Herren, welche trotz der ihnen entgegengesetzten hartnäckigen Opposition unentwegt fortfuhren in ihren Bemühungen, für die Südseite ein Parkfeinem zu schaffen, hatten in Bezug auf die Lage des nöthigen Landes eine Einigung erzielt und dieses wurde in dem von Richter Beckwith entworfenen Staats Parkgesetz näher bezeichnet. Als die Zeit der nächstfolgenden Legislatursitzung (in 1869) heranrückte, beschäftigten die Parkfreunde sich mit der Frage, wer den neuen Gesetzentwurf einreichen sollte und hierzu wurde schließlich Herr Francis Munson, in dessen Senatsbezirk der größte Theil des in Aussicht genommenen Landes sich befand, ausgewählt. Der neuen Vorlage wurde nur geringer Widerstand entgegengesetzt. Hr. James P. Root war damals Clerk des Abgeordnetenhauses und er sorgte dafür, daß die Eingabe nicht auf die lange Bank geschoben wurde. Die Bill wurde mit großer Mehrheit angenommen und dann, wie die vorhergehende, bei der nächsten Wahl den Wählern des Süd Towns, Hyde Parks und Lake zur Abstimmung unterbreitet, aus welcher sie diesmal mit fliegenden Fahnen hervorging.

In Verbindung hiermit muß hervorgehoben werden, daß es keiner einzigen von den Personen, die so muthig ausharrten in dem Kampfe gegen Unwissenheit und Verblendung und zum Besten des Volkes Geld und viel werthvolle Zeit opferten, eingefallen ist, für sich allein die Ehre zu beanspruchen, der „Erfinder" des Süd Parksystems zu sein. Im Gegentheil, ein jeder dieser Männer, von denen nicht wenige bereits in das „himmlische Paradies" eingezogen sind, ist stets bereit gewesen, seinen Mitarbeitern ungeschmälertes Lob für deren Verdienste um das so mühsam aber schließlich erfolgreich zu Ende geführte gemeinsame Werk zu spenden.

In jener Sitzung der Staatsgesetzgebung gelang es auch den im Sitzungssaale und der Lobby in starker Vertretung anwesenden Befürwortern von ausgedehnten Parkanlagen auf der West- und Nordseite, diesbezüglichen Gesetzesvorlagen die Annahme zu sichern und somit war das heute zur herrlichen Blüthe entfaltete großartige Park- und Boulevard-System Chicago's unter die Controlle und den Schutz des Staates Illinois gestellt. Auch die zur Genüge bekannte „Lake Front"-Bill wurde in jener Sitzung eingereicht und um zu zeigen, in welcher Verbindung diese Vorlage mit den Park-Bills stand, mag hier noch Folgendes mitgetheilt werden:

Wie erwähnt, hatten die der Schaffung von Volkshainen eifrig das Wort redenden Bürger Chicago's sich zahlreich zu jener wichtigen Berathung der gesetzgebenden Körperschaft in Springfield eingestellt und übten einen nicht geringen Druck bei der Entscheidung der ihnen am Herzen liegenden Sache aus. Daß sich das so verhielt, davon waren die Befürworter der Lake Front Bill überzeugt, und um nun deren Einfluß auch für ihre Interessen zu gewinnen, oder doch wenigstens darauf hinzuwirken, daß ihnen von jener Seite keine Hindernisse in den Weg gelegt würden, fügten sie ihrer Vorlage schlauer Weise noch die Bestimmung hinzu, daß, wenn der Theil der Lake Front, welcher noch im Besitz der Stadt verbleiben würde, nachdem die Illinois Central-Bahn sich genommen habe, wonach es ihr gelüstete, verkauft werden sollte, der Erlös hieraus zu gleichmäßigen Theilen im Verhältniß zu dem eingeschätzten Werth des in den einzelnen Stadttheilen liegenden Grundeigenthums unter den verschiedenen Parks zu vertheilen sei. Die Vorlage sammt dieser Bestimmung wurde zum Gesetz erhoben, doch hat keiner der Parks jemals irgend einen Vortheil daraus gezogen.

Das Süd Parkgesetz schrieb eine allgemeine jährliche Parksteuer von $300,000 und nebendem eine Spezialsteuer vor. Letztere war nahezu so weit, ausgeschrieben zu werden, als das große Feuer in 1871 sämmtliche Bücher und Papiere zerstörte. Angesichts dieses Unglücks und den Vorschriften der neuen Staatsverfassung zufolge mußte eine neue Spezialumlage erlassen werden. Nach Ueberwindung zahlloser Schwierigkeiten wurde für das ausgewählte Land das durch Abschätzungen festgesetzte Kaufgeld bezahlt und die umfassenden Arbeiten an dem Parksystem ernstlich in Angriff genommen. Und der Ankauf geschah um nichts zu früh, denn im Hinblick auf die Steigerungen des Grundeigenthumswerthes, die bald darnach eintraten und bis zum heutigen Tag mit der Zunahme der Bevölkerung, der großartigen Ausdehnung von Handel und Verkehr, gleichen Schritt hielten, würde später, angesichts der riesigen Geldopfer, die hätten gebracht werden müssen, an die Einrichtung von öffentlichen Parks nicht mehr zu denken gewesen sein. So aber können wir uns glücklich schätzen, durch die zähe Ausdauer, den Unternehmungsgeist und Gemeinsinn einer Anzahl Chicagoer Bürger in den Besitz von Parkanlagen gesetzt worden zu sein, deren Geldwerth nicht allein, sondern deren hohe Bedeutung für die öffentliche Gesundheit und das Wohlbefinden der Bürgerschaft sich aller Schätzung entzieht.

Ganz besonders verdient hervorgehoben zu werden, daß sie für die Jugenderziehung, die Bereicherung der Kenntnisse unserer Schuljugend, von hoher Bedeutung sind und in Verbindung mit dem in den öffentlichen Schulen ertheilten Unterricht ein sehr schätzenswerthes Lehrmittel bieten. Leider wird dem Unterricht in der Pflanzenkunde und der elementaren Naturwissenschaft seitens unserer Schulbehörde nicht der Werth beigelegt, der ihm gebührt, und deßhalb ist man auch noch nicht so weit gekommen, mit den Schülern botanische Streifzüge durch unsere mit Blumen und Pflanzen geschmückte Parks und deren Gewächshäuser zu unternehmen. Und doch nimmt die Unterweisung in der Pflanzenkunde als ein Zweig der Naturwissenschaft einen hohen Rang ein, indem dieser Unterrichtszweig eine Fülle des Interesses bietet und auf das kindliche Gemüth einen veredelnden Einfluß ausübt. Der Werth des botanischen Studiums, wenn Bücher allein nur dem Lehrer als Hilfsmittel dienen und Pflanzen nicht in ihrer natürlichen Gestalt und Schönheit dem Kinde vor's Auge gerückt werden, um seinen Geist zu beschäftigen, ist ein sehr geringer. Das Denkvermögen des Schülers wird durch Bezeichnungen, deren Sinn er nicht zu fassen vermag, dadurch nutzlos angestrengt, der Ideengang nimmt eine zu-

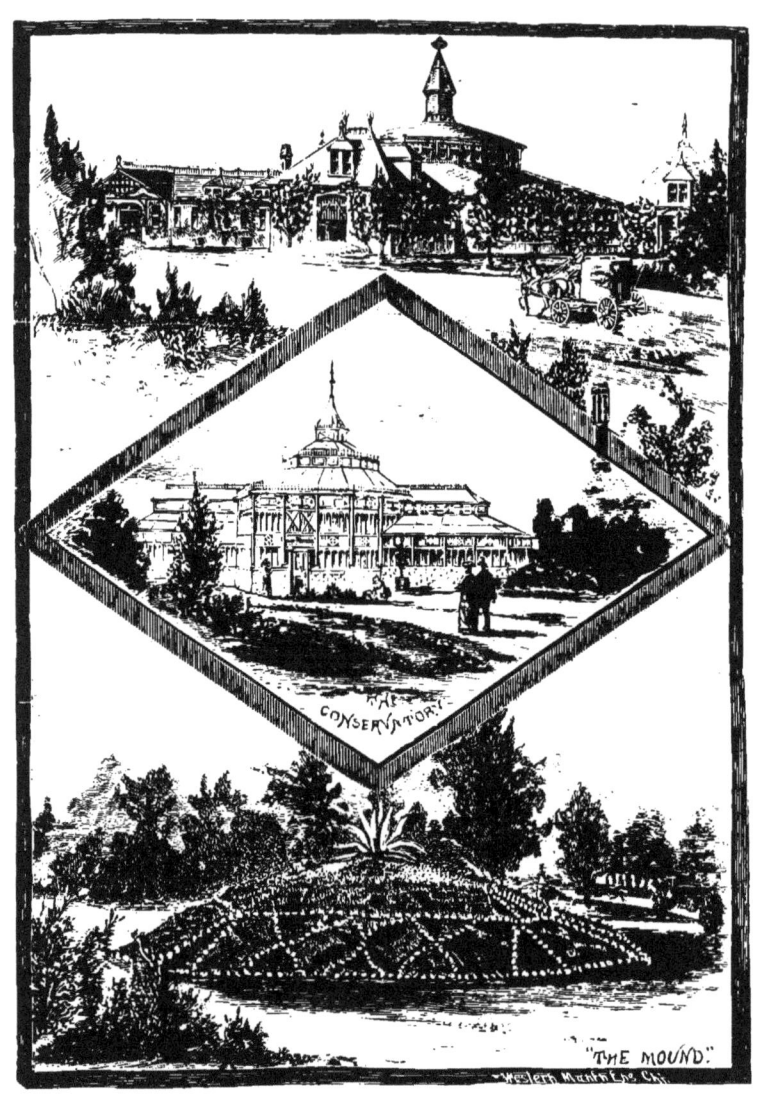

Washington Park. — Palmenhaus, Remise und Blumenhügel.

sammenhangslose, unbestimmte Form an. Nur da können ersprießliche Ergebnisse erzielt werden, wo den Schülern Zutritt gestattet ist zu einer größeren Anzahl von Pflanzen verschiedener Gattungen, wie sie in unseren Parks zu finden sind. Die vielen prächtigen Bäume, Sträucher und Blumen der freien Parklandschaft, die werthvollen Sammlungen von tropischen und halbtropischen Gewächsen der Palmen= and Treibhäuser, bilden nicht nur vom Standpunkte der Formen= und Farbenschön= heit aus den Gegenstand des größten allgemeinen Interesses, sondern sind auch als Mittel zur Volksbelehrung von unermeßlichem Werth.

Der Washington Park und der als Ausstellungsplatz benutzt gewesene, durch „Midway Plaisance" mit Ersterem verbundene Jackson Park, bilden mit den zu diesem Parksystem gehörenden Boulevards eine Gesammtfläche, welche viel um= fassender und ausgedehnter ist, als das Park= und Boulevard Gebiet der Westseite oder das des Lincoln Parks. Wir betreten hier ein Terrain, das in seiner Gesammt= heit einen Flächeninhalt von 1368.85 Acres aufzuweisen hat und nach dem Fair= mount Park in Philadelphia das umfangreichste Parkgebiet dieses Landes darstellt.

Die im Jahr 1869 von dem damaligen Gouverneur dieses Staates, Palmer, auf Grund eines kurz vorher erlassenen Gesetzes behufs Einrichtung von öffentlichen Parkanlagen auf der Südseite der Stadt eingesetzte Behörde bestand aus den Herren John M. Wilson, Geo. W. Gage, Chauncey T. Bowen, L. B. Sidway und Paul Cornell (letzterer ein Deutscher) und von diesen Commissären wurden unter Beihülfe der Herren James P. Root und S. A. Kimbark ungefähr 1200 Acres zum großen Theil sumpfiges Prairieland ausgewählt und mit dem Ertrag einer zum größten Theil in New York untergebrachten verbrieften Anleihe in Höhe von $2,000,000 käuflich erworben. Aus dem Verkauf dieser Schuldscheine, deren Einlösung durch die Erhebung einer kurz über 8 Jahre sich erstreckenden jährlichen Parksteuer garantirt wurde, lösten die Commissäre $1,827,399 und noch im Jahre 1869 wurde das in Aussicht genommene Gebiet den Landschaftsgärtnern Olmstead und Vaux von New= York zur Verschönerung und Bepflanzung übergeben. Es wurde sogleich eine große Baumschule eingerichtet und mit den Ausgrabungen für künstliches Parkgewässer, dem Auffüllen der zu bepflanzenden Flächen und dem Bau von Fahr= und Fuß= wegen begonnen. Durch das große Feuer im Jahre 1871 erlitten die Arbeiten eine Unterbrechung, denn bei dem Brande wurden sämmtliche Pläne und Spezifika= tionen, Karten, Bücher, Vertragsurkunden, Voranschläge, Steuerlisten u. s. w. vernichtet. Sämmtliche Arbeiter wurden entlassen und erst im darauffolgenden Jahre war wieder Alles soweit vorbereitet, daß die Thätigkeit von Neuem auf= genommen werden konnte. Im September 1872 wurde H. W. S. Cleveland als Landschaftsgärtner angestellt, unter dessen Leitung den westlich gelegenen Park= anlagen landschaftlicher Charakter verliehen und die Baumpflanzungen an den Boule= vards rüstig gefördert wurden. Um die nämliche Zeit ungefähr erfolgte auch die Ernennung des Hrn. Friedrich Kanst zum Obergärtner, dessen Kunstfertigkeit auf dem Gebiete der Blumen=Cultur und Schmückung von Anlagen durch malerische Zusammenstellung von Treibhauszöglingen es zu verdanken ist, daß das Palmen= haus im Washington Park und die herrliche Augenweide, die er im Sommer in dessen Umgebung in Gestalt von farbenreichen Blumenbeeten und plastischen Pflan= zengebilden ausgebreitet hat, zu dem Interessantesten gehören, was jener Park dem schaulustigen Publikum darbietet. Im Jahre 1874 langte eine reiche Sendung von seltenen Pflanzen und Sträuchern aus den botanischen Gärten in der Bundeshaupt= stadt Washington an, was vielen Bürgern den Wunsch einflößte, einen botanischen Garten im Washington Park anzulegen. Die Parkbehörde besaß hierzu nicht die erforderlichen Mittel, was die Herren H. H. Babcock, H. R. Hibbard, John R. Walsh, C. H. Sargent und A. E. Ebert bewog, sich bereit zu erklären, den Plan auf eigene Kosten durchzuführen. Die Commissäre gingen darauf ein und ver= wandte der genannte Ausschuß sich an die Besitzer zahlreicher botanischer Gärten und an Privatleute um Mithülfe, die auch nicht auf sich warten ließ. Es langten in kurzer Zeit mehr als 3000 Gebinde von Sämereien und Knollen, nahezu 800 Pflanzen, über ein Tausend Arten von getrockneten und lebenden Kräutern und 29 Bände botanischer Werke an. Hierzu hatten auch die botanischen Gärten in Berlin, Wien, Prag, Leipzig, Heidelberg, Zürich, St. Petersburg u. s. w. beigesteuert. Die Leitung der botanischen Abtheilung wurde aber im Jahre 1877 in die Hände des Obergärtners gelegt, da sie unter dem bisherigen System sich als zu kostspielig erwiesen hatte.

Die Parkbehörde, die aus fünf Commissären besteht, wird von dem Richter-Collegium des hiesigen Kreisgerichts ernannt und die Amtszeit eines jeden Commissärs, von denen in jedem Jahr einer ernannt wird, beträgt 5 Jahre; das Amt ist kein bezahltes, sondern ein Ehrenamt. Folgendes sind die Mitglieder der jetzigen Parkbehörde: Joseph Donnersberger, Präsident; M. J. Russell, Rechnungsführer; John B. Sherman, William Best und J. W. Ellsworth. John R. Walsh ist Schatzmeister. Das Amt eines Oberaufsehers und Ingenieurs wird von Hrn. J. J. Foster mit anerkannter Fähigkeit verwaltet.

Seit dem vor wenigen Jahren erst vollendeten Bau der Kabelbahn in Cottage Grove Ave. und Statestraße bis noch jenseits über die Süd Parks hinaus sind diese erst so recht dem Volke zugänglich geworden und verdienen nun den Namen Volksparks in der That; vorher bildeten sie ihrer großen Entfernung von den dicht besiedelten Stadttheilen und des Mangels an bequemen und billigen Fahrgelegenheiten wegen fast ausschließlich das Ziel der fashionablen Welt, die in eleganten Karossen und Equipagen über die herrlichen Boulevards mit großer Vorliebe nach den weitausgedehnten Anlagen der Südparks fuhr; dort waren die schön geputzten Damen und Herren mit ihren reich gallonirten Dienern auf dem Wagenbock damals fast die Alleinherrscher, und das „gewöhnliche Volk" war ihnen wenig im Wege. Dank den jetzt dorthin führenden Kabelbahnen, die in Gemeinschaft mit der Illinois Central Bahn die Beförderung der nicht zum Geldprozenthum oder zu den Wagenbesitzern gehörenden Menschenklasse besorgen, bilden die Fußgänger die überwiegende Mehrheit unter den Besuchern, und zwar liefern auch die entferntesten Stadttheile ihre reichlichen Contingente zu den Mengen, die sich tagtäglich dem schönsten aller Genüsse — dem Naturgenusse — in jenen reizenden Anlagen hingeben, in denen so viel Pracht, so viel Bequemlichkeit entfaltet wird, wie die Mittel der Parkbehörde es nur gestatten: in denen der Rasen wie ein sammetner Teppich, mit Blumen gestickt, erscheint; in denen schöne und seltene ausländische Gewächse das Auge erfreuen, bequeme Ruhesitze zum Niederlassen einladen, Fontänen rauschen und plötzlich und von deren lang hingestreckten östlichen Grenze, von dem Weltausstellungsplatz aus, der Blick über den herrlichen Michigansee zu schweifen vermag, dessen rastlose Wellen wirkungslos von der steinernen Einfassung des Parkufers zurückschnellen, diese nur mit ihrem Gischt benetzend.

Für Diejenigen, welche sich den Luxus eines eigenen oder geliehenen Wagens erlauben können und Freude finden an einer längeren Spazierfahrt an blumengeschmückten, hoch in's Gras geschossenen Prairiefeldern vorüber, bietet eine Fahrt den über 6 Meilen langen, 200 Fuß breiten Boulevard entlang, welcher das West-Parksystem mit dem Süd Parks verbindet, einen gewiß seltenen Genuß. Der Theil dieses herrlichen Fahrweges, welcher zwischen dem südlichen Ausläufer des Südwest Boulevards (nahe dem Illinois und Michigan Canal) und der 55. Straße liegt, und sich parallel mit Western Avenue in südlicher Richtung entlang zieht, wird nach letzterer Straße benannt und heißt Western Ave. Boulevard. Seine Länge beträgt 2.81 Meilen und er besitzt vor den übrigen der von uns auf unserer Spazierfahrt durch die Parks benutzten Boulevards den Vorzug, daß der hier westlich von der eigentlichen Fahrstraße sich hinziehenden Streifen des von dem Fahrweg nicht benutzten Boulevardlandes auf der ganzen südlichen Strecke nicht nur mit stolzen Bäumen, sondern auch mit zahlreichen Ziersträuchern und Büschen in reicher Abwechselung bepflanzt ist und südlich bis zur 39. Straße die sorgsame Pflege des Gärtners erkennen läßt. Ist auch der Raum wegen der geringen Breite dieses Streifens beschränkt, so hat dennoch die Kunst der Landschaftsgärtnerei ihn in einen Naturgarten verwandelt und bewiesen, daß der Werth eines Naturgartens nicht in seinem Umfange, sondern in seinen schönen Formen und Bildern liegt. Allen Freunden der Natur ist es ja bekannt, daß man zum öfteren, besonders im Wäldern, ganz kleine Stellen antrifft, die bezaubernd schön sind. Wenn nun diese Naturerzeugnisse bei kleineren Parkanlagen nachgeahmt werden, wie das hier geschehen zu sein scheint, so kann die Wirkung keine andere, als eine für das Auge erfreuliche sein.

Dort wo die Anlagen sich durch das Gebiet von Brighton Park hindurch ziehen, bilden sie einen lieblichen Blumengarten, auf dessen farbenschimmernde Geranienbeete und andere Blumengebilde schlanke Ulmen und dichtbelaubte Katalpen ihren Schatten werfen. Durch dieses kleine Blumenparadies schlängeln sich wohlgepflegte Spazierwege, an deren Seiten sich bequeme Sitzbänke befinden.

Sonnenuhr im Washington Park.

Sind wir an der 55. Straße angekommen, so befinden wir uns am südlichen Ende des Western Ave. Boulevard, der hier in ein mit Bäumen umsäumtes Rondell ausläuft, seine Fortsetzung aber in dem von hier aus direkt in östlicher Richtung führenden Garfield Boulevard findet, welcher ebenfalls 200 Fuß breit ist und in einer Entfernung von $3^1/_2$ Meilen, nahe der South Park Avenue und 55. Straße, in den westlichen der beiden Süd Parks, in den Washington Park, mündet. Der nicht von der Fahrstraße eingenommene Theil des Garfield Boulevard zieht sich hier in Gestalt eines von Bäumen bepflanzten grünen Rasenstreifens an der nördlichen Seite des Fahrweges dahin, welcher auf einer beträchtlichen Strecke an schönen Prairien und wohlbestellten Acker- und Gemüse-Ländereien vorüberführt. Dann zieht sich der Fahrweg, welcher auf der ganzen Strecke schön geebnet und gut erhalten ist, ein längeres Stück Weges durch die Mitte der Boulevard-Anlagen, die ihn an beiden Seiten umsäumen und nachdem wir jenseits der Schutzbarrieren, die von der hier kreuzenden Fort Wayne-Bahn angebracht sind und bei ankommenden Zügen den Weg versperren, angelangt sind, sehen wir den Boulevard in eine elegante Wohnstraße verwandelt, die an beiden Seiten von geschmackvollen, meistens noch neuen Privatresidenzen eingerahmt ist. Diesen Charakter behält nun der Boulevard bis zu seiner Einmündung in den Park.

Die zwischen Western Ave. und Ashland Ave. belegene Strecke der schmalen parkähnlichen Anlage ist jüngst mit einem zweiten Fahrweg versehen worden, welcher die nördliche Grenze des Boulevardstreifens bildet, sodaß sich nun der von Bäumen bepflanzte lange Rasenteppich in der Mitte zwischen den beiden Fahrstraßen befindet. Von Ashland Ave. östlich bis Statestraße aber wurden Verbesserungen vorgenommen, die darauf hinzielten, dem jetzt sich in der Mitte der Anlagen hinziehenden breiten Fahrweg an den äußeren Grenzen des gesammten Streifens, nördlich und südlich davon, je eine schmalere Fahrstraße beizugesellen. Auf der noch übrigen Strecke, von Statestr. bis zu dem Park, liegt der mit Baumreihen bepflanzte Rasenstreifen in der Mitte zwischen zwei Fahrwegen, von deren südlicherem, nahe der Stelle, wo er in den Park einmündet, eine 60 Fuß breite und $5/_8$ Meilen lange Rennbahn sich in südlicher Richtung bis zur 60. Straße abzweigt.

Bei unserem Eintritt in den Washington Park von der 55. Straße und South Park Avenue aus gewinnen wir auf den ersten Blick den Eindruck, daß das hier in Anwendung gebrachte System ganz in Uebereinstimmung mit der allen Landschaftskünstlern geläufigen Regel steht, wonach der Park nur den Charakter der freien Natur und der Landschaft haben, die Hand des Menschen also wenig sichtbar sein und sich nur durch wohlunterhaltene Wege und zweckmäßig vertheilte Gebäude bemerkbar machen soll. Der große Umfang und Flächeninhalt der beiden zueinander gehörenden Parks, Washington und Jackson Park, von denen der erstere 371, der letztere, als Weltausstellungsplatz benutzt, 586 Acres enthält, wozu noch 100 weitere Acres gezählt werden müssen, welche in Midway Plaisance — dem Verbindungsglied zwischen beiden Parks — liegen, ermöglichten die Herstellung von Anlagen, welche durch ihre große Ausdehnung imponiren und in den übrigen öffentlichen Parks Chicago's wegen der größeren Beschränktheit des Terrains nicht denkbar sind. Wenn Lincoln-, Humboldt-, Garfield und Douglas Park in die Höhe gehoben und nach den Süd-Parks getragen werden könnten, so würden sie allesammt innerhalb der Grenzen der letzteren Platz finden.

Gleich in der Nähe der Einfahrt vom Garfield Boulevard sehen wir, in nordöstlicher Richtung, eine Wiese vor uns ausgebreitet liegen, die allein 100 Acres groß ist und von der Parkbehörde den Freunden von Baseball und ähnlichen Spielen, wie „Lawn Tennis", „Cricket" u. s. w., zur Verfügung gestellt wurde. Sie ist so eingetheilt, daß sieben verschiedene Gesellschaften zu gleicher Zeit diesen oder jenen Spielen fröhnen können. In ebenso ausgedehntem Maßstabe ist auch in vorhergehenden Jahren im Jackson Park für die Befriedigung der Wünsche der jungen Leute gesorgt gewesen, die sich während des Sommers tagtäglich in Schaaren dort einfanden, um sich bei den mannigfachen Spielen im Freien auf dem grünen Rasen gesunde Bewegung zu machen. Die Parkbehörde ist in dieser Beziehung selbst so weit gegangen, einen Vorrath der bei den Spielen zur Verwendung gelangenden Geräthe anzuschaffen und diese kostenfrei an die jungen Herren und Damen auszuleihen.

In der unmittelbaren Umgebung der westlichen Einfahrt in den Park (55. Str. und South Park Ave.), hat der mit seinem Verständniß und veredeltem Geschmack

begabte Obergärtner Kanſt eine ⸺⸺⸺⸺⸺⸺⸺⸺⸺⸺⸺⸺⸺⸺
hohe Baumſtumpen mit blätterreichen Schlingpflanzen überwachſen ⸺⸺, ⸺⸺,
mehreren Stellen ſich hoch oben über Fuß- und Fahrwege hinüberwinden und prächtige Laubbögen bilden. Auch viele der an ſchattigen Stellen angebrachten Ruhebänke
ſind von Rankengewächſen überdacht, die gleichzeitig ſich zu Rück- und Seitenwän-
den zuſammen geflochten haben.

Südlich von der großen Ballſpiel Wieſe zeigt ſich dem bewundernden Blick der
im Sonnenlicht hell funkelnde und glitzernde künſtliche See, der eine Ausdehnung
von 20 Acres hat und von einem ſich in gefälligen, aber ungezwungenen Umriſſen
dahinziehenden, grünen Raſenufer eingeſchloſſen wird, welches ringsherum in be-
trächtlicher Breite aus prächtigen, kurz geſchorenen und mit Bäumen bewachſenen
Grasflächen beſteht, und von Kindern mit großer Vorliebe zum Spielplatz gewählt
wird. Südlich vom See wird der geſammten Umgebung des Letztern durch die dort
ausgelegten Geranien- und Pflanzenbeete größere maleriſche Schönheit verliehen,
und im Ganzen genommen, iſt ſorgfältig die Thatſache berückſichtigt worden, daß
ein Parkſee, wenn er in Bezug auf Form und Veranlagung auch noch ſo gut gelungen iſt, doch erſt durch geeignete Bepflanzung der Ufer ſeinen ſchönſten Schmuck erhält. Freie Raſenflächen, wenn dieſe abwechſelnd mit Bäumen und Sträuchern
bepflanzt und in geringer Entfernung vom Ufer mit natürlichen Blumenbeeten ge-
ſchmückt ſind, geſtatten dem Licht der Sonne freie Bahn; nur vom Licht beſtrahlt
entfaltet das Waſſer des Parkſees ſeinen magiſchen Reiz und zeigt bis zum Grunde
ſeine Spiegelbilder in durchſichtiger Klarheit.

Die von den klaren Fluthen des Sees beſpülte Halbinſel iſt von großer Wirkung und von ihr aus bieten ſich dem Auge die ſchönſten, von keiner anderen Stelle
zu genießenden Anſichten und Bilder dar. Sie hat die Form eines ſanft aufſteigen-
den Hügels und iſt zum Theil bewaldet. Es liegt in der Abſicht der Parkverwal-
tung, die Inſel in nahe bevorſtehender Zeit mit einem Rudel Hirſche und Rehe zu
bevölkern; dieſe Idee iſt eine vortreffliche und ihre Verwirklichung wird dann einen
Beſuch des herrlichen Parks noch begehrenswerther machen.

Die Fahr- und Fußwege ſind im Allgemeinen ſo geführt, daß ſie zu den
beſten Ausſichtspunkten leiten, und auch überſehbare Flächen in maleriſcher Form
durchſchneiden; ſie werden ſorgfältig gepflegt und ſind faſt immer eben und trocken.
Die von ihnen beſchriebene Bogenlinie iſt eine weiſe Nachahmung der Natur. Ein
ſich in anmuthigen Biegungen dahinſchlängelnder Weg ermüdet den Menſchen bei
Weitem nicht ſo ſehr, wie ein längerer, gerader Weg, und er hält das Intereſſe des
Wanderers wach durch die Mannigfaltigkeit der landſchaftlichen Bilder, die ſich vor
ihm bei jeder Biegung des Weges eröffnen.

Der Baumwuchs und die vielen üppig wuchernden Zierſträucher, welche die Ein-
förmigkeit der Baumpflanzungen unterbrechen und beſonders in ihrer Blüthezeit
einen prächtigen Schmuck des Parkes bilden, zeigt durchweg geſundes und kräftiges Gedeihen. Obergärtner Kanſt iſt kein Freund von Baumgruppen, deren
Aeſte bis auf den Boden reichen und ſich über dieſen wie ein Mantel ausbreiten.
Er geht von der Anſicht aus, daß den Parkbeſuchern eine freie, ungehinderte
Ausſicht unter den Bäumen hindurch geſtattet ſein und ihnen nirgends der Weg
durch Dickichte oder von den unteren Baumäſten gebildete Heckenzäune verſperrt
werden ſollte. Daher ſind die Bäume, mit wenigen Ausnahmen, ihrer niedrige-
ren Aeſte beraubt, vereinigen in ſich aber eine Fülle von Schönheit und Mannigfaltigkeit, und in intereſſanter Vermiſchung Harmonie mit natürlich erſcheinender
Unregelmäßigkeit.

Nur zum Verbergen von unſchönen Punkten, welche unverdeckt die Schönheit
der unmittelbaren Umgebung beeinträchtigen würden, ſind bis unten dicht belaubte
Bäume und keinen Durchblick geſtattendes Gebüſch zur Verwendung gekommen. Am
zahlreichſten ſind Eichen, Ahornbäume, Ulmen, Catalpen, Birken, Akazien, Eſchen
und verſchiedene Nadelholzbäume vertreten.

An der öſtlichen Grenze des Waſhington Parks, in der Nähe der 56. Straße und
Cottage Grove Ave., liegen das Gewächshaus, die großen Blumenanlagen und auch
das große Stallgebäude, welches in Bezug auf praktiſche Einrichtung und Bequemlichkeit ein Muſterſtall genannt zu werden verdient. Das Gebäude hat eine bedeutende Länge, iſt aus Backſtein erbaut und ſeine Außenmauern ſind faſt ringsum mit
Schlingpflanzen (Virginia Creepers) dicht überzogen. Die größere nördlich gelegene
Hälfte des Gebäudes dient als Remiſe für die Park-Phaetons, Waſſerwagen und

Die „offene Himmelsthür" im Washington Park.

sonstige Parkfuhrwerke, während der südliche Theil, der einen Rundbau darstellt, 100 Pferden bequeme Stallung giebt. Die für die einzelnen Pferde bestimmten Ställe ziehen sich in doppelter Reihe in Kreisform herum und sind so gebaut, daß sich immer zwei Pferde gegenüber stehen. In das kuppelähnliche Dach ist eine Ventilations-Vorrichtung eingefügt, und im Uebrigen wird durch peinliche Reinhaltung des Bodens und der Ställe dafür gesorgt, daß die Luft rein und gesund bleibt.

Unter den Park Phaetons, welche vom Publikum viel benutzt werden, um von ihnen aus auf deren täglichen Rundfahrten durch die Parks alle sehenswerthen Punkte der Letzteren in Augenschein nehmen zu können, befindet sich auch einer, welcher vierspännig fährt und für 30 Personen Raum hat. Dieser Wagen ist sehr elegant; er hat ein oberes Verdeck, nach welchem am hinteren Ende des Wagens eine mit einem funkelnden Messinggeländer versehene Treppe führt. Am meisten wird dieser Prachtwagen von Gesellschaften benutzt, die von ihm von irgend einem bequem zu erreichenden Punkt auf der Südseite abgeholt und am Abend wieder zurückgefahren werden, wofür $20 zu entrichten sind.

Einen der interessantesten Punkte, den die Phaetons auf ihren Fahrten berühren, bilden die unweit des Stallgebäudes, in nördlicher Richtung, an Palmer Ave. (so wird der dort vorüberführende Fahrweg genannt) befindlichen Blumenanlagen sammt dem dort stehenden Gewächshaus. Jene haben eine bedeutende Ausdehnung und eine ovale Form, deren äußerer Rand, an welchem sich Fahrwege entlang winden, eine Gesammtlänge von einer halben Meile besitzt. Nach der Mitte zu bilden die mit Blumen gestickten Rasenteppiche die Abhänge eines Hügels von 7 bis 8 Fuß Höhe, auf welchem später ein in Aussicht genommenes, neues Palmenhaus errichtet werden soll.

Bei der Bepflanzung dieser Anlagen hat Herr Kanst seiner Geschicklichkeit und seiner hervorragenden Kunstfertigkeit in der Herstellung von aus Blumen geschaffenen Figuren und Prachtbeeten ein glänzendes Zeugniß ausgestellt. Dem Gewächshaus direkt gegenüber schimmert uns eine goldgelbe, breitstufige Treppe, welche den östlichen Abhang des Blumenhügels hinaufführt, entgegen. Das ist die Himmelstreppe, auf welcher kleine, gelbfarbige Blümchen blühen, ein menschlicher Fuß aber nicht geduldet wird. Vielleicht daß die Wassernixen der Süd-Parks oder die guten Engel der Blumenflora dort des Nachts im silbernen Mondschein auf und nieder huschen; für uns Erdenmenschen sind die Treppe und die halboffene Himmelsthüre, zu welcher sie führt, ein verbotener Eingang.

Die beiden, je 8 Fuß hohen Pfosten, zwischen denen die Flügelthüren hängen, sind sammt den Letzteren aus braunen Oxalis, Sedum Acre und Echeveria (Hauslauch) zusammen gefügt; diese Blattpflanzen werden so dicht aneinander gesetzt, daß nirgends ein Zoll breit leerer Raum zwischen dem Blattwerk zu entdecken ist. Es sind etwa 12,000 Pflanzen, die dazu verwandt werden. Dieses Meisterwerk der Gartenkunst erregt in jedem Jahr viel wohlverdiente Bewunderung. Es ragt als Hauptstück unter den übrigen Figuren, die der Tausendkünstler Kanst hier allenthalben auf den smaragdgrünen Rasen hingezaubert hat, hervor, obwohl die sonstigen farbenprächtigen Kunstwerke, die hier wie die bunten Bilder auf einem Bilderbogen sich aneinanderreihen, einzeln und jedes für sich Originalität und künstlerischen Geschmack zur Schau tragen.

In der Nähe der nördlich von der Himmelsthür liegenden Figuren ist der Name „Washington Park" auf den Rasen gestickt.

Da ist auch ein Kalender, ein Blumenstück, welches nahezu 30 Fuß lang und mehr als 15 Fuß breit ist. Die Grundfläche besteht aus Oxalis (Sauerklee) und die Mitte aus goldenen Sedum acre. An der linken Seite des Beetes sind die Namen der Wochentage, an der rechten eine Reihe von entsprechenden Zahlen gepflanzt; die Buchstaben haben je eine Länge von 2 Fuß. Die Pflanzenziffern sind einzeln in Kästen von übereinstimmender Größe gesetzt und müssen jede Woche so versetzt werden, daß sie das richtige Datum für den gegenüberliegenden Wochentag bilden. Ein an den beiden Enden spitzer Pfeil, auch aus Blumen und Pflanzen hergestellt, der sich auf einer großen Blumenscheibe dreht, und ungefähr 20 Fuß lang ist, wird jeden Tag ganz in der Frühe so gerückt, daß er den neuen Wochentag und das Datum anzeigt.

An der nördlichen Seite des Abhangs ist eine Rolle Treppenteppich täuschend nachgeahmt. Mehrere Yards des Teppichs sind abgerollt und über dem Rasen hinge-

3

streckt, so daß das Muster des Blumengewebes, wie es uns aus dem Teppich hervorleuchtet, deutlich sichtbar wird. Daneben sind gothische Arabesken aus rothen und gelben Pflanzen auf den Rasen gezeichnet.

Die südliche Seite des Blumen Panorama's wird ganz am südlichen Ausläufer des Ovals von einer Sonnenuhr geziert. Das Zifferblatt der letzteren ist aus Hauslauch, die Ziffern sind aus Steinmoos gezeichnet, während die Seiten des hohen Zeigers mit Hauslauch, der obere Rand mit braunem Hasenklee (Oxalis) dicht bepflanzt sind. Das Ganze ist von einer sich vom Rasen abhebenden Ranke umgeben, welche Blätter und Blüthen der Passionsblume vorstellen soll.

Außer den Figurenstücken, die von dem geschickten Parkgärtner auf die smaragdgrünen Rasenflächen der großen Prachtanlage mittelst schönfarbiger Blumen in jedem Jahr gezeichnet werden, breiten sich an zahlreichen Stellen kunstvolle Teppichbeete aus. Wenn auch von vielen Blumenfreunden und Gartenkünstlern gegen die Anbringung von Teppichbeeten geeifert wird, weil deren Form zu sehr das Gekünstelte und Gedrechselte zur Anschauung bringt, so bleibt es doch Thatsache, daß Fälle oft auftreten, wo diese Kunstbeete nicht nur erlaubt, sondern sogar geboten sind. Sie eignen sich vornehmlich für unsere Volksparks an bevorzugten Plätzen; nicht die Teppichbeete sind eine Verirrung des Geschmacks, sondern die Art ihrer Ausführung, das steifgedrechselte, das Uebergehen in kleinliche Mosaik Arbeit mit oft ganz unpassendem Material. Wo Einheit der Formen vorherrscht, und die Figuren nicht zu gedrängt sind, sondern sich einzeln klar vom Rasen abheben, werden sie stets Leuten von gutem Geschmack gefallen. Und da Herr Kanst bei der Herstellung seiner Teppichbeete mit richtigem Verständniß für gefällige Formen zu Werke gegangen ist und eine Ueberhäufung mit zu vielen Farben vermieden hat, so nehmen diese Kunstbeete neben den übrigen einen hervorragenden Rang ein. Wo es an einem harmonischen Gleichgewicht der Farben mangelt, können auf einer Blumenanlage alle Schätze des Pflanzenreichs keine fesselnde Schönheit erzeugen. Zum Glück hat die holde Natur für eine so große Farben Mannigfaltigkeit unter den Blumen gesorgt und vermehrt dieselbe noch fortwährend so, daß alle denkbaren Verbindungen möglich, unschöne sehr leicht zu vermeiden sind. Doch zur richtigen Blumenverwendung im Park oder Garten gehören unbedingt Talent und Geschmack, welche Eigenschaften gar oft ausgezeichneten Gartenkünstlern und wissenschaftlich gebildeten Gärtnern ganz abgehen, Hrn. Kanst aber in hohem Grade innewohnen. Zu ihnen gesellen sich bei ihm natürlich Lust und Liebe zu seinem Beruf und viel Fleiß, den er seinen Pfleglingen und Zöglingen widmet. Die vielen Buchstaben und Zahlen allein schon, die er auf den Rasen hingegossen hat, und von denen jede durchschnittlich eine Länge von 6 Fuß hat, erforderten angestrengte Thätigkeit. Wenn die dabei verwendeten Pflanzen z. B. in einer Reihe gesetzt würden, so würden diese zusammen eine Länge von 2160 Fuß haben, oder 30 Fuß weniger als eine halbe Meile.

Wie ein breiter Streifen hellschimmernden Bandes gürtet jedes Jahr die Anlage ein 5 Fuß 9 Zoll breites Geranien-Beet, in welchem diese fleißig blühenden, dankbaren Blumen in fünf Reihen sich neben einander hinziehen. Nicht weniger als 33 verschiedene Geranien Arten sind in diesem in ungezwungenen Linien die ganze Anlage in der Runde umfassenden Bandbeet vertreten und die Gesammtzahl der darauf stehenden Geranien beträgt 9000. Das Beet hat gewöhnlich eine Länge von ⅓ Meile.

In welch' umfangreichem Maßstab die Park- und Blumengärtnerei hier betrieben wird, beweist die Zahl der Blumen und Pflanzen, die von Herrn Kanst im vorigen Frühjahr zu der Menschen Wohlgefallen in's Freie gepflanzt worden sind. Ihre Gesammtzahl bezifferst sich auf ungefähr 300,000. Natürlich war die Menge von Blumen und Blattpflanzen nicht allein auf der großen Prachtanlage zu finden, sondern Theile waren auch über Beete, Rabatten ꝛc. in anderen Theilen des Washington Parks, dem Drexel Boulevard entlang, u. s. w. vertheilt. Nahe der kunstvollen Drexel Fontäne, an der Einfahrt vom Drexel Boulevard und in unmittelbarer Nähe der Haltestelle der Cottage Grove Avenue Kabelbahn an 51. Straße, befanden sich zahlreiche Blumenbeete in herrlichster Farbenentwickelung. Von hier aus ist es nur eine kurze Strecke in südwestlicher Richtung nach den großen Blumenanlagen und dem Gewächshaus. Ein Besuch des Letzteren wird sich für jeden Blumenfreund als ein höchst lohnender erweisen. Er findet hier im Palmenhaus eine Sammlung der interessantesten tropischen Gewächse, wie Palmen, Dracänen

Wohnpalast der Frau Catharine Seipp, Michigan Boulevard, Ecke 33. Straße.

Baumfarren, Bananen- und Gummi-Bäumen, Achmenen, Orchideen, Azaleen und in den anstoßenden Schauhäusern sind die in den Treibhäusern gezogenen Blumen und Pflanzen mit Geschick und malerisch geordnet, verwendet worden.

Die westliche Außenmauer des Gewächshauses ist von Rankenrosen überzogen, die im Frühsommer in vielen hunderten von prächtigen Exemplaren ihre Blüthen entfalten und das Auge entzücken.

Auf dem lieblichen Platz, welcher von dem großen Blumen Panorama und dem mit kostbaren Schätzen des Pflanzenreichs angefüllten Palmenhaus geschmückt wird, neben dem Blumenparadies, steht die Wohnung des Obergärtners Kanst, die im Schatten dichtbelaubter Bäume daliegt und von grünen Rasenteppichen umgeben ist. Der gediegene Geschmack, das Anheimelnde, welches dem aufmerksamen Beobachter bei seinen Wanderungen durch die Parkdomäne überall aus den Anordnungen der Blumen- und Landschaftsgärtnerei zu Gesicht bringt, machen sich auch in dem Familienheime dieses fleißigen Arbeiters im Dienste der emsig schaffenden Natur bemerkbar, nur daß hier die sorgsame Hausfrau es ist, welche die Räume rosig und behaglich gestaltet und Gastfreundschaft übt.

Ehe wir uns vom Washington Park verabschieden, muß noch auf den viel Interessantes bietenden Lilienteich mit seinen Seerosen, Victoria Regia's und den vielen anderen Pflanzen aus der Familie der Nymphäaceen, die sich dort im Sommer zur Blüthe entwickeln, aufmerksam gemacht werden.

Die Victoria Regia ist es in der That werth, angestaunt zu werden, denn sie bietet eine Fülle des Interessanten und reichlichen Stoff zum Nachdenken über die Schaffenskraft der allgewaltigen Natur. Die Riesenpflanze wurde zuerst von dem Botaniker Hänke im Jahre 1801 auf dem Rio Marmore in Süd Amerika entdeckt. Als dieser Gelehrte der Victoria Regia zuerst ansichtig wurde, fühlte er sich von deren Schönheit und Gestalt dermaßen überwältigt, daß er auf die Knie niedersank und mit laut erhobener Stimme die Allmacht Gottes pries! Zu einem solchen unzweideutigen Ausdruck der Bewunderung hat sich zwar unseres Wissens noch keiner der zahlreichen Besucher der Lilienteiche im Washington- oder Lincoln Park hinreißen lassen, doch darum ist die Freude, die der wahre Blumenliebhaber hier bei dem Anblick der Wasserkönigin genießt, in vielen Fällen wohl ebenso innig und rein, als die, von welcher Hänke und Andere nach ihm bei dem Auffinden dieser Pflanzenschönheit erfüllt waren.

Die Pflanze bildet zuerst Blätter mit pfeilförmiger, dann solche mit kreisrun der Spreite; die purpurne Unterseite der Blätter erlangen durch starke, weit hervorragende und viele Lufträume enthaltende Rippen eine große Tragfähigkeit und sind im Stande, Kinder bis zu 12 Jahren auf einem darüber gelegten, gleichmäßig balancirten Brette zu tragen. Ein von dem stachlichen Blattstiel abgeschnittenes Blatt würde unter Hunderten von Menschen wohl kaum Einer für das Blatt einer Pflanze halten. Die Befruchtung geht wie bei allen Wasserpflanzen vor sich, indem der Pollenstaub durch die Strömung zur Narbe eines anderen Fruchtknoten getrieben wird und das Aufkeimen neuer Triebe beginnt schon kurze Zeit nachdem die Pflanze aus ihrer Frucht den reifen Samen der Erde anvertraut hat. Die zarten Sprossen kommen an der unteren Seite des Samens zum Vorschein und wenn der kleine Abkömmling der Mutterpflanze bereits vier Blätter und einige dünne Würzelchen getrieben hat, ist er noch so winzig, daß man mehrere davon mit der Hand bedecken kann. Die in fluthenden Gewässern stehenden Pflanzen besitzen weit stärkere Gefäßbündel und Rippen, als die in ruhigen. Das stärkste Wachsthum vollzieht sich Mittags zwischen 12 und 1 Uhr, Nachmittags sinkt die schaffende Kraft, dann folgt wie der eine Steigerung, die ihren zweiten, aber schwächeren Höhepunkt etwa um Mitternacht erreicht. Gegen Morgen nimmt das Wachsthum bedeutend ab.

Die Knospe der Victoria Regia bricht zuerst spät am Nachmittag auf und bleibt dann ungefähr 12 Stunden geöffnet, während welcher Zeit die stark duftenden Blumenblätter schneeweiß sind. Am Nachmittag des zweiten Tages öffnet die Blüthe sich wieder, doch nun hat sie ein ganz anderes Aussehen angenommen. Die Blumenblätter zeigen ein rosa-purpurrothe Farbe und sind in der Mitte zurückgebogen in Gestalt einer Krone; gegen Morgen des daraufsfolgenden Tages schließt die Blüthe sich dann für immer und während des Tages legt sie ihr Haupt traurig in das nasse Bett zurück, um dort ihren Samen zur Reife zu bringen. In Süd Amerika werden die mehligen Körner geröstet und gegessen.

Die im Jackson Park (dem Weltausstellungsplatz) vollführten Strandarbeiten sind für den hier an den See grenzenden Park von großer Wichtigkeit, denn durch die Herstellung eines mit Granit und anderen widerstandsfähigen Steinen gepflasterten Strandes wird dem Park viel werthvolleres Land erhalten, was sonst der Gier der Wellen zum Opfer fallen würde.

Das Ufer ist hier, ähnlich wie das am Lincoln Park südlich von North Avenue, durch eine steinerne Mauer geschützt, doch nördlich davon, von der 56. Straße an, und dann vom „Shelter" südlich bis zur 64. Straße, ist die Strandpflasterung an die Stelle der hohen Schutzmauer getreten. Erstere ist nachträglich in südlicher Richtung auf einer Strecke von 1¼ Meilen verlängert worden.

Zur Strandpflasterung am nördlichen Ende wurden versuchsweise Kalksteine verwendet, doch später trat harter Granit an deren Stelle. Der äußere Rand der von den Wellen bespülten Strandpflasterung besteht aus zwei Reihen eingerammter Pfähle, welche vorne bis zu einer gewissen Tiefe mit Eichenbohlen gepanzert und mit Baumrinde verstopft sind. Dieses Bollwerk kann von den Wellen nicht untergraben oder zerstört werden. Hinter dem Pfahlrost folgt dann die Steinpflasterung, die sich schräg am Ufer bis zu einer Höhe von 8 Fuß emporzieht, sodaß, die über den Uferrand schlagenden Wellen rasch wieder in ihr riesiges Wasserbecken zurückrollen können.

Die Pflege der Anlagen des Südpark Systems, Verpflanzung von Bäumen, das Ausbessern der Fahr- und Fußwege, die polizeiliche Bewachung u. s. w., haben im vorigen Rechnungsjahr zusammen $130,815.19 gekostet, wozu aber noch $92,889.34 kommen, die für Uferarbeiten, Canalisation u. s. w. im Jackson Park verausgabt wurden, und $40,000, für welche im Washington Park ein neues Refektorium, eine reizende, von schönen Baumpflanzungen umrahmte Erfrischungsanstalt, gebaut wurde. Aus den Baumschulen, die der Obergärtner Kanst im „Midway Plaisance" seit Jahren mit großer Sorgfalt pflegte und hütete und die wegen den dort vorgenommenen Weltausstellungs-Bauten entfernt werden mußten, sind nicht weniger als 3000 Bäume und 500 Sträucher über die Anlagen des Washington Parks und die Boulevards vertheilt worden. Was noch übrig blieb, bildet jetzt die Anfänge einer neuen Baumschule im Gage Park.

Im südwestlichen, etwas abgelegenen Theil des Jackson Parks, herrschte in jüngster Zeit noch Waldlandschaft vor und die Hand des Gärtners hatte dort noch keine Eingriffe versucht. Recht lauschige, stille Plätzchen gab es da, aus denen hervor gar oft freudiges Gelächter, Gesang und jubelnde Stimmen an das Ohr der Vorübergehenden drangen. Kleinere Gesellschaften, die das dichtere Gehölz der offenen Parklandschaft bei der Abhaltung von „Basket" Picnics und anderen Privatfesten vorzogen, hatten sich diese „Waldeseinöde" zum Lieblingsaufenthalt auserkoren und die alterthümliche Tanzbühne, die sich hier im tiefen Schatten der Eichenbäume ausbreitete, hätte, wenn ihr Sprache verliehen gewesen wäre, wohl manches lustige Geschichtchen erzählen können. An Stelle der Waldesidylle ist dann dort der größte Jahrmarkt getreten, den die Welt je gesehen!

Flächeninhalt und Entfernungen der Südparks und Boulevards.	Gesammt-Flächen-inhalt, Meilen.	Gesammt-Länge, Meilen.	Fertiggestellte Fahrwege, Meilen.
Jackson Park	586	....	1.50
Washington Park	371	....	6.06
Gage Park	20	....	....
Midway Plaisance	80	....	1.38
Grand Boulevard, 198 Fuß breit	...	2.00	3.55
Drexel Boulevard, 200 Fuß breit	...	1.48	3.05
Oakwood Boulevard, 100 Fuß breit	...	50	50
Michigan Avenue Boulevard	...	5.73	3.73
35. Straße Boulevard	...	32	32
Garfield Boulevard, 200 Fuß breit	...	3.50	3.75
Western Avenue Boulevard, 200 Fuß breit	...	2.81	1.29
57. Straße Boulevard, 100 Fuß breit	...	03	03
Zusammen	1057	16.37	25.16

Das Humboldt-Denkmal im Humboldt Park.

Das West Park-System.

Die erste Behörde der West-Parks wurde vom Gouverneur des Staates Illinois am 26. April 1869, zwei Monate nach Annahme des Parkgesetzes seitens der Legislatur, eingesetzt. Folgende waren die Commissäre: Geo. W. Stanford, Präsident; E. F. Runyan, Rechnungsführer; Isaac R. Hitt, Clark Lipe, David Cole, Chas. C. P. Holden und Henry Greenebaum, welch' Letzterer zum Schatzmeister gewählt wurde. Die mit dem Aussuchen der zur Herstellung von Parkanlagen erforderlichen Ländereien und dem Ankauf derselben verknüpften Arbeiten waren weit schwieriger, als man sich anfangs vorgestellt hatte; es galt, die mit einander im Widerspruch stehenden Interessen der Grundeigenthümer und die von dem Publikum gestellten Forderungen mit einander in Einklang zu bringen.

In Uebereinstimmung mit einem am 25. Juni 1869 gefaßten Beschluß, wurde ein aus den Herren Greenebaum, Hitt und Runyan bestehender Spezialausschuß ernannt, welcher die fraglichen Ländereien auswählen sollte. Von besonderer Wichtigkeit war es, die gewünschten Gebietsstrecken in einer Gegend zu finden, die von dem allgemeinen Publikum mittelst öffentlicher Verkehrsmittel leicht erreicht werden konnte, aber auch nahe genug bei der Stadt gelegen war, um es Fußgängern und Privatfuhrwerken zu ermöglichen, die Strecke ohne große Mühe zurückzulegen. Dem Gesetze zufolge war es Aufgabe der Behörde, einen Boulevard anzulegen, welcher seinen nördlichen Anfangspunkt nördlich von Fullerton Avenue haben und sich dann zuerst in westlicher und dann in südlicher Richtung bis zu den Geleisen der Chicago, Burlington & Quincy Eisenbahn (19. Straße) erstrecken sollte. Diesem Boulevard entlang, an drei so ziemlich gleichmäßig von einander entfernten Punkten, sollten drei Parks angelegt werden. Für den nördlichen derselben, welcher nördlich von Kinziestraße belegen sein mußte und nicht weniger als 200 Acres enthalten sollte, war ein Maximalbetrag von $250,000, für den mittleren von nicht weniger als 100 Acres, zwischen Kinzie- und Harrisonstraße belegen, ein solcher von $400,000, und für den südlichen, der südlich von Harrisonstraße ausgelegt werden mußte und nicht weniger als 100 Acres enthalten sollte, ein ebensolcher von $250,000 ausgesetzt; im Ganzen war der Kostenpreis des Landes für die Parks und den Boulevard auf $1,050,000 veranschlagt und festgesetzt.

Wer zurück zu denken vermag an die einstige Sandwüste jenseits der früheren westlichen Stadtgrenze und an das sumpfige Prairieland, der vermag auch in vollem Maße das seither dort vollbrachte große Werk zu würdigen: die Umwandlung von ungefähr 800 Acres unwirthlichen Bodens in herrliche Volkshaine und prachtvolle Boulevards, in denen dichtbelaubte Schattenbäume und mit duftigen Blüthen bedecktes Strauchwerk sich immer üppiger entwickeln; in denen Schlingpflanzen über die schützenden Dächer lauschiger Lauben sich breiten und empor klettern an den Wänden der Gewächshäuser; in denen der leise Wellenschlag großer, spiegelblauer Teiche mit den am Ufer stehenden Blumen tändelt und sich der blaue Himmel oder eilig dahinziehende weiße Wolken in dem Wasser spiegeln; in denen die Natur, von Menschenhänden kräftig unterstützt, Bilder von unbeschreiblicher Anmuth hervorgezaubert hat. Der Bau von Wassertunnels unter dem See zur Herstellung einer ausgiebigen Zufuhr von reinem Trinkwasser war ein segenbringendes Werk von unberechenbarer Tragweite, aber auch die Einrichtung von öffentlichen Parkanlagen, den „Lungen" unserer Großstadt, brachte für das Volk Vortheile, die für dessen körperliches und geistiges Wohl von hoher Bedeutung sind.

Am 15. Juli 1869 trat das Spezial-Comité mit zehn verschiedenen Plänen, welche zehn Tage lang öffentlich ausgelegt wurden, vor das Publikum und erließ gleichzeitig eine Einladung an Alle, die in den betreffenden Bezirken Land zu verkaufen hatten oder solches zu Parkzwecken herschenken wollten, Angebote einzureichen. Die Einladung blieb ohne allen Erfolg und am 5. August unterbreitete das

Comité drei andere Pläne und erbat von Neuem Angebote. Diesmal war das Ergebniß ein mehr befriedigendes und als der Ausschuß am 4. November 1869 seinen Schlußbericht einreichte, wurden die Grenzen der Parkländereien und Boulevards endgültig festgesetzt. Schwere Kämpfe gab es nun aber, als die Behörde sich an's Werk machte, das in Aussicht genommene Land zu einem Preise anzukaufen, der für recht und billig erachtet werden konnte. Dazu kam noch, daß es an Mitteln gebrach, für die zu erwerbenden Ländereien baar zu bezahlen und die Verkäufer auf eine zu diesem Zwecke zu erhebenden Spezialsteuer vertröstet werden mußten. Schließlich wurde mit den Grundeigenthümern ein Abkommen getroffen, demzufolge sie ihr Geld in drei jährlichen Raten bekommen sollten, denn auch die Spezialumlage war in drei jährliche Zahlungstermine eingetheilt worden.

Wie rasch der Werth des Grundeigenthums in der Nähe des für Parks ausersehenen Gebietes stieg, nachdem die Grenzen derselben festgestellt und der Landankauf vollzogen war, geht aus dem Umstand hervor, daß der abgeschätzte Werth von gewissem, in der unmittelbaren Nähe des Parkterrains belegenem Lande im Jahre 1868 $429,660, vier Jahre später aber $9,506,230 betrug. Und diese Steigerung hatte sich während eines Zeitraumes vollzogen, in welchem Chicago schwere Prüfungen auferlegt wurden, in welchem unsere Stadt durch Feuer fast gänzlich zerstört worden war und alle Geschäfte darniederlagen.

Im Garfield (früher Central) Park wurde mit den Verschönerungs-Arbeiten zuerst begonnen und im Jahre 1871 erfolgte die Bohrung von vier artesischen Brunnen, je einem in den drei Parks und dem vierten am Humboldt Boulevard. Damals reichte die städtische Wasserleitung noch nicht bis zu jenen entfernt liegenden Bezirken und die Bohrung dieser Brunnen war daher von der Nothwendigkeit geboten.

Am 30. Oktober 1872 wurde im Garfield Park, nahe der Einfahrt vom Washington Boulevard, der Grundstein zu einem Denkmal gelegt, welches der Erinnerung an das große Feuer wach halten sollte. Die Feier fand unter den Auspizien der Freimaurer und im Beisein eines zahlreichen Publikums statt, doch wurde der mit so viel Lärm und Trompetengeschmetter in's Leben gerufene Denkmalplan nicht durchgeführt; es wurde zwar am Anfang damit gemacht, bei dem die Parkkasse um etwa $14,000 erleichtert wurde, doch dabei blieb es und heute ist von dem hergestellten Theil des Denkmals, welcher angesichts der unnützen Verausgabung der genannten Summe Geldes als ein Erinnerungszeichen an die unsinnige Verschwendung von Parksteuern seitens jener Behörde eigentlich hätte stehen bleiben sollen, keine Spur mehr vorhanden.

Bis zum Jahre 1877 hatte die Verwaltung des Parksystems in den Händen der ursprünglich ernannten Behörde gelegen. E. F. Runyan war im Herbst 1876 von seinem Amte zurückgetreten und die Ernennung von J. F. A. Muns an seiner Stelle hatte zur Folge, daß die bisher in der Behörde eine Minderheit bildende Faktion auf einmal die Oberhand gewann. Zu jener Zeit machte Gouverneur Cullom den Versuch, vier der Mitglieder, die Commissäre Lipe, Millard, Muns und Holden abzusetzen und er bestimmte Peter Schüttler, Emil Wilken, Sextus N. Wilcox und E. E. Wood zu deren Nachfolgern. Da Schüttler sich weigerte, das Amt anzunehmen, wurde John Brenock statt seiner ernannt. Die gemaßregelten Commissäre widersetzten sich aber dem Vorgehen des Gouverneurs und erklärten das Letztere für verfassungswidrig. Langwierige gerichtliche Streitigkeiten folgten, doch die Entscheidung des Obergerichtes fiel schließlich zu Gunsten des Gouverneurs aus und die klagenden Commissäre zogen sich in's Privatleben zurück; Henry Greenebaum hatte lange vorher schon seine Verbindung mit der Behörde gelöst.

Die neue Behörde, welche am 15. März 1878 organisirt wurde, aber im vorhergehenden Herbst bereits eingesetzt worden war, war wie folgt zusammengesetzt: Willard Woodard, Präsident; Samuel H. McCrea, Sextus N. Wilcox, John Brenock, Emil Wilken, E. Erwin Wood und Georg Rahlfs. Berthold Loewenthal wurde zum Schatzmeister ernannt. In Betreff des Letzteren mag hier mitgetheilt werden, daß auf Betreiben von Commissär Wilcox früh im Jahre 1878 an ihn die Aufforderung erlassen wurde, sein Amt niederzulegen. Dieses sonderbare Verlangen wurde ihm in höchst taktloser und brutaler Weise an dem Tage schriftlich überreicht, an welchem zwei seiner Kinder, die ihm plötzlich durch den Tod entrissen worden waren, zu Grabe getragen wurden. Da gegen Herrn Loewenthal keinerlei Anklagen vorlagen und man sich seiner nur deshalb entledigen wollte, weil er sich beharrlich weigerte, der in finanzieller Klemme sitzenden Behörde Geld zu borgen,

Seeufer Corso, Lincoln Park.

schenkte er der Aufforderung keine Beachtung und blieb im Amte bis zum Ende seines Termines. Im Jahr darauf wurde Herr John Bühler Schatzmeister der Parkbehörde.

Bis zum Jahre 1882 wurden die Arbeiten in den verschiedenen Anlagen mit wenig Eifer gefördert, was seinen Grund in dem Mangel an den dazu nöthigen Mitteln hatte. Die jährlichen Einnahmen der Behörde bezifferten sich auf $100,000, mit welcher Summe nicht nur die aus der Vornahme neuer Verbesserungen, sondern auch die aus dem Instandhalten des schon Vollendeten entstehenden Unkosten zu bestreiten waren. Bald darauf aber wurde die Staatsgesetzgebung um die Annahme einer Vorlage ersucht, welche die Erhebung einer weiteren Steuer von 2½ Mille vorschrieb. Ein solches Gesetz wurde erlassen und dadurch wurden der Parkverwaltung jährlich fernere $90,000 zugewendet.

Im Jahre 1880 setzten gewisse Bürger, welche dem Humboldt Boulevard entlang Grundeigenthum besaßen, eine Bewegung in Gang mit der Absicht, einen ähnlichen Fahrweg wie der den Garfield Park mit dem Humboldt Park verbindende einer war, herzustellen und diesen nördlich und östlich zu verlängern und ihn schließlich mit einem von Lincoln Park ausgehenden Boulevard zu verbinden. Die Parkbehörde eignete zu jener Zeit schon das Wegerecht für Boulevardzwecke, welches sich vom Humboldt Park nördlich und östlich bis Western Avenue erstreckte und eine Länge von 13,000 Fuß hatte. Das Town Jefferson lieferte einen Theil der Mittel, die zum Gradiren und Bepflanzen des Boulevards benöthigt waren.

Im Jahre 1881 bestand die Parkbehörde aus den Herren Harvey L. Thompson, Consider B. Carter, Georg Rahlfs, Samuel H. McCrea, John Brenock, Willard Woodard, Sextus N. Wilcox und J. Frank Lawrence. John Bühler, welcher sich ganz besonders um den Humboldt Park verdient gemacht hat, im Verein mit Henry Greenebaum eine aufopfernde Thätigkeit im Interesse dieses Parkes und dessen Entwicklungsgang entfaltet hatte, war Schatzmeister der Behörde. Commissär Wilcox ertrank im Juni 1881 im Lake Superior und zu seinem Nachfolger wurde Herr Lawrence ernannt. John Brenock, welcher in 1882 zum Präsidenten gewählt worden war, trat von diesem Amt im März jenes Jahres zurück und erhielt Patrick J. McGrath zum Nachfolger.

In Uebereinstimmung mit einem Staatsgesetz und einer von einer Mehrzahl der Grundeigenthümer an W. Washingtonstraße unterschriebenen Petition wurde diese Straße von Halstedstraße bis zum Garfield Park im September 1879 der Parkbehörde zu Boulevardzwecken überwiesen. Im Amtsjahr 1883–84 war die Parkbehörde zusammengesetzt wie folgt: Henry S. Burkhardt, Patrick McGrath, Harvey L. Thompson, Christian C. Kohlsaat, Georg Rahlfs, David W. Clark und John Brenock, und im Jahre darauf, als Georg Rahlfs, welcher große Thatkraft an den Tag legte und ganz besonders viel von seiner Zeit den Verbesserungen im Humboldt Park widmete, zum Präsidenten gewählt war, zählte die Behörde auch Christoph Tegtmeyer zu ihren Mitgliedern.

Im Jahre 1885 wurden die Contrakte für die schönen Gewächs Häuser im Humboldt- und Garfield-Park vergeben. Das im ersteren Park bedeckt einen Flächenraum von 15,000 Quadratfuß und ist in eine exotische Abtheilung, ein Warm-, ein Kalthaus und vier Treibhäuser eingetheilt, neben denen sich noch Arbeitszimmer, Vorrathskammern 2c. befinden.

Eine ähnliche Einrichtung weist das Gewächshaus im Garfield Park auf, welches eine ebenso große Grundfläche bedeckt, wie das im Humboldt Park und ungefähr ebenso viel — $22,594.08 — gekostet hat.

Der von Ashland Avenue, West Lakestraße, Bryan Place, Ogden und Warren Avenues begrenzte Union Park wurde vom Stadtrath im Oktober 1885 der West Park Behörde zur Verwaltung übergeben.

Dieser hübsche kleine Park enthält 14½ Acres und das Land hierzu wurde im Dezember 1853 und Februar 1854 seitens der Stadt von den Herren S. S. Hayes, W. S. Johnston und Samuel L. Baker käuflich erworben. Vor einigen Jahren wurden hier weitgehende Verbesserungen vorgenommen, zu denen auch das geschmackvolle Amtsgebäude der Behörde zu rechnen ist, welches mit einem Kostenaufwand von $15,864.60 erbaut wurde.

Vernon Park wurde am 9. November 1885 der Controlle der Park Behörde überwiesen. Sein Flächeninhalt beträgt 4 Acres und es wurden zu seiner Umgestaltung und Verschönerung $13,463.65 verausgabt, wodurch er zu einem der anmuthigſten kleinen Parks der Stadt gemacht worden iſt. Das Land wurde am 19. Oktober 1859 von Henry D. Gilpin der Stadt zum Geſchenk gemacht und es wird von Loomisſtraße, Macaliſter Place, Sibleyſtraße, Gilpin Place, Lytleſtraße und Centre Avenue begrenzt.

Jefferſon Park wird von Monroe-, Adams-, Loomis- und Throopſtraße eingeſchloſſen und enthält 5½ Acres; dieſe ſchattige Anlage wird ringsum von eleganten Wohnhäuſern umſäumt und wurde im Spätherbſt von 1885 vom Stadtrath der Parkbehörde übergeben.

Wicker Park im Nordweſten der Stadt, zwiſchen Roben-, Park- und Fowlerſtraße belegen, bildet ein Dreieck und wird ebenfalls von Reihen ſchöner Häuſer, die zum größten Theil von Deutſchen bewohnt ſind, umrahmt. Auch er wurde im Herbſt von 1885 dem Weſt Park-Syſtem einverleibt.

Während des Winters von 1890 auf 1891 wurde von den Bürgern der Weſt-Seite behufs Beſchaffung von Mitteln zur Vollendung des geſammten Weſt Park Syſtems energiſch vorangegangen und die von willensſtarker Thatkraft gekennzeichnete Bewegung hatte das Ergebniß, daß am 12. Juni 1891 von der Staatslegiſlatur ein Geſetz erlaſſen wurde, welches die Parkbehörde ermächtigte, Schuldſcheine in der Höhe von $1,000,000 auszuſtellen und mit dem Erlös derſelben die Fertigſtellung aller urſprünglich geplanten und noch nicht durchgeführten Verbeſſerungen in den geſammten Parkanlagen und Boulevards zu bewerkſtelligen; hiervon ausgeſchloſſen ſind nur ſolche Boulevards, die vor ihrer Umwandelung in ſolche dem öffentlichen Verkehr gedient hatten.

Die Schuldſcheine ſind innerhalb von 20 Jahren zahlbar und tragen 5 Prozent Zinſen. Um dieſe Schuld nebſt Zinſen abtragen zu können, wurde von der Park-Behörde im Einklang mit den diesbezüglichen Geſetzesbeſtimmungen eine jährliche Steuer von anderthalb Mills vom Dollar (eine Mill — der zehnte Theil von einem Cent) auf alles ſteuerbare Eigenthum im Town Weſt Chicago ausgeſchrieben. Die hierdurch auferlegte Steuerlaſt iſt eine geringe, wenn die Vortheile in Erwägung gezogen werden, die durch die Vollendung des Park- und Boulevard-Syſtems zu Tage treten und den vielen Freunden der Volkeswohlfahrt zur Freude und Befriedigung gereichen müſſen.

Die Behörde zögerte hierauf auch nicht mit der Inangriffnahme der umfangreichen Verſchönerungen und nachdem die Pläne fertiggeſtellt waren, wurden die Contrakte vergeben und mit den Arbeiten allen Ernſtes begonnen. Hierzu gehörte auch der Bau von zwei Brücken, von denen die eine über den weſtlichen Zweig des Südarmes unſeres Fluſſes, die andere über den Illinois & Michigan Kanal führt und die die Verbindung zwiſchen dem Boulevard Syſtem der Südſeite und demjenigen der Weſtſeite herſtellen werden. Der Bau der Kanalbrücke iſt von den Park-Commiſſären der Süd- und Weſtſeite gemeinſchaftlich übernommen.

Am 14. März vorigen Jahres ſind folgende Herren von Gouverneur Altgeld zu Commiſſären für die Weſt Parks ernannt worden:

John W. Garvey, Edmund Z. Brodowski, Andrew J. Graham, Jonas J. Townsend und Carl Moll, welche an Stelle von George Maſon, John Kralovec, Hermann Weinhardt, J. L. Fulton und Harvey L. Thompſon traten. Herr Garvey wurde zum Präſidenten der Behörde gewählt.

Das Fritz Reuter-Standbild für Humboldt Park.

Onkel Bräsig mit Lining und Mining.

Humboldt Park.

Am 15. Juli des Jahres 1877 fand unter riesiger Betheiligung des hiesigen Deutschthums und anderer Bewohner Chicago's im nordwestlichen Stadttheil eine Feier statt, deren sich die noch unter den Lebenden weilenden Theilnehmer daran auch heute noch mit dem Gefühle freudiger Genugthuung erinnern. Hiermit ist die Eröffnung des Humboldt Park gemeint, jenes so beliebten, mit landschaftlichen Reizen überaus reich ausgestatteten Volkshaines der Nordwestseite, welcher mittelst der North Avenue- und Divisionstraße-Wagen der Milwaukee Avenue Kabelbahn, sowie auch mit der vom Lincoln Park nach Humboldt Park führenden Pferdebahn in North Avenue erreicht werden kann. Obwohl Alexander v. Humboldt, dessen Name diesen Parkanlagen beigelegt wurde, durch seine Forschungen und Schriften, seinen Genius, zum Eigenthum aller Culturvölker wurde, so trug der Umstand, daß er von Geburt ein Deutscher war und der Park somit nach einem Deutschen benamst wurde, doch in bedeutendem Maße dazu bei, daß die Weihefeier in so unverkennbarer Weise den Charakter eines deutschen Volksfestes trug. Der Feier im Park ging ein großer Umzug voraus, der sich nahe der Aurora Turnhalle formirte und an welchem sich viele Vereine und auch das 2. Milizregiment betheiligten; Henry Greenebaum, das deutsche Mitglied der allerersten West-Parkbehörde, fungirte als Festmarschall. Die Behörde selbst hatte schon am Tage vorher — wahrscheinlich weil eine weltliche Sonntagsfeier sich mit ihren Anschauungen in Betreff der Heilighaltung des Sonntags nicht recht vertrug — auf eigene Faust den Park eingeweiht, und es war zu diesem Behufe eine Einladung an das Publikum im Allgemeinen erlassen worden, welches sich aber, da die Arbeiterbevölkerung deswegen nicht „blau" machen und den Tagelohn nicht einbüßen wollte oder konnte, nur schwach betheiligte. Daß die deutsche Feier am darauffolgenden Tage den Herren Park-Commissären, mit Ausnahme von Henry Greenebaum natürlich, ganz und gar nicht sympathisch war, scheint am deutlichsten daraus hervorzugehen, daß, während in dem amtlichen Bericht der Parkbehörde für das Jahr 1877 der Einweihung seitens der Commissäre (am 14. Juli) gedacht worden ist und in dem Jahresbericht für 1873 ausführliche Mittheilungen über die Grundsteinlegung zu dem „Feuer"-Denkmal im Central (Garfield) Park, die am 30. Oktober 1872 von dem Orden der Freimaurer vorgenommen wurde, gemacht worden sind, der deutschen Feier vom 15. Juli 1877 mit keiner Silbe erwähnt wurde. Das konnte aber nicht verhindern, daß jenes, besonders für die Nordwestseite epochemachende festliche Ereigniß nun in der Geschichte des Deutschthums unserer Stadt mit glänzenden Lettern verzeichnet steht und es neben dem großen deutschen Friedensfeste des Jahres 1871 einen hervorragenden Platz einzunehmen berechtigt ist.

Als Festredner fungirten damals: Wilhelm Vocke (deutsch), Charles G. Sundell (skandinavisch) und Thomas Hoyne (englisch), von denen die drei Letzteren und der Verfasser des Festgedichtes, Emil Dietzsch, seitdem der Welt Valet gesagt haben. Zahlreiche Gebäude an der Milwaukee Avenue und anderen Straßen der Nordwestseite waren zu Ehren des Ereignisses schön und sinnreich dekorirt. Das Haus No. 436 Milwaukee Ave. war z. B. mit folgendem Akrostichon geziert:

„Humboldt, in den Wissenschaften
Unter allen Geistern stehe
Mir Dein Name, Alexander,
Billig auf des Geistes Höhe!
Ohne Zaudern d'rum Dein Name
Leihe unserm Park die Weihe;
Durch Erinnerung großer Thaten,
Tönt ein altes Lied auf's Neue!"

An einer anderen Stelle war zu lesen:

"Alexander von Humboldt! — Ein glänzender Schein
Umstrahlt Dich heut — wir gedenken Dein, —
Die Bürger der Westseit', in Einigkeit stark,
Sie bringen ein Hoch Dir durch Humboldt Park!"

Damals waren von dem gesammten Parkgebiet — 200 Acres — erst 80 Acres unter Cultur und die jetzt den prächtigen See einrahmende Uferlandschaft war nur an der westlichen Seite des Letzteren bepflanzt. Allenthalben waren nur die ersten Anfänge der landschaftlichen Verschönerungen und künstlichen wellenförmigen Formationen zu bemerken und nirgends öffneten dem Blicke sich so reizende Bilder, wie wir heutigen Tages ihnen dort auf Schritt und Tritt begegnen. Das für Humboldt Park auserkorene Land hatte vor den anderen Parkländereien den Vorzug, daß es höher gelegen ist als jene und zur Aufnahme von Abzugs-Canälen keiner besonderen Auffüllung bedurfte. Was die Kunst der Landschaftsgärtnerei und Baumzucht unter keineswegs besonders günstigen Bodenverhältnissen aus einem Gebiete Prairielandes zu machen vermag, ist uns durch den Humboldt Park und — um nicht ungerecht zu erscheinen — durch sämmtliche anderen großen Parks Chicago's recht deutlich vor Augen geführt. Ehre den Männern, die den ersten thatkräftigen Anstoß zur Schaffung dieser die öffentliche Gesundheitspflege so wirksam fördernden künstlichen Waldungen in Chicago gaben, Ehre allen Denen, die von Anfang an bis jetzt zum Wohle des Volkes bestrebt gewesen sind, diese Volkshaine nicht nur zu erhalten, sondern immer anmuthiger zu gestalten!

Einer ganz außerordentlichen Beliebtheit hat Humboldt Park sich bei der Bevölkerung jenes zum größten Theil von Eingewanderten und deren Nachkommen bewohnten Stadtviertels zu erfreuen; davon legt die große Zahl der besonders an Sonntagen im Sommer nach jenem schattigen Haine strömenden Menschenkinder den deutlichsten Beweis ab. Die Nutzbarkeit und Wichtigkeit unserer öffentlichen Parks, vom gesellschaftlichen und gesundheitlichen Standpunkt aus betrachtet, wird erfreulicher Weise von Jahr zu Jahr besser erkannt und gewürdigt. Und das mit Recht, denn sie sind ja sozusagen die Lungen unserer Großstadt, die Erholungsplätze für viele Tausende von arbeitenden Menschen, die hier mit Wollust die balsamische Waldesluft einathmen.

Humboldt Park bietet Freunden der Natur, welche dieser, wenn sie sich in ihrer Urwüchsigkeit und üppigsten Entwickelung dem Auge zeigt, weit mehr aufrichtige Bewunderung entgegenbringen, als der sogenannten „Kunstnatur", einen Reichthum von idyllischen und wahrhaft reizenden landschaftlichen Bildern. Es ist wahr, Humboldt Park's ursprüngliche Veranlagung bekundete schon das gründliche Wissen und Können der Männer, welche aus diesem bis dahin von aller Cultur unberührt gebliebenen Boden einen jungen Park, aus dem unfruchtbaren Land ein kleines Eden schafften, doch die Aufgabe späterer Zeiten und des langjährigen und fähigen Parkdirektors F. W. Karnatz war es, der gesammten Landschaft erst die richtige Form, die ungezwungene Natürlichkeit zu geben und durch die wirkungsvolle Zusammenstellung der verschieden gefärbten Laub- und Nadelholz-Bäume gefällige Harmonien hervorzubringen und dem Park die Eintönigkeit zu rauben. Die Landschaftsgärtner hatten hier aber, nachdem der Boden durch Auffüllen mit fruchtbarer Erde und geeigneter Pflege sich immer ergiebiger gezeigt hatte, nicht mit den Widerwärtigkeiten zu kämpfen, die den Schöpfern und Bewirthschaftern des Lincoln Park entgegenstellten, wo es des sandigen Bodens halber stets ein wichtiges Erforderniß war, ist und wohl auch bleiben wird, beständig nachzupflanzen und zu begießen, um das bisher Erreichte zu erhalten und zu sichern.

Während wir über die schön geschuten Fuß- und Fahrwege an wohlgepflegten, im schönsten Grün schimmernden Matten vorüber und im Schatten des schwellenden Laubwerks, welches sich neben uns und über uns wölbt, dahin wandern, öffnen sich uns links und rechts liebliche Durchblicke auf das glitzernde, spiegelklare Gewässer des Parksee's. Ueberhängende Zweige der das Ufer umsäumenden Ahornbäume und Birken, Trauerweiden und Eschen, tauchen ihre Spitzen in das crystallene Wasser, dessen leichtgekräuselte Wellen nicht müde werden, mit ihnen zu kosen, sie leise hin und her zu wiegen. Wir treten näher an das Ufer und das Gefühl der Waldeseinsamkeit beschleicht uns. Wir bleiben überrascht stehen vor dem ernsten, fast schwermüthigen Charakter, den das Wasser an dem mehr

nördlich gelegenen Theile der Uferlandschaft zur Schau trägt. Südlich davon aber, wo es sich in größerer Nähe des von fröhlichen Menschen belebten Pavillons und Landungsplatzes der Kähne befindet, da zeigt es eine fröhliche Miene, da wird seine breite Fläche, in der das Blau des Himmels sich wiederspiegelt, nicht von dichten Laubkronen, nicht von herabhängenden Aesten beschattet. Den Träumer, den seinen Gedanken nachgehenden Wanderer aber zieht es nicht nach dem Orte, wo freudige Menschenkinder sich lustig herumtummeln, für ihn besitzen die lauschigen Ruheplätze, aus deren Halbdunkel hervor er sein Auge über die malerisch geschlungenen Ufersäume und über weiter abgelegene Parkparthien schweifen lassen kann, den größten Reiz.

Wie schon vorher erwähnt, bildet die Abwechslung der landschaftlichen Bilder den Hauptvorzug Humboldt Parks. Betrachten wir uns z. B. einmal die sich hier vor uns ausbreitende Waldlandschaft. Jeder Baum dient einem bestimmten, zur wirkungsvollen Darstellung des Gesammtbildes erforderlichen Zweck. Die unteren Aeste sind zu ihrer vollen natürlichen Entwickelung gelangt und breiten sich weithin über den Boden.

Wir schlendern weiter und kommen zunächst an einer vom Sonnenschein goldig gefärbten Lichtung vorüber, deren grüner Rasenteppich einen höchst lieblichen Contrast zu dem Waldesdickicht bildet, welches wir soeben verlassen haben. Diese Lichtungen, deren der Park eine bedeutende Anzahl aufzuweisen hat, sind fast durchgängig von blühendem Strauchwerk umrahmt, hinter welchem das dichtere und dunklere Laubwerk der Bäume einen malerischen Hintergrund bildet.

Und nun wieder ein anderes Bild! Wir begegnen einer Parklandschaft, bei deren Zustandebringen das Messer des Gärtners eine nicht geradezu untergeordnete Rolle gespielt hat. Die schlankstämmigen Linden, Birken, Ahornbäume, Ulmen, Eschen; die dunkelgrünen, zartgrüne Spitzen treibenden Tannen und Kiefern, sie sind bis hoch oben hin ihrer den Durchblick hemmenden Aeste beraubt, sie stehen hier in zierlichen, mehr oder weniger Effekthascherei bekundenden Gruppen und die Strahlen der Sonne vermögen mit größerer Leichtigkeit sich auf die zahlreichen Menschengruppen niederzusenken, die hier dem „süßen Nichtsthun" huldigen, oder um das auf dem Rasen ausgebreitete, mit Eßbarem bedeckte Tischtuch herum kauern und sich von der erquickenden, reinen und unverfälschten Waldluft das Mahl würzen lassen.

Der West Parkbehörde wurde im Jahre 1891 von der Staatsgesetzgebung die Vollmacht ertheilt, behufs Vollendung des gesammten Park- und Boulevard-Systems der Westseite für $1,000,000 Anleihescheine zu verausgaben. Für die alten treuen Freunde des lieblichen Humboldt Haines, deren Zahl ja Legion genannt werden könnte — war es im höchsten Grade erfreulich, daß ein bedeutender Theil der zu verausgabenden $1,000,000 zu allererst dem Humboldt Park und -Boulevard zugewiesen wurden, dem einzigen unserer Parke, der einen deutschen Namen trägt und dessen Urheber und Schöpfer Deutsche waren; ich erinnere hierbei nur an Männer wie Henry Greenebaum, John Bühler, F. W. Karnatz u. s. w. Die neuen Verbesserungen erstrecken sich über 119 Acres, das ganze westliche und nordwestliche, bis jetzt brach gelegene Parkgebiet, und ihre Durchführung wird den Gesammtanlagen des Parks einen beinahe doppelt so großen Flächenraum geben, als bisher vorhanden war.

Von der Bedeutung und dem Umfang der Erweiterung des cultivirten Gebiets in jenem Park kann man sich annähernd eine Vorstellung machen, wenn mitgetheilt wird, daß die Parkbehörde hierfür $220,000 bewilligt hat, wovon $50,000 allein auf einen neuen Lustpavillon entfallen. Die Grenzen des verschönerten und vergrößerten Parks werden von folgenden Straßen gebildet: California Ave., Augusta Straße, Kedzie Ave. und North Avenue. Unter den in Arbeit genommenen Verschönerungen ist in erster Reihe der neue See zu nennen, welcher unweit des jetzigen Pavillons und Boot Landungsplatzes mit dem alten See in Verbindung gebracht werden wird und sich von da aus in nordwestlicher und südwestlicher Richtung ausdehnen wird. Ueber den 60 Fuß breiten Verbindungskanal, an dessen südlichem Ufer ein schöner Promenadenweg sich entlang ziehen wird, wird eine ornamentale steinerne Brücke von 100 Fuß Länge und 52 Fuß Breite gebaut und von dem mit einer Steineinfassung umgebenen Ufer des Durchstichs werden drei Terrassen und eine bequeme Seitentreppe emporführen zu dem Rondcorso oder Vereinigungspunkt der Hauptfahrwege, welcher einschließlich der fünfzig Fuß breiten, von zwei

Reihen Bäumen beschatteten Promenade, die das für Fuhrwerke bestimmte Rondell einrahmt, eine Breite von 300 Fuß haben wird. Die Mitte des Letzteren ziert das von Herrn F. J. Dewes gestiftete Humboldt-Denkmal, und in ganz kurzer Entfernung hiervon, dem Gewächshaus gegenüber, östlich vom Hauptfahrweg, ist ein Platz für die Aufstellung des Fritz Reuter Standbildes ausgewählt worden, welches im vorigen Frühjahr eingeweiht worden ist.

Auf das Rondell des Humboldt-Denkmals werden vier Hauptfahrwege einmünden, von denen demjenigen, welcher vom Humboldt-Boulevard direkt südlich hierher führen wird, die über dem Durchstich zu erbauende Brücke dienen soll. Eine andere der vier Hauptstraßen wird den südwestlichen Theil des neuen Sees mittelst einer Brücke — auch einer steinernen — kreuzen und eine von dem durch den Park weitergeführten Humboldt Boulevard westlich abbiegende Zweigstraße wird nach dem neu geplanten „Casino" oder Pavillon führen, welches am nördlichen Ufer des 1200 Fuß in nordwestlicher Richtung sich ausdehnenden neuen Sees, nördlich vom Humboldt-Denkmal, errichtet werden soll. Hier wird der neue See eine durchschnittliche Breite von 400 Fuß haben, so daß das gesammte System der künstlichen Gewässer im Humboldt Park einen Flächenraum von 31 Acres einnehmen wird. Das neue „Casino" soll ein dreistöckiges Gebäude und eine Zierde des Parks werden. Dicht neben demselben, an der Uferseite, wird ein großer Bootlandungsplatz hergerichtet, von welchem aus steinerne Stufen nach der oberen Terrasse führen werden. Die Hauptfaçade des „Casinos" wird an der nordwestlichen Seite sich entlang ziehen und nur 130 Fuß von da entfernt wird ein eleganter Musikpavillon gebaut, der von zahlreichen zierlichen Bänken umrahmt sein wird, auf denen 1000 Personen Platz finden können. Schlingpflanzen, die hinter den Bänken angepflanzt und an „Kletterstangen" werden in die Höhe sich ranken werden, sollen über den Bänken schattige Dächer bilden, was dem Ganzen den Character von halboffenen Lauben verleihen und bei dem hier der Musik lauschenden Publikum gewiß dankbare Anerkennung finden wird.

Nordöstlich von dem „Casino" wird sich wieder ein runder Platz, ein „concourse" für Fuhrwerke, befinden, auf welchem von den letzteren 100 zu gleicher Zeit anhalten können, um ihren Insassen Gelegenheit zu geben, von den Wagensitzen aus der Musik zuzuhören. Und da der neue See sich in nächster Nähe vorüberziehen wird, ist es auch den Bootsfahrern ermöglicht, sich an den Leistungen des conzertirenden Orchesters zu erfreuen und die Annehmlichkeiten des Wassersports mit den ihnen gebotenen musikalischen Genüssen zu verbinden. Die den Musik Pavillon und das „Casino" umgebenden Anlagen werden mit kunstvollen Blumenbeeten ausgeschmückt werden und sich sechs Fuß über dem Wasserspiegel erheben; weiter nördlich werden sie an eine große Wiese angrenzen, die den Liebhabern von „Lawn Tennis", „Croquet" und verwandten Spielen zur Verfügung gestellt werden wird.

Das ganze, nördlich von dem neuen See liegende Gebiet wird in Uebereinstimmung mit dem waldartigen Charakter, der die Anlagen östlich davon kennzeichnet, veranlagt werden und zu diesem im tiefen Schatten liegenden Haine werden dann die Ric-Gesellschaften und Familien, die sich in Gottes freier Natur einen vergnügten Tag machen wollen, Zulaß erhalten. Von der Einmündung des Humboldt Boulevard aus wird sich ein weiterer neuer Fahrweg um das westliche Ufer des neuen Sees herumschlängeln, und zwar nahe dem Rand des Ufers, wobei er durch einen Fichtenhain hindurchführen wird, der dort um einen 15 Fuß hohen Hügel angelegt werden soll. Die Fahrstraße verfolgt dann ihren Weg weiter in südlicher Richtung und vereinigt sich mit dem nach dem Garfield Park führenden Central Boulevard. Der südliche Theil des neuen See's soll eine Halbinsel umschließen, die mit niedrigem Strauchwerk bepflanzt werden und von welcher ein großer Theil zu einem künstlichen Sumpf gestaltet werden wird, in welchem die schönsten der dieser Himmelszone eigenen Wasserlilien cultivirt werden sollen. Der südliche Theil des Parks soll ebenfalls dem einheitlichen Landschafts-System angepaßt werden und eine Wiese von größerem Umfang enthalten, welche als Exerzier- und Ballspielplatz dienen soll. In dem nordwestlichen, neuen Theil des Parks, westlich vom Boulevard, sind zwischen 6000 und 7000 Bäume angepflanzt worden. An Stelle des häßlichen Bretterzauns, der so viele Jahre lang sich um den Park herumzog und nun entfernt worden ist, wird eine steinerne Promenade treten, die, von einer Baumallee beschattet, rings um die Anlagen führen wird.

Im Humboldt Park.

Im Hinblick auf die großen landschaftlichen Vorzüge, die der Humboldt Hain vor den übrigen Parks der Stadt besitzt und ihm den ausgesprochenen Charakter eines Naturparks verleihen, muß es Befremden erregen, daß in Chicago noch viele Tausende von Leuten wohnen, die Humboldt Park nur dem Namen nach kennen und noch eine Menge andere, die von ihm noch gar nichts gehört haben. Und doch können Freunde von schwellenden Landbächern, grünen Wiesen, schattigen Waldpfaden, farbenglühenden Blumenbeeten, tropischen Pflanzen von seltener Pracht u. s. w. in diesem Park für das Auge, Herz und Gemüth ein geradezu köstliches Labsal finden. Bei der Anpflanzung von Humboldt Park und während dessen Entwickelungsperiode ist mit sachmännischem Verständniß streng darnach getrachtet worden, der Natur in ihrer Ungezwungenheit nachzuahmen und alle steifen und gekünstelten Formen so viel als thunlich zu vermeiden. Diesem consequent durchgeführten Systeme sind die vielen im Laufe der Jahre entstandenen wechselvollen Landschaftsbilder zu verdanken, die in interessanter Mannigfaltigkeit an dem auf schattigem Pfade dahinschlendernden oder fahrenden Besucher vorüber ziehen. Reizende Fernsichten über den in der Sonne aufblitzenden, spiegelblanken See hinüber wechseln ab mit links und rechts vor uns liegenden idyllischen Waldwiesen und wirkungsvollen Zusammenstellungen von mannigfaltig gefärbten Laub- und Nadelholz-Bäumen. Der Naturfreund wird überall, wohin sein Blick sich auch wendet, Anlaß finden, der hier ausgeübten Landschaftsgärtnerei rückhaltloses Lob zu spenden und sich zu der Ansicht bekennen, daß Humboldt Park mit vollem Recht auf das Prädikat Musterpark Anspruch erheben darf. Die Anlagen sind nach den Gesetzen der Schönheit zu einem in sich abgeschlossenen, in allen Theilen harmonirenden Ganzen eingerichtet worden. Hier herrscht gleichsam die Poesie des Landlebens, hier bietet sich vergeistigter, gereinigter und erhöhter Naturgenuß. Der Baumwuchs im Humboldt Park zeigt eine ganz staunenswerthe Üppigkeit auf und die Dichtigkeit der Laubdächer dortselbst wird wohl von keiner der Baumpflanzungen in unseren übrigen Parks übertroffen. Die vielen in tiefen Schatten liegenden Wäldchen sind in unserem Himmelsstrich, wo der Sommer oftmals viele heiße Tage bringt, ein großes Bedürfniß und endlose Grasflächen und lichte Pflanzungen, wie sie z. B. die Gärten Englands aufweisen, würden hier unstatthaft sein.

Ein täuschend ähnliches Bild von unserem Humboldt Park, wie sich dieser nach der Vollendung der jetzt mächtig geförderten Erweiterung zeigen wird, hat Fürst Pückler-Muskau in seiner Schilderung des Parkgartens — pleasure ground —, wie er sein sollte, entworfen: „Alles biete hier Schmuck, Bequemlichkeit, sorgfältige Haltung und so viel Pracht, als die Mittel es erlauben. Der Rasen scheine wie sammtner Teppich mit Blumen gestickt, die schönsten und seltensten ausländischen Gewächse finde man hier vereinigt, bequeme Ruhesitze, erfrischende Fontänen, die kühlen Schatten dichter Alleen, Regelmäßigkeit und Laune, kurz alles wechsle ab, um den reichsten und mannigfaltigsten Effect hervorzubringen, ebenso wie man ja auch die verschiedenen Salons im Innern des Hauses jedes anders schmückt; man setze auf diese Art die Reihe der Gemächer in vergrößertem Maßstabe unter freiem Himmel fort, dessen blaues Zelt hier, mit immer neu abwechselnden Wolken, die gemalte Decke vertritt, an welcher Sonne und Mond als ewige Kronleuchter schimmern. Der Park soll aber auch den Charakter der freien Natur und der Landschaft haben, die Hand des Menschen also außerhalb des Blumenparks weniger sichtbar sein und sich nur durch wohlunterhaltene Wege und zweckmäßig vertheilte Gebäude sichtbar machen. Auch diese wegzulassen, wie manche wollen, und, um ganz die Illusion wilder Natur zu erhalten, durch das hohe Gras waten und sich im Walde an Dornen blutig ritzen lassen zu müssen, ohne je einer einladenden Wohnung, einer den Müden annehmenden Bank oder Ruhesitz zu begegnen, scheint mir abgeschmackt (obgleich es Rosseau empfiehlt), da eine solche Anlage wohl Natur, aber eine auch zum Gebrauch und Vergnügen des Menschen eingerichtete Natur darstellen soll."

Der Humboldt Park ist auch nichts anderes, als die der Kunst unterworfene Natur, und hier hat der Gärtner auch darauf Rücksicht genommen, daß die Wirkung, die er zu erzielen wünschte, vorzugsweise auf dem Contrast und den Uebergängen von Schatten und Licht beruht. Da er aber beide in Wirklichkeit nicht in der Hand hatte, so nahm er die Baumgruppen als Schatten und die Rasenflächen und See als Licht und componirte mit ihnen seine Wirkung. Effekte dieser Art, Effekte von Zauber und Poesie, die sich so mannigfach darbieten, auszustudiren und hervorzurufen, ist ja des Gärtners Aufgabe und daß im vorliegenden

Falle Herr Karnatz die vornehmsten Bedingungen hierfür zu erfüllen vermag, d. h., selbst im Besitze der hierzu nöthigen Empfindung und des leitenden Gefühls ist und ob seiner Arbeit künstlerisches Behagen verspürt, daran besteht ja kein Zweifel. Aehnlich wie im Lincoln Park und dem wunderschönen Washington Park ist auch hier zwischen dem Blumenpark und dem landschaftlichen Naturpark eine deutliche Grenze gezogen worden, sodaß auf einsamen Waldwegen der Wanderer nicht zufällig auf wohlgepflegte, schön gedrechselte Teppichbeete u. dgl. stößt, was selbstverständlich den von der Natur gelieferten Vorbildern Hohn sprechen würde. Die Haupt-Blumenanlagen befinden sich vor dem hübschen Palmenhaus. Die hier während des Sommers entfaltete Gartenkunst muß Jeden davon überzeugen, daß die Teppichgärtnerei unstreitig zu den schönsten Zierden unserer Parks gerechnet werden muß; sie ist ja trotz vielfacher Anfeindungen heutigen Tages in allen Ländern, wo gesittete Menschen wohnen, beliebt geworden und hat sich in der Gunst der Blumenfreunde tief, wie kein anderer Zweig des Gartenbaus, eingebürgert. Dem Gärtner stehen, wenn er seiner Phantasie einen weiten Spielraum zu geben wünscht, keine Hülfsmittel von einem ähnlichen Werthe zur Verfügung, wie die Teppichpflanzen besitzen und die ganz besonders bei der Herstellung von plastischen (wie im Washington Park) oder hügelartig geformten Beeten ihre Brauchbarkeit bekunden.

Außer diesen Erzeugnissen der Kunstgärtnerei enthält die Gesammtanlage vor dem Gewächshaus im Sommer stets eine reiche Fülle von den vielerlei bekannten Sommerblumen, wie z. B. Geranien, Aurikeln, Remontant- und anderen Rosen, Verbenen, Pelargonien, Heliotrop, Gänseblümchen, Levkoyen, Petunien, Georginen, Clematis, Kakteen, Gladiolen, Stiefmütterchen u. s. w. Letztere Blume, eine nahe Verwandte des mit poetischem Frühlings-Zauber umwobenen Veilchens, bilden während des Frühsommers eine der schönsten Zierden des Blumengartens. Die größten Blüthen haben die sogenannten Trimadeau's und diese sowohl, wie alle übrigen großblüthigen Stiefmütterchen, die besonders während des Monats Juni ihre größte Pracht entfalten, sind neueren Ursprungs. Sie waren zwar schon im klassischen Alterthum bekannt, aber all die schönen, gegenwärtig cultivirten Sorten sind erst in unserem Jahrhundert entstanden.

Haben wir uns an der Farbenpracht satt gesehen, die sich vor dem gläsernen Blumenpalast des Humboldt-Hains ausbreitet, so führt uns unser Weg zunächst in das Palmenhaus und seine angrenzenden Räume. Hier umfängt uns mitten im Sommer noch der volle Frühling und hier wird uns auch ein ahnungsvoller Blick in die Wunder der tropischen Pflanzenwelt gestattet; eine bunte Fülle von Blüthen, Stämmen, Aesten und Zweigen blendet das Auge und köstlicher Duft umweht uns. Der kreisrunde, hallenartige Glasbau birgt einen Wald von Palmen, Baumfarnen, Gummi- und Bananenbäumen, von denen etliche mit ihren Wedeln und Kronen bereits das schützende Glasdach erreicht haben. Was aber dem Fachmann nicht nur, sondern auch dem Laien sofort in's Auge fällt, ist die wunderbare Cultur aller so verschiedenen Pflanzen in diesem Tempel tropischer Gewächse. Aber zwischen diesen befinden sich auch herrliche blühende Pflanzen, meist das Resultat menschlichen Fleißes, der es verstanden hat, die einfachen Formen und matten Farben, wie die Natur sie uns bietet, durch künstliche Befruchtung zu wahren Prachtblumen umzubilden.

Die anstoßenden Treibhäuser sind im Sommer selbstverständlich behufs Bepflanzung der im Freien liegenden Beete ihrer schönsten Blumen beraubt, doch beherbergt das die sogenannten Blüthengalerien enthaltende, von würzigen Düften durchwehte Schauhaus einen reichen Schatz von Prachtblumen der Treibhaus-Cultur. Alles in Allem bietet das Palmenhaus ein so glänzendes Bild gärtnerischer Leistungsfähigkeit, daß selbst ein weiter Weg den Blumenfreund nicht von einer Besichtigung desselben abhalten sollte.

Die Westparkbehörde wird nicht bei der vollendeten Verbindung der drei Hauptparks der Westseite durch prächtige Boulevards stehen bleiben, sondern das Boulevard-System in nördlicher und südlicher Richtung in einer Weise ausdehnen, daß durch die Beihilfe der Lincoln-Park- und der Süd-Park-Behörden die beiden zuletzt genannten Park-Systeme mit dem Boulevard-System der Westseite verbunden und die Glieder in der Kette geschaffen werden können, die noch fehlen, um die Verbindungslinie zwischen sämmtlichen großen Parks der Stadt in Gestalt eines Boulevard-Gürtels zu vervollständigen. In dieser Hinsicht haben die Westpark-

Fritz Reuter-Denkmal im Hundholz Park.

Commissäre schon brav vorgearbeitet und z. B. von Humboldt Part aus in nördlicher und dann östlicher Richtung einen sehr breiten Boulevard ausgelegt, macadamisirt und mit Bäumen bepflanzt.

Vom Humboldt Part aus zieht sich der Humboldt Boulevard in einer Breite von 250 Fuß nördlich bis zur Armitage Ave., und von hier aus in gerader Linie, aber in einer Breite von 300 Fuß, weiter nördlich bis Palmer Place. Hier breitet sich vor seinem nördlichen Ausläufer ein großes Rondell aus, welches ringsum von einer Baumreihe umrahmt und in eine Blumenanlage umgewandelt worden ist. Westlich von dem Rondell erstreckt sich eine von Fahr- und Fußwegen umsäumte ovale Rasenfläche, die mitsammt dem hier in westlicher Richtung sich drehenden Boulevard und Fußwegen eine Gesammtbreite von 600 Fuß hat. Die ovale Anlage wird mit blühenden Büschen bepflanzt und ist von zierlichen Fußwegen durchschnitten. Sie findet ihre westliche Grenze an Kedzie Ave., wo der Boulevard wieder eine Krümmung macht und seinen Lauf auf's Neue in nördlicher Richtung, über Fullerton Ave. hinüber bis zur Milwaukee Ave. weiter fortsetzt. Auf dieser Strecke besitzt er eine Breite von 200 Fuß und ist ebenfalls an beiden Seiten mit Bäumen bepflanzt. Zu erwähnen ist, daß sich der westlichen Grenze der genannten ovalen Anlagen in Palmer Place gegenüber, jenseits des sich hier nach Norden drehenden Boulevard's, ein ähnliches Rondell befindet, wie weiter unten und daß ein solches auch vor der Einmündung in Milwaukee Ave. ausgelegt ist. Von hier nimmt der Boulevard eine östliche Richtung und erstreckt sich in einer Breite von 250 Fuß bis Western Ave., wo er sich wieder nach Norden dreht und schließlich in Diversey Str. einmünden wird.

Humboldt und zunächst Douglas Park sind es vornehmlich, welche als Erholungsplätze des Volkes, der arbeitenden Klassen, viel Gutes stiften und segensreich wirken. Garfield Part wird seiner Lage halber — er bildet die westliche Grenze des aristokratischen Viertels der Westseite — von dem Proletariat nur wenig heimgesucht, desto mehr aber von dem in stolzen Karossen einherrollenden upper tendom, welches wiederum sich höchst selten nach den beiden erstgenannten Volksparks verirrt.

In landschaftlicher Beziehung kann, wie schon angedeutet, der Humboldt Part als die Perle nicht nur unter den Volksgärten der Westseite, sondern unter den gesammten Parks Chicago's gelten. Mit der Vollendung der jetzt im Werden begriffenen neuen Verbesserungen in jenem Park wird Letzterer kaum noch Raum zu weiterer Entwickelung oder Vervollkommnung bieten; alles weitere Bestreben der Parkdirektion wird sich dann auf die Erhaltung und Verpflegung des Geschaffenen beschränken müssen, weitere Verschönerungen werden sich dann nur in engem Rahmen vollziehen können.

Die Einweihung des Humboldt-Denkmals.

Unserem unvergleichlich schönen Parksystem ist es wohl in erster Reihe zu verdanken, daß Chicago, besonders in dem letztverflossenen Jahrzehnt, um eine so stattliche Anzahl von Denkmälern berühmter Männer bereichert worden ist, wie sie sich heutigen Tages dem Blicke der lustwandelnden Parkbesucher allenthalben darbieten. Diese grünen Volkshaine sind wie geschaffen für die Aufnahme künstlerisch ausgeführter Denkmäler menschlicher Größe, denn sie sind, wie sie es sein sollten, ein Abriß der Natur, der Natur in ihren Zufälligkeiten, in ihrer Feinheit, in ihren einfachen unberührten Schönheiten, aus welchen unsere gefeierten Dichter und Poeten, unsere großen Naturforscher, so oft Inspiration schöpften. Hier, unter den rauschenden Wipfeln der Bäume, beim Anblick der saftgrünen Matten, des Farbenreichthums der Blumen, vermögen die dem Andenken großer Gelehrten, Staatsmänner, Kriegshelden und anderer Volksbeglücker gewidmeten Monumente von Erz oder Stein auf das empfängliche Gemüth des Beschauers, mag dieser nun der lernbegierigen Jugend oder dem Heere der Erwachsenen angehören, einen weit nachhaltigeren Eindruck hervorzubringen, als wenn sie kalte Mauern oder steife Wände und nicht das warme Geäst der schwellenden Laubdächer zum Hintergrund haben würden. Hier streift der Geist die Fesseln ab, die ihn bei der aufreibenden Jagd nach dem Dollar einzwängten und abstumpften, hier wohnt die Freiheit in ihrer anmuthigsten Gestalt, hier fühlt man sich emporgehoben über das Niveau der Alltäglichkeit, hier läßt sich's köstlich sinnen und träumen, und nirgends fühlt sich der Stadtmensch mehr bejahrt, seine Gedanken mit den von ihren Postamenten zu ihm herabschauenden Geistesheroen zu beschäftigen, als gerade hier in den lauschigen Bosquets, in der waldesähnlichen Einsamkeit.

Es hieße Eulen nach Athen tragen, wollte Jemand heutigen Tages noch besonders hervorheben, daß das Teutschthum Chicago's von jeher auf's Unwiderlegbarste bewiesen habe, daß ihm in hohem Maße Opferwilligkeit und Gemeinsinn innewohnen und daß es in seiner Gesammtheit sowohl, wie auch in Gestalt einzelner daraus hervortretender Persönlichkeiten, genannte Eigenschaften stets gerne bethätigt. Das trifft aber vornehmlich zu, wo es gilt, Pflegestätten der Menschenliebe zu schaffen und dem deutschen Genius Denkmäler zu setzen. Legen doch unser deutsches Altenheim, das deutsche Hospital, die deutschen Waisenhäuser hiesiger Stadt, sowie auch das jüngst unter so glänzenden Auspizien eröffnete Schiller-Theater deutlich genug Zeugniß ab von dem gepriesenen Wohlthätigkeits- und Gemeinsinn des hiesigen Teutschthums und von der selbstlosen Schaffensfreudigkeit Einzelner! Kann noch Jemand, der das durch seine künstlerische Einfachheit imponirende Denkmal Friedrich Schiller's im Lincoln Park gesehen hat und gegenwärtig seinen bewundernden Blick über das von Herrn F. J. Dewes in so hochherziger Weise dem Volke von Chicago zum Geschenk gemachte Humboldt-Denkmal in dem anmuthigsten unserer Volkshaine, dem Humboldt-Park, schweifen läßt, daran zweifeln, daß die Deutschen Chicago's die unsterblichen Schöpfungen der aus dem deutschen Volke hervorgegangenen und zum Gemeingut der ganzen civilisirten Welt gewordenen Heroen der Wissenschaft und Kunst in ihrem vollen Werth zu würdigen wissen?! Fürwahr, es wäre ein thörichtes Beginnen, die Verdienste in Zweifel ziehen zu wollen, die das Teutschthum unserer Stadt sich um deren Entwickelung nach jeder nur denkbaren Richtung hin erworben hat. Zur Förderung des Gemeinwohls und der Geltendmachung deutschen Einflusses auf öffentliche und gesellschaftliche Zustände entstand hier bereits im Jahre 1848 ein deutscher Verein, der „Leseverein", welcher als der älteste der deutschen geselligen Verbände gelten kann. Dann folgten schnell hintereinander, auch als bahnbrechende Pioniere auf dem Gebiete des deutschen Vereinswesens, die Robert Blum Loge vom Orden der Sonderbaren Brüder (1849), Chicago Turngemeinde (1852), Männergesangverein (1853), Schneider- und Schreiner-Verein (1853), Freier Sängerbund (1854), Freimaurer-Verein (1853), Deutsche Gesellschaft (1854), Germania-Loge des Freimaurer-Ordens (1855), Harmonia Loge der Sonderbaren Brüder (1857) u. s. w. Aehnliche Festlichkeiten, wie die der Enthüllung des Humboldt-Denkmals und von ebenso hoher Bedeutung für die deutsche Bevölkerung der Stadt im Allgemeinen, ohne Unterschied der Landsmannschaft, waren vornehmlich die am 5. Juli 1855 stattgefundene Grundsteinlegung zum „Deutschen Hause", die Einweihung desselben am 14. April 1856, das große Friedensfest in 1871, die Einweihung des Humboldt-Parks in 1877 und die Enthüllung des Schiller-Denkmals in 1886.

Der erste Schritt behufs Veranstaltung einer würdigen Feier zur Enthüllung des Humboldt-Denkmals wurde im Sommer von 1892, während Herr Dewes, der Stifter des Standbildes, in Teutschland weilte, von mehreren seiner Freunde gethan. Diese ernannten ein aus 13 Herren bestehendes Comite mit Herrn A. C. Hesing als Präsidenten, und da diese Herren fast sämmtlich außerordentliche Mitglieder des deutschen Preß-Clubs von Chicago waren und der Wunsch geäußert wurde, daß dieser Verein die Vorkehrungen für eine angemessene Feier in die Hand nehmen möge, ernannte der Preß Club ein weiteres, aus neun ordentlichen Mitgliedern bestehendes Comite, welches dem ursprünglichen Ausschuß beitrat, mit diesem zusammen eine thätige Wirksamkeit entwickelte und die Feier auf Sonntag, den 16. Oktober genannten Jahres festsetzte. Diesem Gesammt Comite wurden dann noch zwei Delegaten des aus Anlaß der geplanten Feier gegründeten „Humboldt Celebration Clubs" als Mitglieder beigesellt. Folgende Herren bildeten den Ausschuß: A. C. Hesing, Franz Amberg, Edward Uihlein, Edward Roch, John Bühlein, Andreas Simon, C. Hermann Plantz, Theodor Janssen, Louis Wolff, Dr. Max Henius, Julius Rosenthal, Paul Häbicke, Hermann Weinhardt, Harry Rubens, Fritz Glogauer, Edward Rose, J. P. Arnold, Henry Greenebaum, Dr. F. H. Bernard, Julius Holzier, C. F. L. Gauß, A. St. George, Felix L. Senff, Dr. H. Harms, Carl Härting. Herr Henry Greenebaum wurde zum Festmarschall ernannt, denn angesichts des von dem Humboldt Celebration Club ausgesprochenen Wunsches, der Ent-

Im Garfield Park.

hüllungsfeier einen Umzug vorausgehen zu lassen, wurde es nothwendig, einen solchen Beamten einzusetzen. Herr Greenebaum wählte sich die Herren Jacob Groß, Georg Heinzmann und Franz Amberg zu seinen Assistenten.

Das Festprogramm war folgendes:
1. Musikvortrag von John Hand's Kapelle.
2. „Am Altare der Wahrheit", von Mohr. — Teutonia Männerchor, Schiller Liedertafel, Liedertafel Vorwärts, Freier Sängerbund, Humboldt Sänger-Club und Gesangverein „Almira".
3. Uebergabe des Denkmals durch Hrn A. C. Hesing, den Festpräsidenten.
4. Enthüllung des Denkmals durch Frl. Weinhardt, Tochter des Park-Commissärs Weinhardt.
5. Annahme des Denkmals durch den Präsidenten der Westpark-Behörde, Harvey L. Thompson.
6. Ansprache des Mayors von Chicago, Hempstead Washburne.
7. „Festgesang an die Künstler", von Mendelssohn. — Teutonia Männerchor, Schiller Liedertafel, Liedertafel Vorwärts, Freier Sängerbund, Humboldt Sänger-Club und Gesangverein „Almira".
8. Deutsche Festrede von Dr. Max Henius, Präsident des deutschen Preß-Clubs von Chicago.
9. Musikvortrag von John Hand's Kapelle.
10. Englische Festrede, von Professor Albion W. Small von der Chicago Universität.
11. Verlesung von Beschlüssen des Humboldt Celebration Clubs durch Herrn A. St. George.
12. Musikvortrag von John Hand's Kapelle.

Die Feier war vom herrlichsten Herbstwetter begünstigt und fand daher im Beisein einer riesigen Menschenmenge statt. Der Festplatz war so abgesperrt, daß der große Platz um das noch verhüllte Denkmal frei blieb. Während mehrerer Stunden strömten die Volksschaaren auf den verschiedenen Wegen in ununterbrochenem Zuge herbei, bis sich die dichten Glieder in unabsehbare Massen verwandelten. Nach einstündigem Harren ertönten in der Ferne die Klänge einer Marschmusik und verkündeten das Herannahen der Festparade. Obwohl dieselbe wegen des beschränkten Raumes nur in kleinerem Maßstabe gehalten war, zählte sie doch über 1000 Mann, und wahrhaftig großartig war der Ueberblick, den die Zuschauer auf der Tribüne genießen konnten, nachdem die Colonnen in wohl disziplinirter Ordnung Stellung um das Denkmal genommen hatten.

Die Reitersleute nahmen vor der Rednerbühne zur Rechten Front und vor sie positirte sich die „Deutsche Kriegerkameradschaft", die vollzählig vertreten war und in ihren exacten Bewegungen in der Aufstellung die allgemeine Aufmerksamkeit auf sich zog. Zur Linken nahm der „Humboldt Park Celebration Club" unter Führung von Marschall Louis Huzler Front, welcher sich aus Bürgern jenes Stadttheils zur Enthüllungsfeier gebildet hatte. Der Club zählte gegen 300 der bekanntesten Bürger der Nachbarschaft des Humboldt Park und mit seinen blauen Abzeichen, die auch der „Deutsche Bürgerverein von Avondale" unter Commando seines Festmarschalls Hugo Rasper trug, bot diese Colonne einen sehr hübschen Anblick. Die uniformirten Ritter der „Humboldt Loge No. 2 der auserwählten Ritter von Amerika", sowie die Humboldt Loge No. 420 D. O. H., die Humboldt Loge No. 658 J. O. O. F., Court Almira und der Plattdeutsche Verein gruppirten sich im Halbkreis um das Denkmal im Hintergrund, während die uniformirten Ritter einen Kreis um das Monument schlossen. Die Sänger hatten eine eigene, große Tribüne für sich, vor welcher das Hand'sche Orchester aufgestellt war. Auf der Rednerbühne hatten die Ehrengäste und Geladenen Platz genommen und dahinter lugten die Damen aus dem für sie reservirten großen Pavillon durch die fast blätterlosen Aeste einiger Bäume hinüber auf das großartige Schauspiel. Die Feier wurde, nachdem die Sänger „Am Altar der Wahrheit" vorgetragen hatten, von Herrn A. C. Hesing, dem Festpräsidenten, durch folgende Ansprache eröffnet:

„Verehrte Anwesende, meine Damen und Herren!

Wie Ihnen wohl bekannt sein wird, hat unser Freund und Mitbürger F. J. Dewes es übernommen, ein lebensgroßes Standbild des bedeutendsten und volks-

4

thümlichsten deutschen Forschers und Gelehrten, Alexander von Humboldt, anfertigen und in diesem schönen Park aufstellen zu lassen. Das Denkmal wurde in Deutschland selbst von einem hervorragenden Künstler angefertigt, und es gereicht dem Geber zur hohen Ehre, gerade dieses zu einem Geschenk für seine Heimath-Stadt gewählt zu haben. Der deutsche Preß Club hat es nun übernommen, mit der Uebergabe an die Park-Verwaltung eine der Gabe würdige Feier zu verbinden, und derselbe Club beehrt mich mit dem Aufträge, Sie alle, die Sie an der Feier theilzunehmen hierher gekommen sind, herzlich willkommen zu heißen und an Stelle des Gebers, dem unser aller Dank gebührt, das Standbild der Parkcommission zu übergeben. Die höchste Zierde eines Volkes ist ja seine sittliche Erhebung und sein geistiger Fortschritt. Nur auserlesenen, bedeutenden Männern ihrer Zeit bleibt es vorbehalten, neuen geistigen Umschwung anzubahnen und den Fortschritt zu fördern. Keiner hat je ein Wissen von solch allgemeiner Tragweite der Welt erschlossen, als Alexander von Humboldt, und Keiner verstand es, gleich ihm sein Wissen für das Volk verständnißvoll und nutzbar zu machen. Mit Recht wird er als eine Perle seines Jahrhunderts bezeichnet. Den Herren Rednern bleibe es überlassen, näher auf die Bedeutung von Humboldt und seine Forschungen einzugehen, mir aber obliegt die doppelt ehrenvolle Aufgabe, im Namen unseres Freundes und Mitbürgers, des Herrn F. J. Dewes, das Denkmal dieses hochwerthen Mannes seiner Bestimmung zu übergeben und zugleich dem edlen Geber den Dank der Bürger Chicago's auszusprechen. Ein Denkmal dieser Art reicht nicht allein der Stadt zur Zierde, sondern es veranlaßt Nachdenken und geistige Regsamkeit. In diesem Sinne ist es ein Geschenk von großer Tragweite, für das wir Herrn F. J. Dewes unsere volle Anerkennung zollen; als Kunstwerk reiht es sich seinen Vorgängern würdig an. Eine stattliche Anzahl von Denkmälern, ich nenne die von Douglas, Drexel, die Indianer-Gruppe, Schiller, Lincoln, LaSalle, Linné und Grant, schmückt unsere Stadt und legt ein glänzendes Zeugniß ab von dem Geiste unserer Bürgerschaft. Kein besserer Platz konnte für dieses Denkmal auserfehen werden, als der schöne Volkspark, dem Humboldt seinen Namen lieh.

So möge die Hülle fallen und die Gestalt und das Antlitz des edelsten, hier vielgenannten Mannes sich unseren Blicken zeigen!"

Als der Redner die letzten Worte sprach, zog Frl. Weinhardt, die Tochter des verdienstvollen deutschen Park-Commissärs, die Hülle von dem Denkmal, dadurch das Zeichen gebend zu einem tausendstimmigen, weithin durch die Lüfte dringenden lauten Jubel. Der übrige Theil der Feier (die Reden und musikalischen Vorträge), wurde ebenso programmäßig durchgeführt, wie der erste Theil und das Ganze nahm einen glänzenden Verlauf.

Das Standbild Humboldt's ist ein wahres Meisterwerk der Rothgießerei und wurde von der rühmlichst bekannten Bildgießer Firma H. Gladenbeck und Sohn in Berlin hergestellt. Der Entwurf stammt aus dem Griffel von Felix Görling, einem jungen Künstler von hervorragendem Talent.

Was die Auffassung der Humboldt-Statue, vom künstlerischen Standpunkt aus betrachtet, anbelangt, so ist dieselbe der Richtung der heutigen Plastik, speziell der deutschen, entsprechend. Die Wiedergabe der Natur bis in die kleinsten Einzelheiten, gehen gleichen Schritt mit der einfachen monumentalen Haltung der Figur und sind hiermit die Haupteigenschaften, die einer Portrait-Statue zu Grunde liegen müssen, d. h. unbedingte Portrait-Aehnlichkeit der ganzen Person, gepaart mit den bildhauerischen Prinzipien einer Denkmal-Figur, gewahrt. — Alexander von Humboldt, dieser gewaltigste Geist seiner Zeit, der trotz der höchsten Ehrenämter im Leben, trotz seiner bevorzugten Stellung und seinen Beziehungen zu Königen und Fürsten, doch stets der einfache natürliche Mann war, ist in diesem Sinne wiedergegeben, einer Zeit entsprechend, wo er auf der höchsten Stufe seiner Schaffenskraft stand. Einfach und würdevoll in Haltung und Bewegung, stützt er sich mit der linken Hand leicht auf einen von Farrenkraut und Ephen umwucherten Baumstamm, welcher hier die Natur versinnbildlichen soll, gleichsam, wie sein ganzes Wissen und Forschen sich auf die Natur stützte. Das Buch in der Hand deutet auf den Mann der Wissenschaft. Die rechte Hand hält eine Pflanze — hier ist der Lorbeerzweig gewählt — seine Verdienste und Forschungen in der Pflanzenkunde andeutend, während das Gesicht, von der Pflanze aufblickend, leicht nach rechts gewandt ist. Der Kopf ist eine getreue Wiedergabe der berühmten Büste Alexander von Humboldt's, welche Chr. Rauch seiner Zeit nach dem Leben modellirt hat und

Andrew Leicht's Wohnpalast nahe Lincoln Park.

so ist gerade dadurch vollste Garantie für Portrait-Aehnlichkeit geboten. Um aber darauf hinzuweisen, wie groß der Drang Alexander v. Humboldt's nach umfassendem, weltumfassendem Wissen war, ist ihm der Globus, das Weltall bedeutend, zur Seite gegeben, denn nicht ein Specialforscher war Alexander v. Humboldt, sondern die einzelnen Zweige der Naturwissenschaften dienten ihm nur gewissermaßen als Vorstufe zur tieferen Erkenntniß der Physik des ganzen Erdballs. Zur Seite des Globus liegt eine Mappe mit Zeichnungen und Schriftstücken, auf der eine kleine Eidechse sich neugierig hinaufschlängelt, um Humboldt's Forschungen in der Amphibien-Thierwelt und den Sümpfen der tropischen Länder anzudeuten. Als Gesammtwerk bietet die Meister-Statue einen imposanten Anblick, und kaum herrlicher kann man sich einen Schmuck für den Platz, der ihr geweiht ist, denken. Der granitene Unterbau und das Postament hat die Westpark-Behörde auf eigene Kosten herstellen lassen. Hrn. F. J. Dewes aber, dem hochherzigen Geber des künstlerisch vollendeten Standbildes, gebührt vor Allen der aufrichtige Dank des Publikums, für welches das Denkmal nun einen weiteren Anziehungspunkt des lieblichen Parks, der des großen Humboldt Namen führt, bildet. Eine Karte dieses Parks, die dem amtlichen Jahresbericht der Parkbehörde vom Jahre 1871 einverleibt ist, läßt erkennen, daß damals schon die Verzierung des Parks durch Aufstellung eines Humboldt-Denkmals für wünschenswerth erachtet wurde, indem eine Stelle am südöstlichen Ufer des Parksee's auf der Karte mit "Humboldt Monument" bezeichnet worden ist. Einem Einzelnen, Herrn Dewes, war es also vorbehalten, dem großen Taufpathen des Haines ohne fremde Beihülfe in diesem lauschigen Naturpark ein Denkmal zu setzen und es dem Volke von Chicago zu eigen zu geben. Es steht auf einem Platze, der nur wenige Schritte südwestlich von dem alten Pavillon liegt und dort bisher nur als Wagen Corso gedient hat. Die nächste Umgebung des Denkmals wird voraussichtlich durch malerisch geordnete und dem Letzteren als Folie dienende Baumpflanzungen und Rasenanlagen mit Blumenverzierungen zu einem das Ganze harmonisch verbindenden Gruppenbild umgestaltet werden, wozu in letztem Frühjahr in Gestalt eines Fritz-Reuter-Denkmals eine kurze Strecke südlich davon, dem Gewächshaus gegenüber, einen ebenfalls bei dem hiesigen Deutschthum allgemeines Interesse erregenden Nachbarn bekommen hat. Es bedarf sicher nicht noch der Behauptung, daß auch die Enthüllung dieses, dem großen plattdeutschen Dichter gesetzten Denkmals sich zu einem bedeutungsvollen festlichen Ereigniß gestaltet hat. Zur Bestreitung der Unkosten, die durch die Beschaffung dieses Kunstwerkes verursacht wurden, wurde unter den hiesigen Deutschen eine Sammlung veranstaltet, die zu dem gewünschten Ergebniß führte.

Garfield Park.

Ehe wir uns dem mittleren des Park-Dreigestirns auf der Westseite, dem Garfield Park, zuwenden, müssen wir zuerst noch einmal auf Humboldt Park zurückkommen und zwar auf dessen artesischen Brunnen. Das Wasser hatte vor einigen Jahren ganz zu fließen aufgehört, sodaß sich neue Bohrungen als nothwendig erwiesen. Der Brunnen hatte vordem eine Tiefe von 1,387 Fuß, welchem nun aber durch weitere Bohrungen eine Tiefe von 2,262 Fuß gegeben worden ist. Das mineralhaltige Wasser strömt jetzt in einer Menge von 82 Gallonen per Minute daraus hervor und fällt an dem um den Brunnen geschmackvoll arrangirten Felsgestein in funkelnden Strahlen nieder in sein rothgefärbtes Bett, durch welches es nach dem nahe dabei gelegenen Weiher seinen Lauf nimmt.

Von Humboldt Park führt der in schön erhaltenem und wohl gepflegtem Zustand sich befindende, 1½ Meilen lange Central Boulevard nach Garfield Park. Dieser prächtige Fahrweg, welcher einschließlich der breiten Rasenstreifen an beiden Seiten und der Alleen eine Breite von 250 Fuß hat, führt uns zuerst, nachdem wir das cultivirte Revier des Humboldt Park verlassen haben, an Herrn Karnatz's Pflege genießenden Baumschulen vorüber und über einen mit Bäumen und Sträuchern bepflanzten Viaduct, welcher dort vor mehreren Jahren unter der persönlichen Aufsicht des früheren Präsidenten der West Parkbehörde, Herrn Georg Rahlfs, über den Geleisen der Milwaukee & St. Paul Bahn gebaut worden ist. Auf der Höhe dieser ornamentalen Schienenbrücke genießt man eine schöne Fernsicht über die in westlicher, südlicher und nördlicher Richtung allenthalben mit neuen Häusern sich schmückende Prairie und über einen großen Theil des östlich gelegenen, von Eisenbahnschienen durchschnittenen Stadtbezirks.

Auf der Fahrt diesem Boulevard entlang begegnet der Blick noch vielfach den an beiden Seiten aufgestellten Bretterschildern, auf denen Grundeigenthumsfirmen Baustellen zum Verkauf ausbieten und wie lange wird es dauern, da wird die ganze Strecke des Boulevards links und rechts von hübschen Häusern umsäumt sein. Bis jetzt hat der Bau von neuen Heimstätten im nordwestlichen Stadttheil, d. h. westlich von California Avenue, zum größten Theil in dem Bezirk stattgefunden, welcher nördlich von North Ave. liegt; westlich von Humboldt Park und zwischen diesem und Garfield Park sieht man sie nur mehr vereinzelt stehen. Dort bilden eben die Schienenstränge der St. Paul- und die der Northwestern-Bahn gewissermaßen einen Hemmschuh für die schnelle Besiedelung des Landes, welchem von den Eigenthümern schon ein ziemlich hoher Werth beigemessen wird. Die Geleise der Northwestern Bahn kreuzen den Boulevard nahe dem Einfahrt zum Garfield Park, wo zwar Schutzgitter angebracht sind, die aber aus Rücksicht auf die vielen Spazierfahrenden, welche den Boulevard benutzen, um von einem Park nach dem anderen zu gelangen und oft den Uebergang von Zügen versperrt antreffen, bald einem Viaduct Platz machen sollten.

Da, wo der Washington Boulevard in den Garfield Park einmündet, wird in nahe bevorstehender Zeit Präsident Garfield, nach welchem der Park, welcher bekanntlich früher Central Park hieß, umgetauft worden ist, ein Denkmal gesetzt werden, zu welchem Zwecke die Park Commissäre einen Fünfer-Ausschuß ernannt haben, welcher mit den Bürgern der Westseite, die sich an diesem lobenswerthen Werk betheiligen wollen, sich in Verbindung setzen soll. Garfield Park an und für sich kann sich trotz der Mühen, die auf die landschaftliche Umgestaltung der ursprünglich etwas stümperhaft ausgelegten Anlagen verwendet werden, nicht im Entferntesten mit den bilderreichen Baumgruppirungen des Humboldt Parks und dem dort befolgten, Fachkenntniß bekundenden System der Landschaftsgärtnerei messen und steht selbst in dieser Hinsicht hinter Douglas Park zurück.

Dennoch aber erfüllt er seinen schönen Zweck; dem sich nach frischer Luft, nach dem Anblick des von der holden Mutter Natur zum Wohlgefallen der Menschen ge-

Wilhelm Schmidt's Wohnhaus nahe Lincoln Park.

schaffenen Wertes sehnenden Stadtvolke, bietet der Park in Hülle und Fülle, wonach es Verlangen trägt. Dichtbelaubte Bäume werfen ihren Schatten über bequeme, zum Ausruhen einladende Sitzbänke; der schöne Partsee funkelt und glitzert im Sonnenschein und zahlreiche schmucke Kähne, die mit fröhlichen Menschen befrachtet sind, durchfurchen seine leichten Wellen. Im südwestlichen Theil des Parkes bilden vor allen Dingen der den Palmen und anderen Treibhauspflanzen, Gummibäumen und Century-Pflanzen, Magnolien und Begonien, Bananen- und Citronen-Bäumen, Farren, Orchideen, Cactuspflanzen u. s. w. Raum bietende Glaspalast und die sich davor ausbreitenden Blumenanlagen die Anziehungspunkte. Herr Johann Sell, der fähige Obergärtner, und seine Gehülfen schmücken die östlich vom Palmenhaus befindliche Rasenfläche jedes Jahr mit einer reizenden Blumenflora, deren kunstsinnige Veranlagung die Bewunderung Aller hervorruft. Außer den auf das Rasenparterre gezeichneten bunten Teppichbeeten verdienen auch die Remontant-Rosenbeete vor dem Gewächshaus einen Besuch.

Die im nordwestlichen Theile des Parks, südlich von Lakestraße, vor Kurzem erst gepflanzten Bäume und Büsche erfreuen sich allem Anscheine nach eines gesunden Wachsthums und auf den östlich gelegenen 40 Acres sind die Fahr- und Fußwege neu mit Kies befahren worden. Der breite Fahrweg, welcher als eine Fortsetzung des Douglas Boulevard zu betrachten ist und in der südwestlichen Ecke des Parks in Madisonstraße einmündet, ist 6 Zoll tief mit Lombard-Kies angefüllt worden. Auch an Washington Boulevard sind im vorigen Jahre allerhand Reparaturen und Abänderungen vorgenommen worden. Recht poesievoll gelegen ist der neue Musikpavillon, welcher an einer Stelle, wo der alte Parksee mit dem vor mehreren Jahren neu gegrabenen durch einen unterirdischen Canal verbunden wurde, auf einem mit Rosenbüschen bepflanzten Inselchen gebaut worden ist, welchem der bezeichnende Name „Rosen-Insel" beigelegt wurde und nach welcher der Weg nur über's Wasser führt, der natürlich vermittelst der Boote zurückgelegt werden muß. Das der Abhaltung von Park-Concerten gewidmete Inselchen befindet sich östlich von dem großen Pavillon und dem Bootlandungsplatz. Einen hübschen Anblick gewähren die vielen über den Park vertheilten großen Blumenvasen mit ihrem daraus hervorquellenden und ringsum herabhängenden Blüthenschmuck und Rankengewächsen. Es mag hier gleich erwähnt werden, daß Vasen und Blumentöpfe in unseren Parks und Gewächshäusern eine nichts weniger als unbedeutende Rolle spielen. Wie uns Hr. Mechwart, der Besitzer einer hiesigen Kunsttöpferei, mittheilte, fabrizirt er jährlich für den Gebrauch der hiesigen Parks allein nicht weniger als 150,000 Blumentöpfe der verschiedenen Größen, wobei aber die vielen zierlichen Vasen, Orchideen-Körbe, Samenkistchen, Hänge-Ampeln, Springbrunnen-Verzierungen und Figuren für Wasserfälle, die er den Parks (und Commissären) liefert, gar nicht mitgerechnet sind.

Blumenliebhabern ist zu rathen, sich die Mühe eines Ganges durch die zahlreichen Räume des Gewächshauses nicht verdrießen zu lassen. Neben einer reichen, von blendender Farbenpracht strotzenden Fülle von Blumen der bekannteren Gattungen finden sie hier auch Prachtexemplare von Palmen-, Feigen-, Bananen-, Citronen-, Orangen-, Kaffee-, Gummi- und anderen den Tropenwelt angehörenden Bäumen, prächtige Farren u. s. w. und last, but not least, eine interessante Sammlung von Orchideen, die auf Beschluß der Parkbehörde von nun an eine „Spezialität" des Gewächshauses im Garfield Park bilden sollen. Es sind jetzt etwa 300 Exemplare dieser monokotyledonischen Pflanzen- oder Schmarotzerfamilie hier beisammen, unter denen sich gelegentlich ganz besonders eine hohe Stengel treibende Oncidium Papilio von gelblich brauner Blüthe hervorthut, welch' Letztere eine getreue Nachbildung eines Nachtfalters ist; die langen Fühlhörner, der Kopf mit den hervorstehenden Augen, die Flügel, wie zum Fluge ausgebreitet —, der Leib, kurz Alles, was zu einem wohl ausgebildeten Nachtschmetterling gehört, ist, mit Ausnahme der Beweglichkeit, in dieser wundervoll zart duftenden Blüthe abconterfeit.

Sell's Orchideensammlung ist nach denen der Herren Chadwick und Uihlein wohl die reichhaltigste in Chicago und erhielt im Frühjahr 1892, nachdem Präsident Thompson von der Parkbehörde in Begleitung des Herrn Sell von einer Reise nach Florida zurückgekehrt war, reichen Zuwachs. Wie die meisten der größeren Sammlungen, zerfällt auch diese in Erd- und Baum-Orchideen, deren Befruchtung nur durch Insekten möglich ist. Was die Phantasie nur

Abenteuerliches zu erdenken vermag, es ist in den Blumen dieser Orchideen nachgeahmt und wenn in irgend welchen Pflanzengestalten die Natur sich in absonderlichen Spielereien verlor und, wie vom Widerspruch gereizt, in excentrischer Laune und Triebkraft immer weiter und weiter schweift, bis sie sich in den barocksten Formen erschöpfte, so geschah es in den wunderlichen Blüthen dieser Gewächse. Ost gigantisch groß, oft winzig klein, haben beide Formen, die terrestrische wie die parasitische, sich zu höchster Vollendung entwickelt, die hier gleich Vögel und Schmetterlingen in der Luft fliegen, dort ähnlich wie die schillernde Eidechse am Boden hinzukriechen scheinen. Hier sieht man sie als Nachtfalter aller Arten auf schlanken Stengeln sich wiegen, man möchte sie an den Flügeln fassen aber — es ist ja eine Blüthe! Dort zeigen sich Köpfe mit einem Helm bedeckt, hier wieder eine kreisende Fliege oder eine honigschlürfende Biene, da hockt gar auf schwankendem Halm ein kleines spielendes Aeffchen!

Die Orchideencultur ist in den letzten Jahrzehnten überall in die Oeffentlichkeit getreten; in fast allen Treibhäusern bilden sie den Brennpunkt der Sorge und Pflege, Laien und Kenner haben für diese Fremdlinge Interesse. Und in den Blumengebilden der Orchideen sehen wir nicht nur eine ideale Fülle von Formen, Farben und Düften vereint, sondern auch eine dem praktischen Leben zugekehrte Seite, denn sie wird dem Menschen nützlich durch Nährstoffe, liebliche Würze und Farbentinten, die sie darbietet. Wir können auch hier mit dem Dichter sagen:

"Jede sprossende Pflanze,
Die mit Düften sich füllt,
Trägt im Kelche das ganze
Weltgeheimniß verhüllt!"

Die schönsten Exemplare der von Herrn Sell cultivirten Orchideen sind besonders: Cattleya Gaskelliana, Cattleya Labriata, Saggolabium Coeleste, Maxillaria Variabilis, Cattleya Mossiae, Brassia Verrucosa u. a., deren Blüthen wie Aehren, Trauben und Rispen, wie kleine Frösche, zierliche Pfeifenköpfe und grünliche Eier, an den Stengeln sitzen oder hängen. Wieder andere der Blüthen ähneln einer dickbehaarten Hummel, dem Pantoffel eines feinen Frauenfußes, oder einer Taube mit ausgebreiteten Flügeln. Außer dieser höchst interessanten Orchideenfamilie findet der Pflanzenfreund hier noch viele andere seltene Gewächse; so z. B. Wachspflanzen mit honigtropfender Blüthe, Zwergobstbäumchen, unter denen sich ein Jamaica-Apfelbaum, ein Zuckerapfelbaum, ein Crotodills-Birnbaum u. s. w. befinden und die sammt mehreren Ananaspflanzen, Cocospalmen, Jucca-Palmen und werthvollen Sämereien aus Florida eingeführt wurden. In dem daranstoßenden Schauhaus erregt eine Riesen-Century-Pflanze lebhaftes Interesse, die ungefähr 30 Blätter bis zu 10 Fuß Länge besitzt und geeignet ist, als besonderes Schaustück zu glänzen. Garfield Park, wenn auch nicht so reich an landschaftlichen Schönheiten wie Humbold Park, zeigt dennoch dem, der darnach sucht, anmuthige Wäldchen, grüne Matten, lauschige Ruhebänke, wohlgepflegte Fahr- und Fußwege, herrliche Blumenbeete und einen sich weithin erstreckenden, zum Bootsfahren einladenden Parksee. Unter den neuen Verbesserungen, die kürzlich hier vorgenommen wurden, sind zwei neue Einfahrten, die eine von der Central Park Ave., die andere von Hamlin Ave. aus, eine neue Brücke aus Stein über das Gewässer nördlich von Lake Straße und ein steinerner Promenadenweg der Grenze des Parks an Madison Straße, Homan Ave. und Lake Straße entlang, zu nennen. Mit der Verwandlung der südlich von Madison Straße brach liegenden 72 Acres Parkland in grüne Wiesen zum Gebrauche von Ballspieler u. dgl. ist vor zwei Jahren schon der Anfang gemacht worden, doch sind die Arbeiten noch sehr weit zurück und man wird von Glück sagen können, wenn die Verbesserung noch dieses Jahr fertig gestellt werden sollte. Hier sowohl, wie auch im Humbold Park, hat das Gewächshaus einen aus Backstein und Glas bestehenden Anbau erhalten, welcher der Orchideen- und Rosencultur dienen soll. Daß Garfield Park seine Besucher hauptsächlich aus den Reihen der besser situirten Volksklassen erhält, geht deutlich aus dem Umstand hervor, daß hier sich die aus dem Verleihen von Ruderböten erzielten Einnahmen im vorigen Sommer auf $5,318.15 stellten, während im Douglas Park, nach dem doch eine weit größere Menge von Leuten strömt, als nach dem Garfield Park, nur $4,860.50 und im Humbold Park gar nur $3,919.50 vereinnahmt wurden.

Kapelle in Graceland.

Douglas Park.

Von den drei durch das Boulevard-System eng miteinander verbundenen Parks der Westseite erfreut sich der südlichste von ihnen, der Douglas Park, ebenso wie der Humboldt Park, der Auszeichnung, im wahren Sinne des Wortes ein Volks-Park zu sein, in welchem die Arbeiterfamilien der Südwestseite an Sommerabenden und an Sonntagen ihre Stunden der Erholung verbringen und sich am Anblick der holden Natur laben und erfreuen. Die von Garfield Park dorthin führende wohlgepflegte Fahrstraße heißt Douglas Boulevard, welche von Madisonstraße aus ihren Weg an der östlichen Grenze des Westseite-Driving-Park vorüber in südlicher Richtung bis zur 14. Straße nimmt, wo sie sich dann nach Osten dreht und in gerader Linie zum Douglas Park führt. Sie hat dieselbe Breite, wie der Central Boulevard, nämlich 250 Fuß und ist an beiden Seiten mit Bäumen bepflanzt, die prächtig wachsen und gedeihen. Zwischen Madison- und 14. Straße liegt der breite Streifen Grasland, der späterhin noch verschönert werden soll und mit dem eigentlichen Fahrweg zusammen die erwähnte Gesammtbreite ergiebt, an der östlichen Seite des Weges, während er von dort aus, wo sich direkt dem Douglas Park zugewendet und in östlicher Richtung sich hinzieht, südlich davon liegt. Da, wo er die Drehung macht, befindet sich ein artesischer Brunnen, welcher im Sommer den Wasserwagen, die den Fahrweg durch Besprengung von Staub frei halten, das Wasser liefert.

Der Brunnen wurde jüngst erst mit einer neuen Röhre aus galvanisirtem Eisen versehen, die in einer Länge von 1,454 Fuß an Stelle der alten, unbrauchbar gewordenen, in die Tiefe hinab gelassen wurde. Das daraus hervorströmende Wasser ergiebt 74 Gallonen in der Minute. Auf dem südlich von dem Fahrweg sich zum Douglas Park erstreckenden Streifen Boulevardlandes ist eine 40 Fuß breite Rennbahn östlich bis zur Albany Ave. — eine Strecke von ⅞ Meilen — ausgelegt und wird von dem Boulevard-Fahrweg durch einen breiten Rasenstreifen getrennt; an der nordwestlichen Grenze des Parkes mündet der Boulevard in den letzteren. Der Douglas Park hat viel Aehnlichkeit mit dem Humboldt Park, d. h. aber nur in so weit, als der prächtige, üppige Baumwuchs und die malerische Uferlandschaft des ausgedehnten Sees in Betracht kommen.

Man sieht auf den ersten Blick, daß auch hier bei der Veranlagung des Parks die Hand eines Meisters gewaltet hat, der es verstand, den Park mit der Poesie des Waldes auszustatten. Er ist schon seit einer Reihe von Jahren todt, der eigentliche Schöpfer der vielen reizvollen Landschaftsbilder im Douglas Park, Meister Aßmann, aber sein Werk wird ewig leben zur Freude der zahlreichen Stadtmenschen, die hier Schatten, Kühle und Erholung suchen. Die hell- und dunkelgrünen Prachtbäume stehen auch hier, wie im Humboldt Park, zu wirkungsvollen Gruppen vereint und bilden stellenweise mit ihren bis zur Erde herabhängenden Aesten ein undurchdringliches Dickicht, während sie anderen Zweige Fuß und Fahrwege beschatten und über ihnen sich zu einem schwellenden Laubdach verflechten, in welchem die gefiederten Sänger ihre Nester bauen. Ihre Wipfel aber schütteln die schattigen Bäume wie vor Freude und Lust, und selbst ernste alte Akazien und Ulmen, über deren Kronen schon gar mancher Winter mit eisigem Hauch hingezogen ist, schmücken in jedem neuen Frühjahr sich mit festlichem, jungfräulichem Gewand. Der See, der größte und schönste aller Westseite-Parks, — er bedeckt eine Fläche von 18 Acres — ist ringsum von stolzen Bäumen und blühendem Strauchwerk berändert und an Sonntagen mit nicht weniger als 80 Ruderbooten besäet, in denen fröhliche Menschenkinder den weit ausgedehnten Wasserspiegel nach allen Richtungen durchfurchen. Die das Ufer und die lauschigen, in tiefem Dunkel liegenden Buchten beschattenden Akazien und Ahornbäume, Eichen und Catalpen, sie spiegeln sich so gern in den silberhellen Fluthen des schimmernden Sees und beugen sich gar oft herab, bis ihre vordersten Zweige das krystallklare Wasser berühren und sich damit benetzen. Der See und die Waldlandschaft des Douglas Park besitzen in der That einen seltenen Reiz.

Einer oberflächlichen Schätzung nach, welche von Parkbeamten gemacht wurde, beträgt die Zahl der Parkbesucher an Sonntagen nicht weniger als 30,000. Angesichts der Thatsache, daß so große Mengen aus den niederen Schichten unserer Bevölkerung Douglas Park zum Lieblingsaufenthalt erkoren haben und dort die Stunden, in denen sie nicht dem Tagelohn nachzugehen brauchen, mit dem Genuß der Naturschönheiten verbringen, ist es um so erfreulicher, daß so große Sorgfalt darauf verwendet wird, dem Park die Reize zu erhalten, mit denen er von der gütigen Mutter Natur unter Beihülfe von Menschenhänden ausgestattet worden ist. Die Schaaren der Spaziergänger, die mit sonntäglich geputzten Frauen, Männern und Kindern gefüllten Fuhrwerke aller Gattungen, welche dicht hintereinander über die schön gebauten Fahrwege rollen, die auf den klaren Gewässern des See's in Kähnen sich schaukelnde fröhliche Jugend, sie alle, mit wenigen Ausnahmen, sind Bewohner des südwestlichen Stadttheils und zum größten Theil Eingewanderte, oder doch Kinder von solchen. Das größte Contingent zu der Menschenmasse, die sich an Sonntagen durch die Eingänge zum Park an 12. Straße und Ogden Avenue wälzt, stellt die deutsche und böhmische Bevölkerung der Südwestseite, wozu sich ein geringer Theil Scandinavier, Irländer, Polen und Amerikaner gesellt. Der Park enthält 200 Acres, von denen 18 vom See bedeckt werden. Wie groß die Zahl Derer ist, die eine Bootfahrt auf Letzterem an Sonntagen als angenehme Kurzweil und das Rudern als eine dem Körper zuträgliche Bewegung erachten, geht ziemlich deutlich aus den Einnahmen hervor, die an Gebühren für die Benutzung der Kähne erzielt werden. Gar oft, wenn der Park einen Durchschnittsbesuch aufzuweisen hat, beziffert sich der Betrag der Gebühren auf $250 bis $300.

Die Blumenzucht und Kunstgärtnerei im Douglas Park steht unter der fähigen Leitung des Obergärtners Carl Zapel, welcher früher im Humboldt Park angestellt war und in seinem Fach sehr tüchtig ist. Die Park Commissäre haben, indem sie Herrn Zapel für diese verantwortliche Stellung auswählten, einen glücklichen Griff gethan. Davon legen die vor dem Gewächshaus und am Eingang von 12. Straße sich ausbreitenden Blumen-Anlagen den deutlichsten Beweis ab, denn sie zeigen nicht nur, daß bei der Anpflanzung der verschiedenen Kunstbeete ein gediegener Geschmack und eine richtige Beurtheilung der Farbeneffekte obwalteten, sondern auch, daß Herr Zapel dem Fortschritt huldigt und den Besuchern des Parks Gelegenheit zu geben wünscht, ihre Augen einmal an etwas Anderem, als den altherkömmlichen Formen der Beete, wie sie sich hier Jahr aus, Jahr ein, dem Blicke darboten, zu weiden.

Eine Neuerung hat Herr Zapel durch die Aufstellung einer Gruppe von tropischen Gewächsen im Freien eingeführt, und in jedem Sommer ist die ausgedehnte Fläche, welche in der Umgebung des alten Gewächshauses ihre Blumenpracht entfaltet, der buntgestickte, sammetweiche Rasenteppich, so bilderreich und anmuthsvoll gestaltet, daß man sich nur ungern von diesem farbenglühenden Blumenparadies trennen mag.

Auch am Eingang von 12. Straße legt Herr Zapel alljährlich Proben seiner Kunstfertigkeit ab, indem er dort in der Mitte hübsche Teppichbeete pflanzt und mit einer Blumenanpflanzung westlich davon, an der anderen Seite des um das Rondell führenden Fahrwegs, einen lieblichen Hintergrund für das Ganze bildet, hergestellt aus hochaufgeschossenen Malven, mächtigen Vasen und sonstigen Zierpflanzen.

An den Parkanlagen, soweit sie sich auf die Baumpflanzungen und deren Gruppirung beziehen, ist in früheren Jahren in Ermangelung eines erfahrenen Landschaftsgärtners viel gesündigt worden, und obwohl in neuerer Zeit, und besonders unter der Oberaufsicht des jetzigen sehr tüchtigen Superintendenten W. Gleason, eifrig darnach getrachtet wurde, die früher begangenen Fehler wieder gut zu machen, werden die Resultate dieser Bestrebungen erst nach Jahren sich deutlich zu erkennen geben.

Von weitgehender Bedeutung für das Publikum erweisen sich die südlich von Ogden Ave. vor drei Jahren in Angriff genommenen neuen Anlagen, die sich terrassenförmig um das dortselbst neu erbaute, „Wintergarten" benamste Gewächshaus herum ziehen und auch einen See in sich schließen, welcher durch einen unter der Ogden Ave. hindurch zu führenden Canal mit dem ursprünglichen See im nördlichen Theile des Parks verbunden werden soll. Seit vorigen Sommer sind die Arbeiten

Das Innere der Kapelle in Graceland.

an den neuen Anlagen wenig gefördert worden„ doch es ist begründete Aussicht vorhanden, daß die Besucher des Parks im Laufe dieses Sommers das Werk rüstig voran schreiten sehen werden, wenn es auch nicht zur Vollendung gebracht werden kann. Soweit sich jetzt schon ein Urtheil über das hier bereits Vollendete und das seiner Vollendung entgegen Gehende fallen läßt, kann die Behauptung aufgestellt werden, daß das hier im Werden begriffene Stück Parklandschaft nach seiner Fertigstellung mit zu dem Schönsten und Wirkungsvollsten wird gerechnet werden müssen, was das vielgerühmte Parksystem Chicago's aufzuweisen hat. Die Verbesserungen erstrecken sich über ein 80 Acres großes Gebiet, von denen nahezu die Hälfte, der nördliche Theil, bis auf Weniges fertiggestellt ist; der neue See wird eine 10 Acres große Fläche bedecken und seinen Bootlandungsplatz am nördlichen Ufer, am südlichen Fuße der Gewächshausterrassen, haben, nach welchem von dort aus eine breite ornamentale Steintreppe führt. Dreißig Acres von den neuen Anlagen sind mit ungefähr 1000 Schattenbäumen und zahlreichen Ziersträuchern bepflanzt worden, die auch über die Terrassen vertheilt sind. Die höchste, südliche derselben, ist an beiden Seiten der Bootlandungstreppe mit einem zierlichen Steingeländer in Bogenform eingefriedigt, hinter welchem sich bequeme Ruhebänke entlangziehen, von denen aus man dann eine reizende Uebersicht über den spiegelklaren See, die Uferlandschaft auf der gegenüberliegenden Seite und den Lilienteich zur rechten Hand wird gewinnen können. An den Terrassen entlang schlängeln sich schön geebnete Fußwege, zum Theil mit Kies bedeckt, zum Theil aus künstlichen Steinfliesen bestehend, und von der Ogden Ave. aus führt ein imponirender, 40 Fuß breiter Eingang hinauf zu dem Gewächshaus. Zuerst kommt man an einem 20 Fuß breiten, in der Mitte von zwei je 10 Fuß breiten Cementwegen liegenden Geranienbeet vorüber und befindet sich dann am Fuße einer die ganze Breite des Aufganges einnehmenden Steintreppe, die an beiden Seiten von großen Centurypflanzen und tropischen Blattgewächsen umrahmt ist; am oberen Ende der Treppe ist für einen kunstvollen Springbrunnen Fürsorge getroffen worden.

Selbstverständlich wird der einen sehr gediegenen Geschmack bekundende Obergärtner Zapel auf den neuen Anlagen sein Licht nicht unter den Scheffel stellen, sondern voraussichtlich glänzende Proben seiner Geschicklichkeit in der Kunstgärtnerei, der Herstellung von plastischen Blumengebilden und Teppichbeeten, ablegen. Ueber das neue Gewächshaus, den Mittel- und Höhepunkt der neuen Seelandschaft, ist weiter nichts zu sagen, als daß es, trotzdem die Kosten sich dafür bedeutend höher stellten, als die für die Palmenhäuser im Garfield und Humboldt Park, bei Weitem nicht einen so vortheilhaften Eindruck macht, als irgend eines der beiden letztgenannten; es harmonirt ganz und gar nicht mit seiner reizenden Umgebung, es entbehrt mit einem Wort aller architektonischen Schönheit und sieht plump und „gedrückt" aus.

Das Gebäude ist 178 Fuß lang und mißt in seiner größten Breite 62 Fuß; es besteht aus einem Mittel-Pavillon von 40 Fuß im Geviert und zwei Flügeln, die an der östlichen und westlichen Seite in je ein gleichseitiges Kreuz auslaufen, dessen Querbau eine Größe von 62 bei 30 Fuß hat. In den Mittelbau gelangt man vom Norden und Süden aus durch geräumige Vorhallen, von denen die nördliche (nahe Ogden Ave.) das Bureau des Obergärtners, Damenzimmer und die nach dem Erdgeschoß und nach der über der Vorhalle befindlichen Gallerie führenden Treppen enthält. Nur der westliche Flügel enthält Erdgeschoß-Räumlichkeiten, worin sich die Heiz Apparate, Wasser-Closets für Herren und Vorrathskammern für Arbeitsgeräthschaften, Blumentöpfe u. s. w. befinden. Die über diesem Erdgeschoß gebaute Decke ist aus Eisenbalken und Ziegeln hergestellt, und die in diesem Flügel aufbewahrten Gewächse sind nur solche, die in Behältern wachsen, während die für den Mittelbau und den östlichen Flügel bestimmten zum größten Theile direkt in den Boden gepflanzt werden. Hier werden die größten der tropischen Gewächse, wie Palmen, Farrenbäume, tropische Obstbäume, medizinische Pflanzen und Zierpflanzen der Pflege des Obergärtners anheim gegeben. Im östlichen Flügel ist ein Behälter von 24 Fuß im Durchmesser aufgestellt und in diesem eine "Victoria Regia" und andere seltene Lilien gepflanzt. Das ganze Gebäude ist aus Glas, Steinen und Eisen aufgeführt.

Einen bemerkenswerthen Erfolg hat Hr. Zapel mit der Zucht von süßduftenden Rosen zu verzeichnen gehabt, Rosen, wie sie mannigfaltiger und edler geformt, in keinem anderen unserer Parks zu finden sind. Man scheint im Douglas Park die bevorzugte Stellung, die die Rose als „Königin der Blumen" einnimmt, im vollen Umfang zu würdigen. Obwohl nun die Blumen im Douglas Park, wie in den übrigen Parks, an der landschaftlichen Scenerie nur in bescheidenem Maße theilnehmen und für die allgemeine Anordnung nicht bestimmend sind, so bilden sie dennoch einen wesentlichen und ergänzenden Theil derselben, da sie ihr durch ihren Farbenschmuck erst die rechte Weihe geben und bedeutend zur Vollendung des Ganzen beitragen. Da es nothwendig wurde, die alten Gewächshäuser abzutragen und den dann frei werdenden Boden für Blumenanlagen zu benutzen, sind an der California Ave., nahe 18. Straße, an der südöstlichen Parkgrenze, neun neue Vermehrungs- und Treibhäuser gebaut worden, die sich sämmtlich an einen größeren Bau, Geschäftszimmer, Vorrathskammern und dergleichen enthaltend, anschließen. Von den übrigen in jüngster Zeit fertig gestellten oder in Angriff genommenen Verbesserungen verdient in erster Reihe erwähnt zu werden, daß der oberhalb des Boot-Landungsplatzes stehende Pavillon außen herum durch den Bau weiterer Altane und im Innern durch Hinzufügen eines neuen Speisesaales, mehrerer Damenzimmer und einer neuen Küche vergrößert und mit Dampfheizung versehen worden ist.

Dem Pavillon gegenüber, am jenseitigen westlichen Ufer des See's, ist ein schmucker Musikpavillon zur Abhaltung von Frei-Concerten gebaut und nahe dem nördlichen Eingang zum Park, ganz in der Nähe des artesischen Brunnens, erhebt sich ein aus Stein und Ziegeln zusammengefügter, mit einem rothen Schieferdach bedeckter Neubau, welcher Retiraden für männliche Parkbesucher enthält und von einem Wärter beaufsichtigt wird. Ein ähnlicher Bau für Frauen und Kinder ist dem alten Gewächshaus gegenüber errichtet worden, welcher auch ein geräumiges Waschzimmer enthält und dessen Schieferdach von zwei Kuppeln geziert ist. Sämmtliche hier angeführte Neubauten und bauliche Verbesserungen erforderten einen Kostenaufwand von $17,000. Der das Verbindungsglied zwischen dem Boulevard-System der Westseite und dem der Südseite herstellende Südwest Boulevard ist nun macadamisirt und mit einer steinernen Einfassung versehen worden. Er nimmt folgenden Weg: Vom südlichen Ende des Parks, die 19. Straße, südlich bis zur 24. Straße, in dieser östlich bis California Avenue, dann wieder südlich bis zur 30. Straße, wo er mittelst einer Brücke über den westlichen Arm des südlichen Flußzweiges führt; von hier geht er weiter südlich bis zur 31. Straße, und dann östlich bis zur Western Avenue, deren Boulevard zum Südpark-System gehört und südlich von der 32. Straße den Illinois und Michigan Canal kreuzt; eine Brücke ist hier von der Südpark-Verwaltung gebaut, während der Bau derjenigen über dem Flußarm von der Behörde der Westparks übernommen wurde. Beide Brücken werden zweifelsohne in nahe bevorstehender Zeit fertig sein, sodaß dann eine ununterbrochene Boulevard-Fahrt von dem nördlichen Endpunkt des Humboldt-Boulevard bis nach dem Washington Park und dem Weltausstellungsplatz des Jahres 1893 gesichert sein wird.

Einfahrt zum Friedhof Graceland.

Die Boulevards.

Die gesammte Boulevardkette auf der Westseite hat eine Länge von 21¾ Meilen und zerfällt in folgende Strecken und Flächengebiete: Humboldt Boulevard — 250 Fuß breit, 13,238 65.100 Fuß lang, Flächeninhalt 90 Acres; Central Boulevard — 250 Fuß breit, 7,979 1.10 Fuß lang, 47 Acres; Douglas Boulevard — 250 Fuß breit, 8,267 Fuß lang, 50 Acres; Southwestern Boulevard — 250 Fuß breit, 11,148 Fuß lang, 75 Acres; Washington Boulevard — 66, 80 und 100 Fuß breit, nahezu 8 Meilen lang (führt jetzt bis nach Oak Park); Ashland Boulevard — 100 Fuß breit, 1 Meile lang; Boulevard an 12. Straße — 70 Fuß breit, ⅗ Meile lang; Boulevard an Ogden Ave. — 70 Fuß breit, 1½ Meilen lang; Boulevard an Jackson Straße — 66, 73 und 80 Fuß breit, 3½ Meilen lang.

Das Flächengebiet der gesammten Parks auf der Westseite enthält annähernd 606 Acres, die sich folgendermaßen vertheilen:

Humboldt Park — 200,62.100 Acres; Garfield Park 185,87.100 Acres; Douglas Park — 179,78.100 Acres; Wicker Park — 4,89.100 Acres; Union Park 15,80.100 Acres; Jefferson Park 5,42.100 Acres; Vernon Park 4,51.100 Acres; Campbell Park ½ Acre.

Nach Einfügung der noch fehlenden Bindeglieder wird der Boulevardgürtel um unsere Stadt eine Gesammtlänge von 46¼ Meilen haben, die sich wie folgt vertheilen:

	Meilen.
Humboldt Boulevard	2.50
Central "	1.50
Douglas "	2.25
Südwest "	2.11
12. Straße und Ogden Ave. Boulevard	2.00
Ashland Ave. Boulevard	1.33
Washington Boulevard (bis Harlem Ave.)	8.00
Jackson Boulevard	3.50
Western Ave. Boulevard	2.81
Garfield Boulevard	3.50
Midway Plaisance (60. Straße.)	1.10
Drexel Boulevard	1.58
Grand Boulevard	2.00
Oakwoods Boulevard	50
35. Straße	32
Michigan Avenue Boulevard	5.73
57. Straße Boulevard	03
Von Michigan Avenue und Randolph Straße nördlich bis Pearson Straße, dem südlichen Endpunkt des Seeufer Corso's auf der Nordseite	1.00
Seeufer Corso nördlich bis Diversey Str.	2.25
Diversey Straße bis zum Fluß	2.25
Zusammen Meilen	46.26

Die den einzelnen Parkbehörden zur Verwaltung untergestellten Parks sammt den von der Stadtverwaltung unterhaltenen kleineren, mit Bäumen bepflanzten

Plätzen zwischen den Häuserreihen, haben, ohne Boulevards, einen Gesammt-flächeninhalt von 2021½ Acres. Diese vertheilen sich folgendermaßen:

Aldine Square	....	1.44
Campbell Park	....	.05
Congreß „	....	.07
Dearborn „	....	1.43
Douglas „	....	179.79
Douglas Monument Platz	....	2.02
Ellis Park	....	3.38
Gage „	....	20.00
Garfield „	....	185.87
Groveland „	....	3.04
Holstein „	....	2.03
Humboldt „	....	200.62
Jackson „	....	586.00
Jefferson „ (Stadt)	....	5.05
Jefferson „ (im Town Jefferson)	....	5.00
Lake Front „	....	41.00
Lincoln „	....	300.00
Logan Square	....	4.25
Midway Plaisance	....	80.00
Oak Park	....	0.25
Sheets „	....	1.00
Union „	....	14.03
Union Square	....	.05
Vernon Park	....	4.00
Washington Park	....	371.00
Washington Square	....	2.25
Wicker Park	....	4.00
Woodlawn Park	....	3.86
	Zusammen Acres	2,021.48

Behufs Ankaufs des Landes im Enteignungsverfahren für die großen, von den Park-Commissären verwalteten Parks, sind ursprünglich $5,631,581.77 verausgabt worden; von dieser Summe entfielen $1,082,560.04 auf die Westparks, $1,271,174.82 auf Lincoln Park und $3,277,846.91 auf die Südparks. In dem für die Westparks namhaft gemachten Betrag ist die Summe nicht mit einbegriffen, die für das vom Südwest-Boulevard benutzte Land verausgabt wurde und deren Höhe mir zur Zeit nicht bekannt ist.

G. E. Dreher's Wohnhaus nahe Lincoln Park.

Verzeichniß der West Park Commissäre.

Das Folgende ist ein Namens-Verzeichniß der West Chicago Park-Commissäre, die seit der Gründung dieser Behörde bis zum heutigen Tage vom Gouverneur ernannt worden sind:

Name des Commissärs.	Tag der Ernennung.		Amtszeit.	
Philetus W. Gates*	20. April	1869	1	Jahr.
Henry Greenebaum	20. April	1869	3	Jahre.
Charles C. P. Holden	20. April	1869	2	"
Clark Lipe*	20. April	1869	7	"
Isaac R. Hitt	20. April	1869	6	"
Eben F. Runyan	20. April	1869	5	"
George W. Stanford	20. April	1869	4	"
David Cole*	15. Juli	1869	8	Monate.
David Cole*	1. März	1870	7	Jahre.
Charles C. P. Holden	28. Februar	1871	7	"
Henry Greenebaum	21. März	1872	7	"
Emil Dreier	19. März	1873	2	"
George W. Stanford	19. März	1873	7	"
Eben F. Runyan	5. März	1874	7	"
Alden C. Millard	24. April	1875	7	"
Louis Schultz	24. April	1875	2	"
Clark Lipe*	1. März	1876	7	"
J. F. Adolf Munß*	30. September	1876	4½	"
Willard Woodard*	8. October	1877	7	"
S. H. McCrea*	8. October	1877	2	"
Peter Schüttler	11. October	1877	4	Monate.
Emil Wilken	11. October	1877	5	Jahre.
Sextus N. Wilcox*	11. October	1877	6	"
C. E. Wood	11. October	1877	4	"
John Brenock	20. October	1877	4	Monate.
John W. Bennett	24. November	1877	2½	Jahre.
John Brenock	2. März	1878	7	Jahre.
Georg Rahlfs	6. März	1879	1	Jahr.
S. H. McCrea*	24. April	1879	7	Jahre.
Georg Rahlfs	1. März	1880	7	"
Consider B. Carter	19. April	1881	7	"
J. Frank Lawrence	8. Juli	1881	2	"
Harvey L. Thompson	1. März	1882	7	"
Patrick McGrath	15. Februar	1883	1	Monat.
Patrick McGrath	8. Mai	1883	7	Jahre.
David W. Clark	15. August	1883	3	"
Christian C. Kohlsaat	26. November	1883	4½	"
H. S. Burkhardt	7. März	1884	7	"
Christoph Tegtmeyer, Sr.*	12. März	1885	7	"
George Mason	6. März	1886	7	"
Willard Woodard*	19. April	1886	6	"
Fred. M. Blount	22. April	1887	7	"
Christian C. Kohlsaat	26. März	1888	7	"
Harvey L. Thompson	20. April	1889	7	"
C. K. G. Billings	20. April	1889	10	Monate.
C. K. G. Billings	19. März	1890	7	Jahre.
John Kralovec	10. Mai	1890	5	"
H. Weinhardt	18. März	1891	7	"
J. L. Fulton	22. Mai	1891	9	Monate.
J. L. Fulton	24. März	1892	7	Jahre.

J. W. Garvey,   J. J. Townsend,
Carl Moll,   E. J. Brodowski, } Ernannt am 14. März 1893.
A. J. Graham.

* Gestorben.

Wohnhaus des Westpark-Commissärs Hermann Weinhardt nahe Wicker Park.

Chicago's Beerdigungsplätze.

Einleitung.

Unter allen civilisirten Völkern, von den ältesten Zeiten bis zum heutigen Tage, ist auf die Begräbnißplätze der Verstorbenen seitens der Lebenden viel Sorgfalt und Pflege verwendet worden. Die durch die Schmückung der Gräber lieber Freunde und berühmter Persönlichkeiten zum Ausdruck gebrachte Liebe, Anhänglichkeit und Verehrung, waren besonders in alten Zeiten scharf hervortretende Merkmale des menschlichen Charakters und bildeten gewissermassen den Gradmesser der Civilisation, deren die Lebenden sich erfreuten. Es ist ein großes, wenn auch mit Wehmuth vermischtes Vergnügen, sich an der Ruhestätte des vom Tode abberufenen lieben Freundes oder Verwandten in stillen Betrachtungen zu ergehen und dem Grabhügel die Sorgfalt angedeihen zu lassen, die von der innigsten und reinsten Liebe, deren das menschliche Herz fähig ist, diktirt wird.

Der geschmackvollen Veranlagung und Schmückung von Friedhöfen wird in vielen Ländern Europa's große Aufmerksamkeit gewidmet, doch hat Amerika in dieser Hinsicht in der zweiten Hälfte des jetzigen Jahrhunderts so riesige Fortschritte gemacht, daß unser Land jetzt in Bezug auf Schönheit der Friedhofs-Anlagen, wie sie sich in den größeren öffentlichen Gottesäckern der verschiedenen Städte der Union dem Auge zeigen, unübertroffen dasteht. Die Veranlagung unserer großen Volksparks hat nicht verfehlt, einen heilsamen Einfluß auf den Geschmack und die Gewohnheiten der Landschaftsgärtner auszuüben, die mit der Auslegung von öffentlichen Friedhöfen und deren Verschönerung und Instandhalten betraut worden sind oder betraut werden, wofür am deutlichsten die Thatsache spricht, daß in den neueren Theilen älterer Friedhöfe, in denen es viele Jahre hindurch gestattet wurde, Gräber mit unförmlichen Eisenzäunen oder hohen Steineinfassungen einzufriedigen, jetzt das sogenannte "Lawn"- oder Park-System zur Anwendung gebracht wird, welches der Stätte des ewigen Friedens, soweit diese innerhalb der neuen Anlagen liegt, ein freundlicheres Gepräge verleiht und einen erquickenden Gegensatz bildet zu dem düsteren Bilde, welches uns aus dem oft in den dunklen Schatten der eng aneinander gepflanzten Trauerweiden und anderer Bäume und Büsche liegenden älteren Reviere des nämlichen Friedhofes entgegentritt, wo ein wirres Durcheinander von verwitterten Zäunen und plumpen Steinrändern, allgemeine Geschmacklosigkeit, vorherrschend sind, wo sich uns der Tod in seiner abschreckendsten Gestalt zeigt. Es gibt natürlich gar viele Leute, welche einen im tiefen Schatten von Bäumen liegenden, von schnurgraden Gängen und Wegen durchzogenen, mit altmodischen Zäunen reich ausgestatteten, im Uebrigen aber an zierlichen Grabdenkmälern oder landschaftlichen Reizen recht armen Friedhof als den geeignetsten Platz behufs Bestattung ihrer Todten ansehen; sie sind der Meinung, daß der allgemeine Charakter eines Friedhofes, das von ihm dargebotene Gesammtbild, dazu angethan sein müsse, der Trauer, welche das Herz des am Grabe eines verstorbenen theuren Angehörigen Knieenden erfüllt, womöglich noch einen recht bitteren Beigeschmack zu geben und sie während des Aufenthaltes auf dem Kirchhof recht fest in der Brust zu bannen. Warum aber das? Ist es nicht ein hervorragender und schöner Charakterzug des fühlenden Men=

schen, seinen Nebenmenschen, wenn Kummer und Trübsal über sie hereinbricht, tröstend zur Seite zu stehen und bestrebt zu sein, sie in ihrem Mißgeschick aufzurichten? Wenn solche Nächstenliebe Menschenpflicht ist, warum sollten Friedhofsverwaltungen nicht auch die Verpflichtung fühlen, die Besuche, welche von den Hinterbliebenen der dort schlummernden Verstorbenen deren Gräbern abgestattet werden, für die Trauernden zu minder schweren Gängen, zu Quellen des Trostes zu gestalten? Und dem Grame und der Trauer, welche bei dem Hinscheiden eines theueren Angehörigen unsere Seele bewegen, wird, das wissen viele von uns aus Erfahrung, ein großer Theil ihrer Herbe und Bitterkeit geraubt, wenn bei unseren Wallfahrten nach dem geliebten Grabe uns unser Weg durch einen Friedhof führt, auf welchem allenthalben saubere Rasenflächen, schönfarbige Blumen uns entgegen schimmern, wo es der Sonne hier und da gestattet ist, ihre goldenen Strahlen über Gräber und Blumen zu breiten, und wo die Stätte des Friedens uns nicht eine traurigdüstere, sondern eine freundliche, trostspendende Miene zeigt.

Blumen und blühende Sträucher sind nirgends mehr am Platze, als auf einem Friedhofe und den Deutschen muß es zur Ehre angerechnet werden, daß sie dieser schönen Sitte in ausgeprägtem Maße huldigen. Sie geben durch die Schmückung der Gräber mit lieblichen Kindern der Flora ihrer Liebe und Anhänglichkeit an die unter dem Grabhügel Schlummernden in pietätvoller Weise Ausdruck und wenn sie der Friedhofsverwaltung die vorschriftsmäßige geringe Gebühr für das Bewässern der Blumen und Instandhalten des Grabes entrichten, handeln sie weit klüger, als die nicht geringe Anzahl Derjenigen, welche Unsummen für schlecht und mangelhaft ausgeführte Monumente herausgaben.

Alle unsere größern Friedhöfe weisen einen Reichthum von zum Theil sehr kostbaren Grabmonumenten auf, unter denen nicht wenige sich befinden, die Meisterwerke der Modellir- und Bildhauerkunst genannt zu werden verdienen. Die Mehrzahl der Grabdenkmäler aber sind Obelisken mit und ohne Urnen. Warum diese (wohl in Aegypten zuerst aufgekommenen) oft hoch in die Lüfte ragenden Obelisken sich einer so allgemeinen Beliebtheit erfreuen, daß sie zu Tausenden in unseren Gottesäckern Platz gefunden haben, ist schwer erklärlich; man sollte beinahe meinen, der Obelisk mit Urne sei das Sinnbild der amerikanischen Religion.

In alten Zeiten, als die Griechen, Römer und andere Völker der Leichenverbrennung huldigten, hatte die Urne ihre Berechtigung, was könnte jetzt aber, wo unsere sterblichen Ueberreste dem Schooße der Erde übergeben, in das Grab gesenkt werden, diese Urnen für eine Bedeutung haben, die nicht nur nicht die Asche von Verstorbenen enthalten, sondern nichts weiter sind, als ein Steinkloß, dem äußerlich die Form einer Urne gegeben ist, der aber weder Asche noch sonst etwas in sich aufzunehmen vermag?

Der Obelisk selbst aber entbehrt aller Symbolik und kann allenfalls durch die bedeutende Höhe imponiren, welche manche von ihnen aufzuweisen haben und durch den Werth des darin enthaltenen Granits.

Hölzerne Grabschilder und Kreuze sind auf den älteren Kirchhöfen, besonders aber auf deutschen Gemeinde-Friedhöfen, vorherrschend, wo die Aufstellung von kostbaren Monumenten sich deshalb nicht als rathsam erweist, weil dort wegen Beschränktheit des Terrains die Gräber nach einer kurzen Reihe von Jahren in der Mehrzahl der Fälle von Neuem verkauft und wiederum zu Beerdigungszwecken verwendet werden.

Doch um wieder auf die freundliche Veranlagung und geschmackvolle Verzierung der Friedhöfe zurückzukommen, so muß anerkannt werden, daß es unter den Todtenstädten Chicago's nur wenige gibt, die nicht Anspruch darauf erheben können, „Gärten der Todten" genannt zu werden, denn das sind sie im wahrsten Sinne des Wortes.

Es ist ja ohnehin schlimm genug, daß wir die Ueberreste der uns im Leben theuer und lieb gewesenen Freunde und Anverwandten tief in der Erde bergen und uns mit dem Gedanken tragen müssen, daß die Lippen, die wir so oft geküßt, die Hände, die wir so oft in unsern hielten, dort unten in der kalten, feuchten Erde liegen und den Würmern zur Speise dienen; darum lasset uns thun, was in unseren Kräften steht, um diesen Gedanken erträglicher zu machen und von den Stätten, auf denen sich die Grabhügel wölben, und auf denen auch wir einst in die Erde gebettet werden, Alles fern zu halten, was uns mit Grauen erfüllen und in uns die natürliche Furcht vor dem Tode noch kräftigen könnte.

Graceland. — Das von Charles Wacker seinen Eltern Friedrich und Catharine Wacker gesetzte Denkmal.

Friedhofstimmen.

1. Petri 1, 24.
Denn alles Fleisch ist wie Gras
Und alle Herrlichkeit des Menschen wie des Grases Blume.

Nur wie im Traum, in Phantasie'n verloren,
Verirrt' ich mich zu dieses Garten Thoren;
Weß ist dies Feld, wem grünet dieser Boden?
— „Den Todten."

Was schauderst du, mein Fuß, hineinzutreten?
Wie grünt's und blüht's in diesen Rosenbeeten!
Woher das Oel zu all' den süßen Düften?
— „Aus Grüften."

Sieh' hier, o Mensch, wo deine Pfade enden,
Ob schlangengleich sie durch die Welt sich wenden;
Zu Füßen flüstert's dir aus welkem Laube:
— „Im Staube!"

Wo sind sie all', die wechselnden Geschicke,
Der Erdenpilger kurzes Lebensglücke?
Auf diesen Grabeskreuzen kannst du's lesen:
— „Gewesen!"

Wo sind die Herzen, die in Erdentagen
So bang' in Leid, so hoch in Lust geschlagen,
Die einst so heiß in Lieb' und Haß gelodert?
— „Vermodert!"

Wo sind die holden, blühenden Gestalten,
Die froh die Welt im Sonnenschein durchwallten?
Was decken diese moosbewachs'nen Steine?
— „Gebeine!"

Wo sind die Starken, die durch's Leben stürmten
Und himmelan die stolzen Pläne thürmten?
Dort von der Friedhofsmauer krächzen Raben:
— „Begraben!"

Wo sind die Theuern, denen beim Versenken
Die Liebe schwur ein ewig Angedenken?
Leis' flüstern diese düsteren Cypressen:
— „Vergessen!"

Und sah denn Niemand, wo sie hingegangen?
Reicht über's Grab kein noch so heiß Verlangen?
Die finstern Häupter schütteln jene Fichten:
— „Mit nichten!"

Der Abendwind seufzt kläglich in den Bäumen,
Mein Geist versinkt in schwermuthsvollen Träumen,
Das Spätroth bleicht, schon dämmert's trüb und trüber:
— „Vorüber!"

Karl Gerok.

Graceland.

Ehe noch das Jahr 1894 sein Ende erreicht haben wird, wird die Zahl der stillen Bewohner der Todtenstadt G r a c e l a n d 63,000 erreicht haben.

Dieser Friedhof gilt mit Recht als der schönste unter seinen hiesigen Brüdern und nimmt einen ähnlichen Rang ein, wie Greenwood in Brooklyn, Spring Grove in Cincinnati, Forest Hill oder Mt. Auburn in Boston. Unter den 500 größeren Friedhöfen dieses Landes giebt es nur eine geringe Anzahl, die mit Graceland hinsichtlich der landschaftlichen Veranlagung und der Pracht der Monumente in eine Reihe gestellt werden kann, doch die bedeutsamsten Schöpfungen, welche von der Landschaftsgärtnerei dort vollbracht wurden, gehören der neueren Zeit, den letztverflossenen 15 Jahren an.

Nach Graceland gelangt man am leichtesten, wenn man die Kabelbahn der Nord Clarkstraße und von deren nördlichem Endpunkt aus die sich dort anschließenden Pferdebahnwagen benutzt. Ferner gelangt man mit der Chicago & Evanston Bahn, deren Züge vom Union=Bahnhof an Canal= und Madisonstraße abfahren, dorthin.

Als der Friedhof, welcher eine Größe von ungefähr 230 Acres hat, im Jahre 1860 seinem Zwecke übergeben wurde, war es noch Mode, die Familien=Begräbnißplätze mit niedrigen Steinmauern, mit eisernen oder natürlichen Zäunen einzufriedigen und sie, je nach den Vermögensverhältnissen der Besitzer, mit Monumenten und Grabsteinen mehr oder weniger reichlich zu verzieren. Auf diese Weise wurden ungefähr 50 Acres von dem gesammten Terrain verunziert. Damals natürlich war dieses System noch nicht als ein Mißgriff erkannt worden, der fiel erst später, als die Anmuth und die Reize des von dem leider zu früh verstorbenen Landschaftsgärtner Strauch eingeführten und allenthalben mit aufrichtiger Freude bewillkommneten Parksystems sich entfaltet hatten, deutlich in die Augen. Was aber nun in Befolgung des Letzteren auf der größeren östlichen Hälfte von Graceland vollbracht worden ist, berechtigt dazu, Graceland das Ideal eines öffentlichen städtischen Friedhofs zu nennen, wo die Natur abwechselnd ernste und freundliche bilderreiche Effekte erzeugt, den Eindruck der Ruhe und des Friedens hervorrufende Fernsichten geschaffen hat; wo der künstliche, architektonische Schmuck nur ganz bescheiden den Wunsch zu erkennen giebt, zu zeigen, was Kunst und das Handwerk hervorzubringen vermögen, sich aber sonst der Natur unterordnet.

Der Hauptreiz des „neuen Graceland" besteht in dessen sich weithin erstreckenden wellenförmigen Rasenflächen, die herrliche grüne Teppiche bilden, von denen sich der Blumenschmuck der niedrigen, frei sich mit dem Rasen verbindenden Grabhügel wie bunte Stickereien abheben. Nichts ist mit der Einfachheit und der Erhabenheit zu vergleichen, die uns aus diesem ernst-heiteren Bilde entgegen leuchten, weder die herrlichen, dichtbelaubten Bäume und Büsche, welche hier und da ihren Schatten über die wohlgepflegten Schlummerstätten der Todten breiten, noch die farbenglühenden Blumen und Sträucher, die auf den mit Thränen benetzten Grabhügeln blühen. Es ist das ernste Bestreben des jetzigen Friedhofs=Directors, des Herrn O. C. S i m o n d s, der Uebertreibung, welche in Betreff der künstlichen Verzierung von Grabstätten in so umfangreichem Maße geübt wird, einen Damm entgegen zu setzen und den Leuten die Ueberzeugung beizubringen, daß ein Zuviel in dieser Richtung der Welt wohl von dem Reichthum, den der Verstorbene zurücklassen mußte, erzählt, nicht aber Kunde ablegt von Bildung und edlem Geschmack.

Auch den geometrischen Teppichbeeten auf Gräbern soll, da sie nicht im Einklang stehen mit der Heiligkeit des Platzes und zu sehr an einen Lustgarten erinnern, der Krieg erklärt werden, kurz, die für den parkähnlichen Theil Graceland's erlassenen Vorschriften lassen sämmtlich die Absicht der Verwaltung erkennen, ein enges Zusammensetzen von Monumenten und Grabsteinen, die in der Mehrzahl sich an Form und Größe gleich sehen, nicht mehr zu gestatten, die Aufstellung von hohen Denkmälern dort so viel als möglich zu beschränken.

Im Friedhof Graceland.

Ein sehr anerkennenswerther Fortschritt in der allgemeinen Verschönerung des Friedhofs, ein nachahmenswerther Schritt, ist dort kürzlich auf dem südöstlichen, für Einzelgräber bestimmten Theil zu verzeichnen gewesen. Dort befanden sich, wie das leider auch auf anderen Kirchhöfen mehr oder weniger der Fall ist, zahlreiche Gräber, um die sich seit Jahren Niemand mehr bekümmerte und die daher mit hohem Gras und Unkraut überwuchert waren und den Stempel der ärgsten Vernachlässigung trugen. Der Blumenschmuck und die sorgsame, liebevolle Pflege, die hier und da eines der dazwischen liegenden Gräber zur Schau trug, ließen die wilde Unordnung auf den Nebengräbern nur um so deutlicher hervortreten. Diese von den Hinterbliebenen der hier Schlummernden vergessenen und dem gänzlichen Verfall anheim gegebenen Ruheplätze sind jetzt auf Kosten der Friedhofsverwaltung von dem Unkraut und Gestrüpp befreit worden, die Grabhügel wurden abgetragen und dem Ganzen ist die Form eines ebenen Rasens gegeben worden, der nur durch an geeigneten Stellen in den Boden gesteckte und kaum merkbar über diesen hervorragende kleine numerirte Pfähle erkennen läßt, daß hier die Gebeine Verstorbener unter ihm ruhen. Durch die Aufputzung der n i c h t v e r g e s s e n e n Gräber seitens liebender Hände erhält die gesammte Fläche das Aussehen eines in viele kleine Abtheilungen zerlegten Blumen-Parterres, welches durch die auf demselben stehenden Schattenbäume und Büsche auch den Charakter eines Stück Parklandschaft annimmt. Am meisten Aehnlichkeit mit einer solchen hat der nordöstliche Theil des Friedhofs, der dort von einem hübschen See mit einer waldbewachsenen Insel in der Mitte geziert wird und prächtige Baumgruppen und dichte Gehege von blühenden Sträuchern aufzuweisen hat. In der nächsten Umgebung des See's, auf dem stolze Schwäne von schneeweißem Gefieder gravitätisch hin und her segeln, befinden sich die gesuchtesten und auch die theuersten „Sektionen" für Familien-Begräbnißstätten. Diesen Sektionen sind Namen wie Lakeside, Belle View, Fair Lawn, Maplewood, Rigdeland u. s. w. beigelegt und ist durch Erdaufüllungen eine hügelige Formation gegeben worden, welche mit dem glänzend grünen Rasen, der hübsch kurz gehalten und fleißig begossen wird, die reichen Käufer anzieht. Denn hier kostet der Quadratfuß Boden von $1 bis $1.25 und da die Begräbnißplätze hierselbst von 5000 bis 12,000 Quadratfuß messen, ist den nicht reich mit Glücksgütern Gesegneten die Möglichkeit abgeschnitten, sich dort anzukaufen. Es bildet hier „Brüderschaft im Reichthum" das Haupterforderniß, in den Besitz einer Familien-Begräbnißstätte zu gelangen, und da auch in den am wenigsten bevorzugten „Sektionen" der Preis auf nicht weniger als 65 Cents der Quadratfuß herabsinkt, so ist ersichtlich, daß für den von der Göttin Fortuna stiefmütterlich behandelten Erdenmenschen eine Familiengrabstätte in Graceland fast zu den unerreichbaren Dingen gehört. Solche Verhältnisse finden wir aber auch auf den übrigen der größeren Friedhöfe, und in Mount Auburn (Boston) z. B. kostet der Quadratfuß von $1.50 bis $3; in Greenwood (Brooklyn) von $1 bis $2.50; in Forest Hills (Boston) von $2 bis $5; in Spring Grove (Cincinnati) von 50 Cents bis $2 u. s. w. Unter den hiesigen Friedhöfen steht Graceland mit seinen Preisen obenan, was auf die bevorzugte Lage und auf die Thatsache zu rückzuführen ist, daß die geforderten Preise ohne viel Widerstreben willig gezahlt werden.

Es ist recht sehr zu bedauern, daß selbst im Tode der Mensch an die von Landspekulanten gestellten Preisbedingungen gebunden ist und die weniger Bemittelten sich mit Gräbern in abgelegenen Winkeln der Friedhöfe, in der Nähe der Zäune, begnügen müssen, anstatt daß ihnen Gelegenheit gegeben wird, zu mäßigen Preisen Besitzer von Familiengrabstätten zu werden. Der Spruch, daß der Tod Alles gleich mache, trifft also entschieden nicht zu. Die sterblichen Ueberreste der Reichen werden in kostbare Särge gebettet, mit großem Pomp und Schaugepränge zu Grabe getragen und auf diesem dann Monumente errichtet, für die oftmals enorme Summen verausgabt werden, welche hinreichen würden, in einem einzigen Fall ein Dutzend armer Familien auf Jahre hinaus gegen Mangel und Entbehrung zu schützen.

Anders bei den Verstorbenen aus den Reihen der Unbemittelten. Ein einfacher Sarg, ein kleines Gefolge Leidtragender, ein an einer seitwärts, abgelegenen Stelle gegrabenes Grab und auf diesem vielleicht später einige Rosen und Veilchen, damit muß es sein Bewenden haben. Nur in einem Punkte ist zwischen Reich und Arm aller Unterschied auf dem Friedhofe aufgehoben, nämlich, daß in beiden Fällen ein tiefes Loch die Leiche aufnimmt, und diese von Würmern verspeist wird.

Ungefähr in der Mitte des Friedhofs steht die mit einem Kostenaufwand von über $30,000 erbaute neue Kapelle, in deren unterem Verließ sich die geräumige, mit allen modernen Vorrichtungen versehene öffentliche Gruft befindet.

Der Baustyl ist der gothische, und das gesammte Mauerwerk sammt den breiten Aufgangsstufen ist aus rothem, blau geädertem Wisconsiner Granit hergestellt, während rothe Ziegel zur Dachbedeckung verwendet wurden. Die hohen breiten Fenster, die ringsherum dem Licht Zutritt gestatten und auch in das Dach an der südlichen und nördlichen Seite eingelassen sind, sind aus zahlreichen kreisförmigen Glasscheiben, die von bleiernen Rahmen umgeben sind, zusammengesetzt. Die nördliche Seite der Kapelle, deren Fußboden aus farbigen Thonziegeln besteht, giebt langen, gepolsterten Bänken Raum, während die gegenüber liegende südliche Seite mit prächtigen Blattpflanzen und Farren dicht angefüllt ist. Decke und Wände sind mit Frescomalereien geschmückt und deren Grundton harmonirt auf's Trefflichste mit der hellen, freundlichen Farbe der aus weißem Eichenholz gefertigten Bänke, Thüren und der Holzbekleidung im Allgemeinen.

In der Mitte des Fußbodens befindet sich eine längliche Fallthüre, auf welcher nach Beendigung der hier abgehaltenen Leichenfeier der Sarg hinunter in die Gruft gelassen wird und die durch Wasserdruck in Bewegung gesetzt wird.

Der untere, theilweise unter einem Erdhügel gebaute, kellerartige Raum enthält die Heizapparate, ein Kohlenmagazin und die eigentliche Gruft, in deren beiden langen und hohen Seiten sich 298 verschließbare Fächer für Särge befinden. Diese Fächer sind oben, unten und an den Seiten aus schweren Schieferplatten hergestellt und auch die Thüren vor den Fächern bestehen aus diesem Material. Letztere sind sämmtlich mit Ventilations-Vorrichtungen und Abfluß-Rinnen versehen, welch' Letztere in Thätigkeit treten, wenn ein Fach desinfizirt und ausgewaschen wird.

Auf die landschaftliche Umgebung der Kapelle hat Direktor Simonds viel Mühe und Sorgfalt verwendet, und die Verwaltung hat, da Herr Simonds sich davon eine vortreffliche Wirkung versprach, unlängst erst nahezu $600 an die Versetzung von zwei Bäumen (Ulmen) verwendet, die von Buena Park, jenseits der östlichen Grenze des Friedhofs, nach dieser Stelle transportirt wurden. Der Transport wurde nach Art des Haus-„Muhvens" bewerkstelligt, indem die stattlichen Bäume, die je eine Höhe von 60 Fuß erreicht haben, nachdem die Wurzeln ringsum losgegraben waren, aufrecht stehend auf eine auf Walzen rollende Platform gehoben und mittelst Stricken und Stangen auf dieser befestigt wurden. Die „Reise" nahm ungefähr eine Woche in Anspruch und das Experiment gelang vollständig; die Bäume haben an ihrem neuen Orte frisch Wurzeln gefaßt und bilden einen hervorragenden Schmuck des Vorplatzes der Kapelle.

Außer zahlreichen Monumenten hat Graceland viele Privatgrüfte aufzuweisen, die mit wenigen Ausnahmen dem Friedhofe nicht besonders zur Zierde gereichen. Die Ausnahmen bilden die in neuerer Zeit errichteten Gruftgebäude, die auf Anweisung der Friedhofsverwaltung ganz über dem Boden gebaut und mit künstlerischen Verzierungen, Schöpfungen der Bildhauerkunst, versehen werden mußten; solche, die keinen künstlerischen Werth besitzen, werden auf Graceland nicht mehr gestattet. Zu den rühmlichen Ausnahmen muß vor allen Dingen die Gruft von Wm. H. Mitchell und die der Familien Huck und Schönhofen gezählt werden. Unter den Monumenten ist die Zahl derer, die bedeutende Summen Geldes verschlungen haben, eine große.

Nahezu die Hälfte der auf Graceland Beerdigten gehörte dem hiesigen Deutschthum an. Im nordwestlichen Revier des Friedhofs, wo die Mehrzahl der deutschen Familienbegräbnißplätze sich befindet, treffen wir auf unserer Wanderung und bei unserer Musterung der Grabsteine auf eine flach auf dem mit hohem Gras bewachsenen Rasen liegende Marmorplatte, auf welcher einem alten, wohl schon längst aus dem Gedächtniß vieler seiner ihn überlebenden Collegen entschwundenen deutschen Arzte folgender Nachruf gewidmet ist:

„Die deutschen Aerzte von Chicago ihrem Collegen Dr. Med. Carl Rausch, geb. 15. Aug. 1828 in Tambach bei Gotha; gest. 10. Sept. 1857 in Chicago."

Die erste Leiche, die auf Graceland beerdigt wurde, war die von Daniel Page Bryan, welche zuerst in dem alten städtischen Friedhof (jetzt Lincoln Park) begraben,

Einfahrt zu Rosehill.

später aber sammt mehr als 2000 anderen dort beerdigten Leichen wieder ausgegraben und nach Graceland versetzt wurde.

Schließlich sei noch bemerkt, daß der ursprüngliche, im Jahre 1861 erwirkte Charter der Friedhofsgesellschaft in 1865 dahin amendirt wurde, daß den Trustees des Verbesserungsfonds 10 Prozent aller aus dem Verkauf von Begräbnißplätzen (Lots) erzielten Einnahmen überliefert werden müssen, welche Prozente einen dauernden Fonds behufs Instandhalten des Friedhofs im Allgemeinen bilden sollen. Da nun dieser Fonds sich bereits auf über $150,000 beziffert, wird ein Theil davon zur Verschönerung von vernachläßigten „Lots" und Gräbern verwendet.

Der noch nicht in Begräbnißplätze ausgelegte, noch nicht verkaufte Theil Gracelands wird, einer oberflächlichen Berechnung des Herrn Simonds zufolge, welcher bei dieser die Zunahme unserer Bevölkerung während der letztverflossenen 10 Jahre und die Zunahme in der Zahl der Beerdigungen in Betrachtung zog, nach ungefähr 20 Jahren mit Gräbern angefüllt sein. Da die Verwaltung die feste Versicherung giebt, daß keines der Gräber ein zweites Mal zu Beerdigungszwecken benutzt, sondern für alle Zeiten als der Ruheplatz der dort begrabenen Leiche heilig gehalten werden soll, so wird der Friedhof, welcher dann voraussichtlich in einem dichtbevölkerten Stadttheil liegen wird, in 20 Jahren geschlossen werden müssen, wenn vordem nicht schon die öffentliche Gesundheit und der öffentliche Handel und Wandel eine gänzliche Aufhebung der von Wohnungen der Lebenden dicht umringten Friedhöfe, streng fordern sollten.

Rosehill.

Einer der schönsten und nach Graceland bedeutendsten öffentlichen Friedhöfe ist Rosehill. Er enthält 300 Acres eingefriedigtes Land, kann aber, sobald die Bedürfnisse es erheischen, um weitere 200 Acres vergrößert werden. Die Einweihungsfeier fand am 28. Juli 1859 statt und gestaltete sich zu einem Ereigniß von mehr als gewöhnlicher Bedeutung.

Rosehill liegt 6½ Meilen nördlich vom Mittelpunkt der Stadt und kann mittelst der Chicago & Northwestern Bahn und — wer die Reise in Privatfuhrwerken oder der Straßenbahn unternehmen will — via der Nord Clarkstraße und Green Bay Road erreicht werden.

Zur Zeit, als der Friedhof geplant und ausgelegt wurde, erachteten viele der 100,000 Bewohner, welche unsere Stadt damals zählte, die Entfernung als eine viel zu große, doch auch die Leute, welche ursprünglich den alten städtischen Friedhof (jetzt Lincoln-Park) einrichteten, wurden verhöhnt und verspottet, weil sie ihn so „weit hinaus vor die Stadt" verlegten.

Doch es verrannen nur wenige Jahre, da legte die sich ausbreitende Stadt ihre Arme um ihn, und es stellte sich bald die Nothwendigkeit heraus, die in den Gräbern ruhenden Gebeine auszugraben und sie nach entfernteren Friedhöfen zu bringen, denn es galt, den Anforderungen der Lebenden Rechnung zu tragen. Und heutigen Tages spitzen sich die Dinge zu ähnlichen Verhältnissen zu — Rosehill, Bonifazius, Graceland, der deutsch-lutherische Friedhof und zwei noch weiter südlich von Letzterem auf der Nordseite liegende jüdische Kirchhöfe, sie allesammt befinden sich nun innerhalb der Stadtgrenzen und liegen in unmittelbarer Nähe von menschlichen Wohnungen, deren Zahl in der Umgebung von Graceland z. B. eine ganz beträchtliche, weiter nördlich schnell im Zunehmen begriffen ist. Wie lange wird es dauern, da werden auch die nördlicheren der genannten Friedhöfe und auch Calwood den für die Lebenden bestimmten öffentlichen Verbesserungen, der unaufhaltsamen Ausbreitung der Stadt im Wege sein.

Rosehill wurde mit Genehmigung eines vom damaligen Stadtrath ernannten Ausschnisses zum städtischen Friedhof ausersehen, da das Land von 30 bis 40 Fuß über dem Spiegel des Lake Michigan liegt und daher den sehr wichtigen Vorzug der Trockenheit besitzt.

Bei der Einweihung des Friedhofs waren von 8000 bis 10,000 Personen zugegen und die Feier wurde unter den Auspizien der Freimaurer abgehalten. Dr. J. W. J. Blaney, der damalige Präsident der Friedhofsgesellschaft, hielt die Festrede, in welcher er unter Anderem Folgendes sagte:

„Hier stehen wir auf dem Fleckchen Erde, welches für diesen Zweck von der Klugheit ausgewählt worden ist. Seine hohe Lage, die wellenförmige Formation des hiesigen Bodens, machen es für einen Begräbnißplatz so recht geeignet. Der Friedhof liegt fern vom lärmenden Getöse der Stadt, aber dennoch nahe genug, um mit Bequemlichkeit von ihr hierher zu gelangen.

Oestlich vor unseren Augen liegt der schimmernde und glitzernde Michigansee, welcher die landschaftliche Schönheit dieses Platzes um ein Bedeutendes erhöht. Im Westen von uns breitet sich die blumengeschmückte Prairie bis zum Horizont, hinter welchem die untergehende Sonne hinabsinkt und schon jetzt sehen wir die weite Fläche hier und da mit menschlichen Wohnungen bebaut, das sind die ersten Anzeichen einer nach hier vorwärts dringenden zahlreichen Bevölkerung unserer Gartenstadt. Ueber uns breitet der mächtige Eichbaum seine knorrigen Aeste aus, auf dem vor vielleicht gar nicht langer Zeit der fromme Pottowatomi den Kahn geborgen hatte, in welchem er die Ueberreste von Eltern oder Kindern gebettet. Unter unseren Füßen haben wir den unentweihten Boden, der bisher weder vom Pflug noch vom Grabscheit berührt worden ist; eine Scholle Erde, die wir nun besäen wollen für die große Auferstehungs-Ernte.

Und so vereinigen sich das Leben unserer Stadt, die Erhabenheit des See's und der Prairie, die Pracht dieser alten Eichen und die Topographie und Beschaffenheit

des Bodens zu dem heute abgelegten Gelübde, daß Rosehill in naher Zeit eine Wildniß von Schönheit sein soll. Die Mittel dazu sind hier reichlich vorhanden. Es bedarf nur eines gediegenen und verfeinerten Geschmacks, die zur Verfügung stehenden Grundstoffe harmonisch zu verbinden, graziös zu gruppiren. Es bedarf einer fähigen und willigen Hand, die geschickt entworfenen Pläne zur Ausführung zu bringen. In kurzer Zeit werden wir dann diesen Hain von stummen Bewohnern bevölkert sehen."

Der Redner wurde am 13. Dezember 1874 unter dem Laubdach des Todtenhaines, dem er so sehr gewogen war, zur Ruhe gebettet.

Vierunddreißig Jahre sind seit jener Einweihung nun verflossen. Damals ruhte nur ein Todter in Rosehill, Dr. J. W. Ludlam nämlich; heute liegen dort 30,000 Leichen begraben, die Mehrzahl derselben in dem alten 80 Acres großen Theil des Friedhofs, in dem der Besucher sich befindet, sobald er das Einfahrtsthor passirt hat. Westlich von dem alten Revier, in welchem von Anfang an der unschönen Sitte gehuldigt wurde, die Familien-Begräbnißplätze einzufriedigen oder mit Steineinfassungen zu umgeben, wird der Blick gefesselt durch die parkähnliche Landschaft, zu welcher jener neue Theil umgewandelt worden ist. Hier neben dem dichten Wald von hohen und niedrigen Grabsteinen, im Anblick des Chaos, welches sich uns in Gestalt von rostigen Eisenzäunen, geborstenen und zerbröckelnden Steineinfassungen, von hoch und wild emporgeschossenem Grase auf vernachlässigten Grabstätten zeigt, tritt uns die Schönheit und Anmuth der die Gräber breit umsäumenden, angemessen bepflanzten Rasenteppiche, der Unterschied zwischen der alten, nun bei Seite geworfenen Mode und dem neuen, in allen größeren Friedhöfen des Landes eingeführten Park-System, so recht deutlich vor Augen. Und an dieser Stelle mag auch gleich die Thatsache Erwähnung finden, daß von dem tüchtigen Landschaftsgärtner **Adolph Strauch**, dem leider nun verstorbenen Schöpfer des herrlichen Spring-Grove-Friedhofs bei Cincinnati, die erste Idee ausging, öffentlichen Friedhöfen das Gepräge eines Parks zu verleihen und mit dem alten Schlendrian, dem Herkömmlichen zu brechen. Durch ihn wurde Spring Grove in Cincinnati ein Muster-Friedhof und ihn nahmen die meisten, in Strauch's Fußtapfen tretende Friedhofsgärtner sich zum Vorbilde für ihre Schöpfungen. Daß das neue System auch vereinzelte Gegner hat, ist natürlich, denn für manche Leute ist es gar schwer, alte Gewohnheiten aufzugeben und sich dem Fortschritt zuzuwenden.

Es wird in dem neuen Theil des Rosehill-Friedhofes mit Erfolg darnach gestrebt, der Natur so nahe als möglich zu kommen und dadurch hübsche landschaftliche Bilder zu erzeugen. Selbstverständlich wird die Natur nicht ganz sich selbst überlassen, denn ein Jeder weiß, was aus dem eigensinnigen Kinde dann werden würde — es würde ein gar verwahrlostes Aussehen zur Schau tragen. Bei der Anpflanzung von Bäumen und Sträuchern ist mit Verständniß zu Werke gegangen und den Anlagen gleichzeitig ein ernstes Gepräge verliehen worden. Doch auch hier ist bereits der Anfang gemacht worden mit der Aufstellung von Grabsteinen und Monumenten, die einander so ähnlich sehen, wie ein Ei dem andern und sich in vielen Fällen nur durch die Inschriften von einander unterscheiden. Es ist auffallend, daß die Verfertiger von Grabdenkmälern sich mit dem ewigen Einerlei von Obelisken, corinthischen Säulen u. dergl. begnügen und nicht mit größerem Eifer darnach streben, Originelles zu schaffen. Höchst selten begegnet dem Blick ein Monument, aus welchem uns der Beweis entgegentritt, daß der Schöpfer desselben das Schablonenhafte, mit welchem die meisten seiner Collegen die Friedhöfe verunzieren, verschmäht, und neuen Gedanken und Ideen Gestalt zu verleihen weiß. Eine größere Mannigfaltigkeit thut in dieser Hinsicht noth und würde den Eindruck nicht mehr aufkommen lassen, den wir unter den jetzigen Verhältnissen so oft gewinnen, nämlich den, daß die hohen Obelisken, die nach allen Richtungen hin gen Himmel ragen, Samen ausgestreut haben, welcher rings herum aufgegangen ist. Wenn die Eigenthümer von Begräbnißplätzen, auf denen kostspielige Denkmäler errichtet werden sollen, die Dienste wirklicher Künstler in Anspruch nehmen würden, so würden unsere Friedhöfe, wenigstens die neu ausgelegten Theile, in Bezug auf den monumentalen Gräberschmuck ein viel interessanteres und weniger monotones Aussehen erhalten und die Aussicht auf die grünen Rasenflächen mit ihren frei daliegenden, niedrigen Grabhügeln würde nicht mehr durch einen Wald von unschönen Steinschäften verdeckt werden.

Das im westlichen Theile des Rosehill Friedhofs eingerichtete "Lawn"-System zeigt, daß der Verwalter, Herr Geo. H. Scott, es versteht, das Anmuthsvolle in dem allgemeinen Anblick, Ueppigkeit des Wachsthums, das Maßvolle in der Hervorbringung von schattigen Parthien, in wirkungsvoller Weise mit einander zu verbinden und dem Gesammtbilde einen zu ernsten Betrachtungen herausfordernden Charakter zu verleihen. Hier wurde kürzlich das dem ermordeten Millionär A. J. Snell errichtete Monument, ein Obelisk natürlich, enthüllt, welches aus blauem Barry-Granit hergestellt, etwa 50 Fuß hoch ist und über $12,000 gekostet hat.

Der unlängst auf der Grabstätte „Long" John Wentworth's errichtete Granit-Obelisk überragt alle anderen Monumente um ein Beträchtliches, gerade wie Herr Wentworth bei Lebzeiten die meisten seiner Mitmenschen an Körpergröße überragte. Der Steinschaft sammt Untersatz hat eine Höhe von 65 Fuß und wurde aus Hallowell Granit verfertigt. Der Begräbnißplatz des verstorbenen „Long John" ist einer der größten auf dem Friedhofe; nur ein bischen einsam wird es ihm vorkommen, so ganz allein auf dem großen Platz liegen zu müssen. Wie uns Herr Chadband, der Hülfsverwalter des Friedhofs, belehrte, hat der Wentworth Obelisk $38,000 gekostet, wozu noch $10,000 kommen, die für den mit 50 Bäumen bepflanzten Begräbnißplatz bezahlt worden sind. Nahezu $50,000 für ein Grab und Steindenkmal, fei nen Heller aber für wohlthätige Zwecke!

Das Monument der Freiwilligen Feuerwehr ist eine hohe Marmorsäule, die von einer Figur — einen um sich spähenden Feuerwehrmann darstellend — gekrönt wird. Ueber dem Piedestal windet sich ein aus Marmor gehauener Schlauch um die Säule und an den vier Seiten des Piedestals befinden sich Bas-Reliefs, Scenen aus dem Leben und Wirken der Feuerwehr von „Anno Dazumal" veranschaulichend. Die Ecken des Piedestals stellen Feuerhydranten dar und der kreisrunde Rasenplatz, in dessen Mitte das Monument steht und der von einer Steinumfassung eingefriedigt ist, ist mit einer Anzahl symbolischer Figuren und Blumen geschmückt.

Nicht weit hiervon befindet sich das Veteranen-Monument, ein hoher Obelisk, auf welchem die Steinfigur eines Soldaten aus dem letzten Bürgerkriege steht. Die Bas Reliefs an den vier Seiten des Piedestals veranschaulichen die vier Waffen gattungen: Kavallerie, Artillerie, Infanterie und Marine, und an der Vorderseite sind die Worte eingemeißelt: 'Our heroes." Auf dem runden Rasenteppich, der das Monument umsäumt, ist mit farbigen Teppichpflanzen das amerikanische Schild gezeichnet. Dieses Monument steht dem Einfahrtsthore gegenüber und östlich davon, an der gegenüber liegenden Seite des Fahrwegs, befindet sich das Denkmal der Battery A. Es besteht aus einer aus Stein gehauenen Kanone, die mit einer steinernen Fahne behängt ist; daneben liegt eine Pyramide steinerner Kanonenkugeln. Am Postament sind die Namen der verstorbenen Kameraden eingegraben, sowie die der Schlachten, an denen die Batterie theilgenommen hat.

Gegenüber hiervon, an der südöstlichen Ecke des Fahrwegs, steht das steinerne Denkmal der Battery B, welches einen auf einem Steinpiedestal stehenden Mörser darstellt.

Direkt östlich von diesen Veteranen-Monumenten breiten sich zwei große, viereckige Rasenflächen aus, auf denen die Gräber von 230 Unionssoldaten sich befinden. Die Schlummerstätten dieser Vaterlandsvertheidiger bilden lange, gerade Reihen und sind mit niedrigen Grabsteinen besetzt, auf denen der Name des darunter Liegenden, sowie Regiment und Compagnie, denen er angehört hat, verzeichnet stehen. Auf nicht wenigen fehlen diese Bezeichnungen aber und an deren Stelle stehen einfach die Worte U. S. Soldier.

Nahe der östlichen Grenze dieser Soldatengräber, ganz in der Nähe des burgähnlichen Einfahrtsgebäudes, ragt der Obelisk des General Thos. E. G. Ransom in die Lüfte.

Die soweit erwähnten Monumente sind die kostbarsten und können zum Theil Anspruch auf künstlerische Ausführung erheben.

Ehe wir Rosehill verlassen, muß noch erwähnt werden, daß die Friedhofsgesellschaft der Blumen- und Pflanzenzucht große Sorgfalt angedeihen läßt und ein Palmenhaus und sieben Treibhäuser nördlich vom Einfahrtsthor stehen, in denen die schönsten Exemplare der Treibhausflora und tropische Gewächse ausgestellt sind. Der nördliche Flügel des Einfahrtsgebäudes enthält das Comptoir und eine geräumige, bequem eingerichtete Kapelle, während der südliche Flügel zur Aufbewahrung von Werkzeugen etc. dient.

Rosehill. — John Wentworth's Denkmal.

Friedhof Calvary.

Hier findet die überwiegende Mehrzahl der in unserer Stadt sterbenden Irländer, mit Ausnahme derer, die dem protestantischen Glauben angehören, ihre letzte Ruhestätte und ungefähr 120,000 liegen da schon begraben. Der Friedhof enthält 110 Acres und hat viel Aehnlichkeit mit einem Wald, so dicht stehen da die Bäume beisammen. An der östlichen Grenze wird das Ufer von den Wellen des Michigansee's bespült, während an der westlichen das steinerne Einfahrtsthor, die Gewächshäuser und das Geschäftsbüreau sich befinden; die Geleise der Northwestern Bahn (Milwaukee Division) und der Evanston Zweigbahn der Chicago, Milwaukee & St. Paul Bahn ziehen sich dicht an der Außenseite der westlichen Einfriedigung, vor der Einfahrt, entlang.

In den letztverflossenen paar Jahren hat sich in Calvary ein sehr in die Augen fallender Umschwung vom früheren Schlendrian zur Ordnung und Sorgfalt in Bezug auf das Instandhalten des Gottesackers zu erkennen gegeben. Die Fahr- und Fußwege werden sein säuberlich gehalten, die der Vergessenheit anheimgefallenen und vernachlässigten Gräber werden jetzt während des Sommers von hohem Gras und Gestrüpp befreit, umgestürzte Grabsteine richtet man wieder in die Höhe und der gesammten Landschaft wird soviel als möglich ein freundliches, einladendes Aussehen gegeben. Das ist alles ganz anders wie früher, wo Nachlässigkeit Trumpf war.

Unmittelbar hinter dem steinernen Einfahrtsthor, den links davon belegenen, neugebauten, großen Gewächshäusern und dem steinernen Geschäftsbüreau rechts vom Eingang befindet sich der schönste Theil des Friedhofes. Die Begräbnißplätze bilden hier ganz besonders den Gegenstand liebender Sorgfalt; der Einfahrt gegenüber, mitten im Hauptfahrweg, befindet sich ein rundes, hügelartiges Blumenbeet, welches während der warmen Jahreszeit mit seinem bunten Blumenschmuck die ganze Umgebung ziert. Dieser Friedhof hat eine nicht geringe Anzahl von kunstvollen und sehr kostspieligen Denkmälern aufzuweisen. Unter ihnen sind die von Jacob Wolford, Thomas Lynch, John McAvoy, John Cudahy, Wm. M. Devine, W. B. Snowhook die hervorragendsten und zwei von ihnen, die beiden zuerst genannten, sind mit kostbaren und vorzüglich ausgeführten allegorischen Figuren geschmückt.

Neben einigen schönen Privatgrüften, von denen die von Richard M. Hooley besonders Erwähnung verdient, besitzt der Friedhof eine öffentliche Gruft, die Raum hat für 156 Särge.

Das im vorletzten Herbst gebaute neue Gewächshaus, welches unter der Verwaltung eines geschickten deutschen Gärtners, M. N. Angelsberg, steht, zerfällt in zwei der Zucht von Blumen gewidmete glasbedachte Räume von je 150 Fuß Länge und 19 Fuß Breite und ein kleines Palmenhaus, in welchem mehrere Arten dieser stolzen Pflanze, sowie Gummi- und Bananenbäume, Farren, Kaktusse u. s. w. zur Schau gestellt sind. Am südlichen Ende des Gebäudes befinden sich ein geräumiges Wartezimmer und das Büreau des Gärtners, während der Kesselraum und die Arbeitszimmer der Gärtner am nördlichen Ende eingerichtet sind.

Die hier in bedeutendem Maßstabe betriebene Blumenzucht wird vielleicht dazu beitragen, in den die Gräber von Verstorbenen besuchenden Verwandten mehr Lust und Liebe zur Schmückung der bis dahin noch nicht verzierten Grabhügel zu erwecken.

Die tägliche Durchschnittszahl der in Calvary stattfindenden Beerdigungen betrug bis zur Eröffnung des Mt. Olivet Friedhofes südwestlich von der Stadtgrenze 15, seither ist sie auf 14 zurückgegangen.

Ueber diese beiden Friedhöfe führt der Erzbischof die oberste Verwaltung und an ihn wird das für Familiengrabstätten und Einzelgräber gelöste Geld nach Abzug der laufenden Ausgaben abgeliefert. Ein Theil dieses Geldes geht dann wieder für nothwendige Verbesserungen, die von Zeit zu Zeit gemacht werden müssen, d'rauf, der Rest wird zum Ankauf weiterer Ländereien für Kirchhofszwecke zurückgehalten, denn die Zeit rückt nahe heran, zu welcher in Calvary für weitere Leichen kein Raum mehr vorhanden sein wird und anderswo geeignetes Land angekauft werden muß.

Als Oberdirektor beider Kirchhöfe und gleichzeitig als der Vertraute des Erzbischofs fungirt Herr Thomas Brenan, ein hochgeachteter und allgemein beliebter alter Bürger Chicago's, welcher dem Volke während einer langen Reihe von Jahren schon in verschiedenen hervorragenden öffentlichen Aemtern treu und selbstlos gedient hat. Ihm fähig zur Seite stehen D. P. Kinsella, der Dirktor von Calvary, und John Baynes, welcher in Mt. Olivet die Aufsicht führt, und der Buchführer und Kassirer Joseph McLaughlin. Das Hauptbürean der beiden Kirchhöfe befindet sich im Reaper Block, nordöstliche Ecke von Clark= und Washingtonstraße.

Bonifazius-Kirchhof.

Der erste der Friedhöfe, den wir auf der Rückreise von Calvary und Rosehill am Wege (der Greenbay Road oder Clarkstraße) finden, ist der deutsch katholische St. Bonifazius-Gottesacker, welcher sammt dem neuen St. Maria-Kirchhof südwestlich von der Stadt und dem Waisenhaus in Rosehill von einem Verwaltungsrath verwaltet wird, welcher aus den folgenden Gemeinden hervorgeht: St. Michaels, St. Josephs, St. Peters, St. Antonius, St. Franciscus, St. Bonifazius, St. Paulus, St. Augustinus, St. Alphonsus, St. Aloysius, St. Martinus, St. Peter und Pauls, St. Georgs, Hl. Dreifaltigkeits, St. Marien, St. Heinrichs und St. Mathias-Gemeinde.

Der Friedhof besitzt einen Flächenraum von 36 Acres, von denen etwa 10 Acres noch außerhalb des in Grabstätten eingetheilten Bezirks liegen. Auf dem neueren, östlichen Theil ist insofern dem Zeitgeist und dem Fortschritt gehuldigt worden, als die dort ausgelegten Grabstätten in den Rahmen des sich auf fast allen Friedhöfen Bahn brechenden Parksystems gehoben worden sind. Dadurch wird der Abstand zwischen dem alten, vorderen Theil und dem neuen natürlich ein deutlich in die Augen fallender, ausgeprägter, doch herrscht fast nur eine Stimme unter den Besitzern von Begräbnißplätzen dortselbst über den Vorzug, den die freien, keine Zäune oder plump aussehende Steineinfassungen duldenden Anlagen, die schon mit zahlreichen blumengeschmückten Grabhügeln besäet sind, vor dem alten System genießen. Doch angesichts der Thatsache, daß der in geraden Winkeln ausgelegte, sehr reichlich mit niedrigen Steineinfassungen ausgestattete alte Theil sehr musterhaft in Ordnung gehalten und den Grabstätten seitens der Besitzer derselben und der Verwaltung die größte Sorgfalt zugewendet wird, so ist auch an der westlichen Hälfte des Kirchhofs weiter nichts auszusetzen, denn das Steife und Geradlinige hierselbst wird zum großen Theil durch geschmackvollen Blumenschmuck oder sonstige von der Natur hervorgebrachte Embleme der Trauer verwischt und in den Hintergrund gedrängt.

Der Gottesacker, auf welchem viele, sehr viele unserer bekanntesten und achtungswerthesten Deutschen in ihren Gräbern gebettet liegen, wurde im Jahre 1863 ausgelegt und eingeweiht und erhielt am 19. Oktober jenes Jahres seinen ersten stillen Bewohner — nämlich den nur 9 Tage alt gewordenen Säugling Marie Jung. Heute ruhen dort nahezu 28,000 Leichen in der kühlen Erde und es finden täglich durchschnittlich 5 Beerdigungen auf dem Bonifazius Kirchhof statt.

Von dem stattlichen Einfahrtsthor aus, neben welchem sich die Geschäftsstube des beliebten Verwalters und Sekretärs, L. Biehl, befindet, zieht sich eine hübsche, breite Baumallee in gerader Linie östlich durch den Kirchhof, beschreibt aber jenseits der Gruft, in Uebereinstimmung mit dem dort begonnenen Parksystem, mehrere gefällige Bogenlinien.

Von den meisten anderen Friedhöfen, öffentlichen und Gemeindekirchhöfen, unterscheidet Bonifazius sich vornehmlich dadurch, daß der Ueberschuß, den der Friedhof alljährlich abwirft, wohlthätigen Zwecken zugewendet wird, in die Kasse des Waisenhauses in Rosehill fließt, während bei den übrigen Friedhöfen, fast ohne Ausnahme, der oft sehr bedeutende Gewinn in die Taschen einzelner Personen seinen Weg nimmt.

Der Gottesacker ist reich an kostbaren Denkmälern, ein Zeichen, daß viele der hier Schlummernden ihre Hinterbliebenen in recht guten Verhältnissen zurückließen. Unter den älteren Monumenten sind die aus Marmor gefertigten vorherrschend, die in der neueren Zeit aufgestellten aber sind dauerhafte Granitdenkmäler, welche Wind und Wetter und dem Zahn der Zeit erfolgreicher Trotz zu bieten vermögen, als die aus Marmor oder weicheren Steinsorten hergestellten.

Das Veteranen-Denkmal, welches an einem der letztjährigen Gräberschmückungstage enthüllt und eingeweiht wurde, gereicht dem Gottesacker zur größten Zierde.

Die übrigen Monumente, die einzeln Erwähnung verdienen, sind die von: Joseph Haunschild, Maria Neu, Anton Schillo, Johann C. Roeder, Chr. Brick, Amelia C. Boyle, John Tempel, Michael Sieben, Chas. Dominick Miville, Johann Zender, Anton Detmer, F. Scholer, Nicolas und Leo P. Leiendecker, Mich. Diverin, Henry Wischemeyer, John Herting, J. Schoenewald, A. Hagemann, A. Baier, John B. Busch, A. Zulser, Anton Cremer, Bernard Müller, Catharina Hechinger, J. Arnold, Albert Wagner, die Familie Pfeifer, Marie Sladek, Peter Wagner, Felix Blatter, M. Cossmann, F. Mayer, Louise Hesing u. s. w.

Von diesen nimmt das letztgenannte, im südöstlichen Theile des Kirchhofs stehende Denkmal, so weit künstlerische Ausführung und Wahl des Sujets in Betracht kommen, den ersten Rang ein. Es mögen sich unter den übrigen Monumenten welche befinden, die einen größeren Kostenaufwand verursacht haben, doch bei keinem sind die hervorragenden Charaktereigenschaften der verstorbenen Persönlichkeit, soweit diese dazu angethan waren, symbolisch veranschaulicht und in Stein verewigt zu werden, in so zutreffender, richtig kennzeichnender, einfach schönen Weise versinnbildlicht worden, als das hier durch die Granit-Statue der hl. Elisabeth geschehen ist.

Es war ein glücklicher Gedanke, das Grab der edlen Verstorbenen, für die es keine höhere Freude gab, als wohl zu thun und ihre bedrängten und nothleidenden Menschen glücklich zu machen, mit dem Sinnbilde jener Heiligen zu schmücken, die als der Inbegriff der reinsten Menschenliebe uns vor Augen schwebt.

Die Statue, welche eine Höhe von 7 Fuß sechs Zoll hat, stellt die fromme thüringische Landgräfin dar, wie sie mit der ausgestreckten Rechten Brod vertheilt. In dem Faltenwurf ihres Gewandes, welches sie mit der Linken gefaßt hat, ruhen die Rosen, in welche sich der Legende zufolge die Lebensmittel, die sie einst den Armen in der Stadt Eisenach zutrug, in dem Augenblick verwandelten, als ihr Gatte, der Landgraf Ludwig, den Korb öffnete, in welchem sie ihre Liebesgaben aus dem Schlosse hinweg trug.

Das Modell dieses Standbildes wurde von einem jungen, sehr talentvollen deutschen Künstler Namens Engelsmann angefertigt, und die Statue selbst sammt dem Piedestal, welch' letzteres eine Höhe von 9 Fuß 6 Zoll hat, stammen aus den Dampf-Granitwerken des Herrn Burkhardt, No. 138 Kingsbury Str. in Chicago. Das Denkmal in seiner Gesammtheit ist aus hellgrauem Westerly (R. I.) Granit angefertigt, der sich seiner Härte und sonstigen wünschenswerthen Eigenschaften wegen besonders gut für im Freien stehende Monumentalbauten eignet. An der Vorderseite des Piedestals, über der einfachen Inschrift: Louise Hesing, befindet sich ein Bronze-Medaillon der Verstorbenen, ebenfalls ein Kunstwerk des Hrn. Engelsmann.

Der Hauptvorzug der Statue liegt in dem milden, liebevollen Ausdruck des Gesichtes, auf welchem sich Seelenadel und reinste Herzensgüte deutlich wiederzuspiegeln scheinen. Daß auch die übrige Ausführung der Figur den Stempel künstlerischen Könnens verräth, bedarf wohl kaum der Erwähnung.

Neben dem daneben liegenden Grab der unvergeßlichen Frau Hesing breitet sich eine dichte Decke von blaublühendem Immergrün.

Der Begräbnißplatz von Maria Neu ist mit Figuren geschmückt, welche Mutter und Kind darstellen sollen, während das Monument von Christian Brick die Gestalt einer Jesus-Kapelle hat. Auf dem Piedestal, der auf dem Grabe von Amelia C. Boyle errichtet ist, ist eine weibliche Figur aufgestellt, die sich auf ein Kreuz stützt und die Trauer versinnbildlichen soll. Das Denkmal von Johann Zender besteht aus einer Felsenpyramide, auf welcher Jesus mit dem Kreuze steht. In recht sinniger Weise ist das auf dem Begräbnißplatz von F. Scholer stehende Monument ausgeführt. Es stellt einen Felsenklotz mit Kreuz und Anker dar, welch' Letzterer mit einem (aus Stein gehauenen) Strick um einen (steinernen) Baumstamm, der aus der Mitte emporragt, festgeschlungen ist. Das hohe marmorne Monument von John Herting wird von der lebensgroßen Figur des hl. Bonifazius gekrönt und außer den genannten befinden sich noch mehrere kostbare Denkmäler auf dem Kirchhof.

St. Bonifacius Kirchhof. — Die „Heilige Elisabeth", Denkmal der Frau Louise Hesing.

Wunder's Gottesacker. — Jüdische Friedhöfe.

Viele der Gemeindekirchhöfe machen, so sonderbar das auch erscheinen mag, auf den ersten Blick den Eindruck, als ob die Verwaltungsbehörde, selbst wenn sie eine reiche Einnahme aus dem Verkauf von Begräbnißplätzen und Einzelgräbern erzielt, wenig für das Instandhalten des Friedhofs übrig habe.

Dieser Eindruck wird durch das verwahrloste Aussehen erzeugt, welches nicht wenige dieser Kirchhöfe zur Schau tragen. Das gilt ganz besonders von den Theilen, auf denen sich die Einzelgräber befinden, die, wie es scheint, den Personen, die dort Familienmitglieder und Freunde zur Ruhe gebettet haben, zu heilig dünken, um ihren Fuß in deren Nähe zu setzen und das lang in die Höhe geschossene Gras zu beseitigen, oder da, wo solches wegen der Magerkeit des Bodens nicht zu wachsen vermag, die vom Wind auseinandergewehten Sandhügel über den Gräbern durch schwerere Erdhügel zu ersetzen.

Hr. A. H. Sargent, der Direktor des Friedhofs „Glendale" in Akron, O., sagte in einem Vortrag über „ländliche Friedhöfe", den er in der zweiten Jahresversammlung des Vereins von Friedhofs-Verwaltern in Brooklyn hielt, in Bezug hierauf:

„Zu einer Gemeinde, die in der Kirche Gott anbetet, es aber geschehen läßt, daß im Hofe der Letzteren die Gräber ihrer Brüder und Schwestern vernachlässigt werden, wie das bei Neunzehnteln von ihnen der Fall ist, habe ich wenig Vertrauen. Diese Leute scheinen das Zartgefühl verloren zu haben, durch welches der gewissenhafte Christ sich von dem Rest der Welt unterscheiden sollte. „An ihren Werken sollt ihr sie erkennen.

Der Hauptgrund dieser Verwahrlosung liegt in den meisten Fällen in dem Mangel an einer Bestimmung, welche vorschreibt, daß ein Theil der Einnahmen zum Instandhalten des Kirchhofs in allen seinen Theilen (nicht nur der Wege) bei Seite gesetzt und verwendet werden soll."

In manchen Beziehungen passen die vorgehenden Bemerkungen auf den deutschen evangel.-lutherischen Gottesacker, der nur wenige Schritte südlich von Graceland liegt und besser unter dem Namen „Wunder's Kirchhof" bekannt ist.

Die Mängel, die dieser Gottesacker aufzuweisen hat, sind in erster Reihe dem Umstande zuzuschreiben, daß bei seiner Veranlagung nicht an die schnelle Vermehrung der Anforderungen gedacht wurde, die mit den Jahren und der Zunahme der Bevölkerung unserer Stadt für den Kirchhof erwachsen sind, der einen Flächeninhalt von nur 12 Acres aufzuweisen hat; zweitens scheint das Direktorium wenig Glück mit seinen Kirchhofs-Verwaltern gehabt zu haben, zu denen der Reihe nach Männer auserkoren wurden, die keinen rechten Begriff von ihrer Aufgabe gehabt zu haben scheinen.

Der Hauptfehler, welcher von dem Direktorium begangen wurde und für den wohl der auf dem Kirchhof ansässige Verwalter oder Todtengräber weniger verantwortlich ist, war der, daß es, nachdem der Kirchhof mit Gräbern angefüllt war und selbst einzelne der Wege als Begräbnißplätze hatten herhalten müssen, gestattete, daß vernachlässigte Gräber nach einer bestimmten Reihe von Jahren zur Aufnahme neuer Leichen geöffnet wurden und daß dem Todtengräber nicht streng zur Pflicht gemacht wurde, über die alten, ausgeworfenen Gräber Buch zu führen, um solchen Leuten, die nach Verlauf längerer Zeit sich nach der Nummer und dem Ort eines bestimmten Grabes erkundigten, Rede und Antwort stehen zu können.

Der Kirchhof wurde Ausgangs der 50er Jahre seinem Zwecke übergeben. Wie viele Todte dort im Laufe der Zeit begraben wurden und wie viele von ihnen von Jahr zu Jahr ihr Grab neueren Verstorbenen überlassen mußten, das wollte oder konnte der dort amtirende Todtengräber nicht angeben.

Es ist Thatsache, daß auf diesem Kirchhof nicht nur ältere Gräber zum zweiten Male zu Leichenbestattungszwecken benutzt wurden, sondern daß in zahlreichen

Fällen ein Grab für zwei Leichen herhalten mußte, indem eine über der andern begraben wurde.

Wie schon erwähnt, ist die Knappheit des Terrains und die alle Erwartungen übersteigende Vermehrung der an dieses kleine Stück Land gestellten Anforderungen in erster Reihe an den dort eingerissenen Uebelständen schuld, und da die Wiederbenutzung von Gräbern nach einer bestimmten Reihe von Jahren auf den meisten Gemeinde- und Ortskirchhöfen in Deutschland Sitte und Gewohnheit ist, so sah wohl auch der Verwaltungsrath dieses Kirchhofs nichts Ungerechtes in der Nachahmung jener Mode. Zu tadeln ist aber die Nachlässigkeit, die sich besonders auf der östlichen Hälfte des Kirchhofs in höchst anstößiger Weise kund giebt. Den hier befindlichen Einzelgräbern ist, mit wenigen Ausnahmen, keine Spur von Rücksicht oder Pietät bewiesen worden. Wild und wüst sieht es hier aus. Die wenigen noch übrig gelassenen Wege führen durch tiefen Sand oder sind mit Gras und Unkraut bewachsen und scheinen seit Jahren nicht mehr mit der pflegenden Hand des Verwalters in Berührung gekommen zu sein. Kein Wunder daher, daß Leuten, welche die Grabstätten von dort vor Jahren begrabenen Verstorbenen aufzufinden wünschen, der betreffende Ort nicht mehr gezeigt werden kann.

Hunderte von Gräbern sind durch äußere Anzeichen nicht mehr zu erkennen, indem die sie einst bedeckenden kleinen Sandaufwürfe vom Wind verweht oder von Füßen auseinander getreten worden sind.

Auf dem südlichen Fahrweg der westlichen Hälfte des Kirchhofs lag ein zerbrochenes Holzschild, welches offenbar vorher auf einem in der Nähe befindlichen Kindergrab gestanden hatte, denn es trug den Vers:

„Ach liebste Eltern trauert nicht,
Mir ist jetzt wohl geschehn,
Ich kann jetzt Gottes Angesicht
In Freud' und Wonne sehn.
Das Heil, wonach ihr euch noch sehnt
Um das noch euer Auge thränt,
Das kann ich jetzt genießen."

Die Verwaltungsbehörde hat angesichts dieses dort eingerissenen Schlendrians den löblichen Entschluß gefaßt, in dem Kirchhof keine Leichen mehr in Einzelgräbern begraben zu lassen, sondern nur noch die Leichenbestattung auf Familienbegräbnißplätzen zu gestatten.

In dem vorderen Theil dieser deutschen Todtenstadt befinden sich ausnahmslos Familien-Begräbnißplätze, die meistentheils von den Eigenthümern hübsch gepflegt und in Ordnung gehalten werden. Auf vielen von ihnen stehen hübsche Monumente, während andere durch ihren sinnigen Blumenschmuck Zeugniß ablegen von der Liebe und Verehrung, mit welchen der darunter Liegenden gedacht wird.

Nicht weit dem Eingangsthor steht ein Obelisk mit der Inschrift: „Wand'rer, stehe still! Hier ruht in Gott ein treuer Gatte und Vater, der in seinem Beruf als Feuermann sein Leben lassen mußte.
John Streming, killed at fire on South Water street, June 8, 1865, while on duty."

Von den schöneren der Monumente tragen die folgenden die beierwähnten Namen: Charlotte Becker, John Janke, Familie Fiedler, Wm. Hallermann, C. Sprengel, A. Drechsler, Ludwig Sommer, Friedrich Hörmann, Albert T. Häberle, Amanda Hallemann, Conrad Oberg, F. Schramm, Heinrich Junker, Dora Lasman, Henry Schultz, Wm. Rohn, L. Hildenbeutel, John G. Dohl u. A.

Jenseits der südlichen Grenze von Wunder's Gottesacker befindet sich ein jüdischer Kirchhof. Auf einem Schild über dem Thorwege prangt folgende Inschrift: „Chebra (Gemiloth Chassadim Nbitur Cholim" und über einer zweiten Pforte hängt ein Schild, auf welchem „Hebrew Benevolent Society" geschrieben steht; außerdem begräbt auch die Gemeinde B'nai Sholem hier ihre Todte.

Der Friedhof enthält fünf Acres Land, die Familienbegräbnißplätze und auch die meisten der Einzelgräber zeigen liebevolle Pflege und sind trefflich in Stand gehalten und der hier als Todtengräber fungirende Schwede P. N. Neiglid, ein Gärtner von Beruf, sorgt gewissenhaft für die Reinhaltung der Wege und im Allgemeinen dafür, daß der ganze Platz einen angenehmen Eindruck auf den Beschauer macht.

Herr Reiglick bekennt sich zum christlichen Glauben und erhält für seine Dienstleistungen kein festes Gehalt, sondern er begnügt sich mit dem, was ihm der Verkauf von Pflanzen und Blumen zu Gräberschmückungs-Zwecken und die Verzierung und das Instandhalten der Gräber einbringt.

Auf diesem Friedhof liegen etwa 2000 Leichen begraben, von denen nicht wenige auf Vereinskosten beerdigt wurden. Auch an hübschen Monumenten fehlt es nicht; die Aufschrift auf einem der ersten, die dem Eintretenden in die Augen fallen, legt Zeugniß ab von der vielen Juden eigenen Sucht, ihre ehrlichen deutschen und zum großen Theil sehr hübsche Namen zu englisiren und so zu verunstalten, daß man sie in ihrem englischen Gewande nicht wieder erkennt. Um den Unterschied recht deutlich hervortreten zu lassen, war die Inschrift in deutscher und englischer Sprache in das Denkmal gemeißelt, nämlich:

„Hier ruht in Frieden meine theure Gattin und unsere gute Mutter Hanne Meier, geboren in der Stadt Schneidemühl in Preußen."

(Englisch) — "Hannah Meyer, born in the City of Shneidemill, Prussia."

Von den übrigen Monumenten, die ihrer Kostbarkeit wegen Erwähnung verdienen, nennen wir die von: Morris Rosenfeld, Hermann Seaman, Isaac Goldstein, Isaac Waixel, Moses Ruhl, M. M. Spiegel, H. L. Marks, Henry Abrahams, Marcus Jampolis, David Adams, Heiman Solomon, Jacob Pieser, P. Goldstein, — Shrinski, Samuel Goldmann u. s. w. Der Friedhof wurde im Sommer von 1854 eröffnet und die Leiche von Ida Kohn, die am 6. August jenes Jahres begraben wurde, war die erste, die dort zur Ruhe bestattet wurde.

Weiter südlich an Clark Str., an der südwestlichen Ecke von Belmont Ave., lag früher der etwa 4 Acres große Friedhof der jüdischen Gemeinde Anshe Manriv, welcher im Jahre 1856 ausgelegt und seinem Zweck übergeben wurde. Diese Gemeinde hat aber kürzlich draußen in Jefferson, in der Nähe des Armenhauses, einen 20 Acres enthaltenden neuen Friedhof anlegen lassen. Die Gebeine der im alten Friedhof begraben Liegenden, sowie auch die auf vielen der Gräber stehenden Monumente sind nach dem neuen Friedhof transportirt worden. Die Zahl der auf dem aufgehobenen kleinen Friedhof begrabenen Leichen wurde von dem Verwalter des Letzteren, dem Deutschen Chas. Block, auf 985 angegeben.

Friedhof Oakwoods.

Dieser Friedhof nimmt unter den öffentlichen Beerdigungsplätzen unserer Stadt einen hervorragenden Rang ein und ist einer der schönsten von ihnen. Er befindet sich südlich von der 67. Straße, zwischen Cottage Grove Ave. und den Geleisen der Illinois Central-Bahn; die Einfahrt ist an der 76. Straße. Wohnhäuser schießen in der unmittelbaren Umgebung dieses Gottesackers überall wie Pilze aus der Erde, doch ist Letzterer einer der wenigen Friedhöfe in Cook County, die durch einen besonderen „Charter" seitens der Legislatur gegründet wurden, worin Oakwoods gegen irgend welche Eingriffe geschützt und Garantie für den dauernden Bestand des Friedhofs geleistet ist. Unter den bestehenden Gesetzen dieses Staates stehen alle neueren Friedhöfe in Gefahr, durch gewöhnliche Fahrstraßen, öffentliche Wege und Eisenbahnen, die sich das Wegerecht durch sie hindurch erwerben, schwer geschädigt zu werden, und ihnen wird nicht der Schutz geboten, dessen sich diejenigen erfreuen, die unter den alten Spezial Charters gegründet wurden.

Die Friedhofsgesellschaft war bei der Veranlagung von Oakwoods im Jahre 1864 so glücklich, sich die Dienste von Adolph Strauch, des schon mehrfach erwähnten, vortrefflichen Landschaftsgärtners des Spring Grove Friedhofs in Cincinnati, versichern zu können. Ehe mit der Auslegung begonnen wurde, nahm Herr Strauch eine genaue Besichtigung des geplanten Terrains vor, worauf er nach den ausgeführten Vermessungen die Pläne anfertigte, die am niedrigsten liegenden Punkte zur Veranlagung von See'n bestimmte und vorschrieb, daß die Erhöhungen noch höher und zu hübsch geformten Erdhügeln gemacht werden sollten, zu welchem Zweck die bei den Ausgrabungen für die künstlichen Seen herausgeworfene Erde benutzt wurde. Die Fahrstraßen sind in hübschen Bogenlinien angelegt, die sich um die „Sectionen" von verschiedener Form und Größe herumschlängeln. Zwischen den Hügeln ziehen sich die Miniatur Thäler dahin, durch welche eine gründliche Drainirung der auf den höher gelegenen Punkten ausgelegten Begräbnißstätten erzielt wird. Der Boden ist sandig und kiesig, eine Beschaffenheit, die sich zu Zwecken der Leichenbestattung am besten eignet.

Wie alle anderen Friedhöfe, die auf Schönheit und Anmuth Anspruch erheben können, so ist auch Oakwoods in landschaftlicher Beziehung ein von Umzäunungen und Einfassungen der Begräbnißplätze freier Park; der Friedhof ist nach dem "Lawn"-System angelegt, wodurch die natürlichen Reize der Landschaft erhalten bleiben. Oakwoods kann daher mit Recht ein ländlicher Todtengarten genannt werden, der wie ein freundlicher Parkgarten verschönert und gepflegt wird, ohne aber des ernsten Charakters beraubt zu sein, der einem Friedhof nicht ganz abgehen darf. Oakwoods besitzt ein Gebiet von 184 Acres, von denen etwas weniger als die Hälfte noch nicht in Benutzung gezogen ist. Die erste Beerdigung fand dort am 20. Mai 1865 statt, welcher seitdem über 29,000 andere gefolgt sind.

Die auf dem Gottesacker errichteten Verwaltungsgebäude und vorhandenen praktischen Vorrichtungen entsprechen den modernsten Anforderungen. Das schmucke Wohnhaus des Friedhofs-Direktors B. Lawson enthält auch die Geschäftsräume und das Pult des Buchhalters Chas. C. Drew, welcher bei der Führung seiner Geschäftsbücher ein System eingeführt hat, welches es ermöglicht, über eine dort begrabene Leiche, den Begräbnißplatz u. s. w. ohne Zeitverlust alle gewünschte Information zu ermitteln. Im Nu schlägt genannter Beamte das Blatt in diesem oder jenem der Bücher auf, auf welchem Nummer des Begräbnisses, Name, Geburtsort, früherer Wohnort, Todestag des Verstorbenen, die Krankheit, an welcher er gestorben, Namen seiner Verwandten, Namen des Leichenbestatters und andere Dinge verzeichnet stehen, nach welchem Hinterbliebene eines Begrabenen fragen mögen. Nahe dabei, südlich von dem Officegebäude, stehen die ausgedehnten Gewächshäuser, über welche der geschickte, in seinem Fach sehr tüchtige Obergärtner Alexander Reed das Regiment führt. Die Kunst der Blumenzucht wird

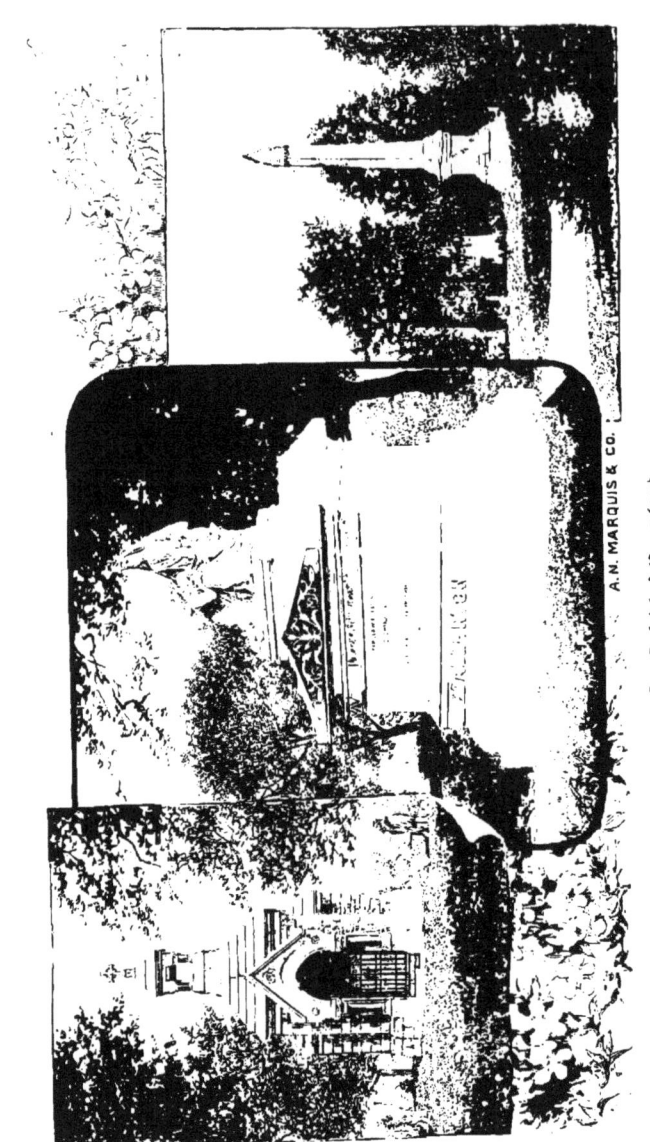

Im Friedhof Graceland.

hier in nicht weniger als zehn Gewächshäusern ausgeübt, von denen jedes eine Länge von 100 Fuß und eine Breite von 20 Fuß hat. Hier werden nicht nur die zahlreichen Blumen gezogen, welche während des Sommers die Gräber schmücken, sondern auch die vielen seltenen Rosen und Prachtblumen, die, zu Sträußen geformt, von den Damen der Nachbarschaft oder solchen, die zum Besuch von Gräbern nach dem Friedhof kommen, gekauft und mitgenommen werden.

Die Blumenzucht und der Blumenhandel, in Verbindung mit der Herrichtung und Schmückung der Gräber, Begießen derselben ꝛc., bilden eine reiche Einnahmequelle für die Gesellschaft und haben die Einrichtung eines eigenen Comptoirs und die Anstellung mehrerer Clerks erforderlich gemacht. Ganz in der Nähe der Treibhäuser befinden sich die Dampfwasserwerke des Friedhofs, welche etwa 6 Meilen Wasserröhren versorgen. Die Zahl der künstlichen Seen beträgt fünf, und ein jeder von ihnen hat eine recht ansehnliche Größe anzuweisen und wird von grünen Rasenufern umsäumt. Bei den Ausgrabungen hierfür wurde die von einer Baggermaschine herausgehobene Erde auf kleine Eisenbahnwagen geladen und von diesen nach niederen Stellen, wo Auffüllen nöthig war, gebracht. Eine andere wichtige Verbesserung ist die steinerne imposante Einfahrt, die an Stelle der früheren hölzernen an 67. Straße getreten ist. Oakwood ist reich an kostbaren Monumenten und Mausoleen, zu denen auch die öffentliche Gruft gerechnet werden muß, welche mit einer sehr hübschen Kapelle verbunden ist und Raum hat für 500 Särge. Von den Denkmälern fällt dem Besucher gleich beim Eintritt in den dicht mit herrlichen Bäumen bewachsenen Friedhof das Conrad Seipp-Monument in die Augen, ein Granit-Obelisk mit Urne. Auf der Familienbegräbnißstätte befinden sich die Ruhestätten von H. J. Christoph, Maria Josepha, Elizabeth, Frank, Conrad J. und Curt Seipp, J. B. Gartenmann, John, Sybilla und Elise Orb und Großvater W. Schmahl.

Im Folgenden bringen wir ein Verzeichniß von deutschen Namen, welche als Inschriften auf einer Reihe von Monumenten stehen, die sich vor anderen durch ihre Kostbarkeit unterscheiden: Wm. W. Newmann, Jacob H. Foß, Joseph E. C. Zeller, Sam. R. Noe, — Paltzer, Gabriel Steiger, L. G. Gall, Dan. Goodman, Nellie W. Ullmann, Giesbert Pottgieser, F. Kublank, Louise Lehrkamp, J. Sorgenfrei, Geo. Kreß, Aug. Keller, J. Werkmeister, Ed. T. Wadlow, Carl Gieliske, C. F. Kauffert, August Geilfuß, Aug. H. W. Jahnke, Emma W. Jacob, Paul Kleiner, Wm. Hickling, Cornelius B. Kesler, Paul Cornell, Chas. Stein, Christian Schmidt, Carl Teßmann, Peter Abt, Henry Appel, Heinrich G. Oehmich, W. H. Schimpfermann, H. Guth, B. Artz, Conrad Stuckart, Cath. Friesleben ꝛc.

Ein von dem Direktorium des Chicagoer „Soldiers' Home" am 30. Mai 1876 (Gräberschmückungstag) errichtetes Soldaten Monument stellt einen gemeinen Soldaten mit Gewehr bei Fuß dar; die Statue ist aus Stein gehauen, der Sockel besteht aus Marmor. Vor dem Monument befinden sich die Gräber von ungefähr 70 Kriegsveteranen und vier Kanonen; je zwei solcher stehen auch auf jeder Seite des Denkmals. In einem dichten Gehölz von Ulmen liegen die Gebeine von über 5000 Rebellsoldaten, welche zur Zeit des Krieges in dem damals an Cottage Grove Avenue, nördlich von der jetzt eingegangenen Universität belegenen Kriegsgefängniß „Camp Douglas" starben. Der hiesige Verein von ehemaligen conföderirten Soldaten geht mit dem Plane um, den dort begrabenen Kameraden ein passendes Denkmal zu errichten. Auch „Jeff" Davis, ehemaliger Präsident der Secessionisten, interessirte sich für dieses Projekt, was aus dem nachstehenden Schreiben hervorgeht, welches John George Ryan, der Vorsitzende des hiesigen Denkmal-Comites, von ihm erhielt:

„Beauvoir, Miss.

Die mir gemachte Mittheilung über die von dem Verein früherer conföderirter Soldaten in Chicago in's Werk gesetzte Bewegung behufs Errichtung eines Monumentes über den Gräbern der tapferen Männer, die im Gefängniß ihren Tod fanden, und nun unter dem grünen Rasen im Oakwoods Friedhof ruhen, gereicht mir zur besonderen Genugthuung. Diese Männer ließen Leiden über sich ergehen, die nur von uns völlig gewürdigt werden können und starben für eine Sache, die, da sie auf der unzerstörbaren Basis der Wahrheit gegründet war, im Laufe der Zeit ihre Rechtfertigung finden wird.

Es bereitet mir viel Vergnügen, zu erfahren, daß sich drei tapfere Soldaten der Unions-Armee an Ihrem Comite befinden, und es ist eines der erfreulichsten Zeichen der Zeit, daß diejenigen, die sich einer derben Sprache gegen uns bedienen und uns am meisten verhöhnen, sich nicht unter Denen befinden, die in den vordersten Reihen standen, um dem ersten Anprall des Feindes in der Schlacht zu widerstreben, sondern Leute sind, denen der Geruch von Pulver zuwider war. Empfangen Sie meine besten Wünsche zum Gelingen des gesegneten Werkes, an welchem Sie thätig sind, und ich glaube gewiß, daß Sie sich das Wohlwollen Ihrer Brüder im ganzen Süden erwerben werden.

In Brüderschaft, Ihr Jefferson Davis."

Es wäre nur noch zu bemerken, daß auf Oakwoods sich auch zwei kleine Judenkirchhöfe befinden, nämlich der einen Acre messende der Gemeinde „Beth Hamedrash, und der der Gemeinde „Chovch Sholom", welcher nur ½ Acre an Flächengebiet aufzuweisen hat.

Gründung und Rathaus Friedhof.

St. Maria. — Mount Greenwood.

Weit draußen, jenseits der südwestlichen Stadtgrenze, in einer anmuthigen ländlichen Gegend, nach welcher die Weltstadt Chicago aber auch schon ihre „Fühlhörner" ausstreckt, befinden sich nicht weniger als vier Friedhöfe, von denen der älteste nur ein Alter von zwölf Jahren erreicht hat, während der jüngste erst im Juni 1889 seinem Zwecke zur Verfügung gestellt wurde.

Mit Ersterem ist Mount Greenwood, mit Letzterem Mount Hope gemeint. Der dritte des Viergestirns, Mount Olivet, wurde im Juni 1885 ausgelegt, der vierte aber und zweitjüngste der Gottesäcker, St. Maria, ist am 13. Mai 1888 durch Erzbischof Feehan im Beisein von einer auf 5000 bis 6000 geschätzten Menge eingeweiht worden. Ein jeder der genannten vier Friedhöfe liegt an der Grand Trunk Eisenbahn und der St. Marien Gottesacker ist der erste, den die Züge genannter Bahn, nachdem sie vom Bahnhof an Polk= und Dearbornstraße abgefahren sind, berühren. Er liegt an der 87. Straße, also unmittelbar jenseits der jetzigen südlichen Stadtgrenze; im Westen bildet Crawford Ave., im Osten der Fahrdamm der Grand Trunk Bahn die Grenze. Der Gottesacker liegt auf dem westlichen Ausläufer der Washington Heights und sein höchster Punkt 55 Fuß höher als der Wasserspiegel des Lake Michigan und um 16 bis 20 Fuß höher als das benachbarte Prairieland. Was nur bei wenigen unserer Friedhöfe der Fall ist, bietet sich, von den Hügeln St. Mariens aus, eine Aussicht auf viele Meilen im Umkreise.

Das Entstehen dieses deutsch=katholischen Kirchhofs, für welchen südlich von der Stadtgrenze ein dringendes Bedürfniß vorhanden war, ist dem Edelmuth des Ehepaares Heinrich und Maria Wischemeier zu verdanken, welches im Jahre 1887 den deutschen Katholiken Chicago's 60 Acres von jenem Lande zum Geschenk machte mit der Bedingung, daß es zu Begräbnißzwecken verwendet werde und der Reingewinn zur Unterstützung des deutschen Waisenhauses in Rosehill dienen solle. St. Maria steht unter der nämlichen Verwaltung, wie der Bonifazius=Gottesacker und ist Eigenthum sämmtlicher deutsch=katholischen Gemeinden unserer Stadt. Seit der Gründung von St. Maria erwarb das Gottesacker=Comite unter sehr günstigen Bedingungen noch 42 Acres angrenzenden Landes, so daß das Gesammtgebiet des Friedhofs nun 102 Acres enthält und voraussichtlich auf viele Jahre hinaus den sich stets vermehrenden Anforderungen entsprechen wird. Außer der Grand Trunk=Bahn, welche gegenwärtig die Beförderung von Leichenzügen besorgt, wird sich späterhin auch die Wabash=Bahn in dieses Geschäft theilen, deren Geleise nahe der nordwestlichen Grenze vorüberführen. Leichenzüge, die den ganzen Weg von der Stadt oder den benachbarten Ortschaften zu Wagen zurücklegen, benutzen die Einfahrt an der 87. Straße, wo das Thor von zwei Glockenthürmen gekrönt wird; an der Grand Trunkbahn=Haltestelle hat der Verwaltungsrath ein hübsches Stations=Gebäude im Schweizerstil gebaut, welchem das östliche Einfahrtsthor gegenüber steht. Als das den Friedhof bildende Land in den Besitz der Gemeinden gelangte, stand darauf weder Baum noch Strauch; heute stehen ungefähr 4000 junge, üppig gedeihende Schattenbäume den Wegen entlang und auf den da zwischen liegenden „Sektionen", welche nach Verlauf einiger weniger Jahre sich aus kahlem Land in einen schattigen Hain verwandelt haben werden.

Bei der Veranlagung ist dem modernen Parksystem der Vorzug gegeben worden und von dem in gefälligen Schlangenwindungen sich durch den Friedhof ziehenden Fahrstraßen mündet eine in die andere, so daß eine fortgesetzte Fahrt durch das ganze Gebiet gemacht werden kann, ohne umdrehen zu müssen. Ist man durch das sehr hübsche Einfahrtsthor bei der Station St. Maria eingetreten, so theilt sich der Fahrweg sogleich in zwei Arme, von denen der eine, die St. Antonius Ave., sich am Hügel hinan windet, der andere, die St. Heinrich Ave., seinen Weg durch den tiefer gelegenen Theil an einem kleinen See vorbei nimmt; in einer Entfernung von etwa 300 Fuß verbinden die beiden Straßen sich wieder miteinander und von hier aus gelangt man dann auch auf die von St. Peters-, St. Franciscus-, St. Paulus-, St. Georgs-, St. Augustinus-, St. Martins-, St. Ferdinand-, St. Aloisius und andere Alleen. An einem Punkt, an welchem genannte Fahrstraßen sämmtlich zusammentreffen, steht das Wischemeier-Denkmal, welches vom Verwaltungsrath dem edlen Menschenpaare, Herrn und Frau Wischemeier, aus Dankbarkeit für das den deutschen Katholiken Chicago's gemachte Geschenk gesetzt worden ist. Das Monument, welches aus Marmor gefertigt ist, stellt einen abgebrochenen Baumstamm dar, auf dessen losgelöster Rinde folgende Inschrift eingemeißelt ist:

„Gedenktafel. Gewidmet Heinrich und Maria Wischemeier, den großherzigen Gründern dieses Gottesackers. Das Comite, Peter Fischer, Präsident, 4. Januar 1887."

Wandert man von diesem Denkmal in westlicher Richtung weiter bis zur Mitte des Friedhofs, so gelangt man an die massiv gebaute, allgemeine Gruft, deren Dach aus blauem Schiefer besteht, sinnig verziert ist und an jedem Ende ein Kreuz trägt. Das Tageslicht strömt durch buntfarbige Radfenster in das Innere der Gruft, wo die vielfarbigen Lichtstrahlen einen magischen Schein über Wände und Fußboden breiten. Raum ist vorhanden für 300 bis 400 Särge. Von der Gruft aus führt die St. Johannes Ave. nach dem höchsten Punkt des Gottesackers, auf welchem das für den Todtengräber, R. Merkel und dessen Nachfolger gebaute, stattliche Wohnhaus steht und von wo aus er einen jeden Theil des Friedhofs deutlich sehen und gleichzeitig überwachen kann. Die St. Franciscus Ave. führt von der Wohnung des Todtengräbers westlich bis zur Crawford Ave., geht man aber in nördlicher Richtung weiter, so führt der Weg über eine kleine, schmucke Brücke, welche über den dort befindlichen Fischteich gebaut ist, der diesem Theil des Gottesackers zur schönsten Zierde gereicht und den Gegenstand vielseitiger Bewunderung bildet. Von hier schlängelt sich ein Fahrweg in der Richtung nach der Ecke Crawford Ave. und der Wabash Eisenbahn, an welcher Stelle ein drittes Einfahrtsthor sich befindet.

Der vormalige und erste Präsident des Direktoriums, Pfarrer Peter Fischer von der St. Antonius Kirche, hat eine Neuerung eingeführt, die bis jetzt auf katholischen Gottesäckern meines Wissens zu den nicht vorhandenen Dingen gehörte, nämlich auf seinen dringenden Vorschlag hin ist einer der schönsten Theile von St. Maria, Sektion A, zu Begräbnißplätzen für Familien gemischter Religion bestimmt worden, sodaß in Fällen, in denen der Mann katholisch und die Frau protestantisch war, oder umgekehrt, Beide neben einander begraben werden können.

Außer dem weiter oben erwähnten Wischemeier-Denkmal sind noch einige andere Monumente vorhanden, die ich nicht mit Stillschweigen übergehen will; das Denkmal Michael Heidi's von Englewood ist ein hoher Obelisk, auf welchem St. Michael im Kampfe mit dem Drachen dargestellt wird; das von Anton Tennie besteht ebenfalls aus einem Obelisken, welcher von einem Kreuz und einer weiblichen Figur, die Trauer darstellend, gekrönt wird; die übrigen größeren Monumente sind die von August Bauer, Johann Ferber, Isabella Väsgen (von Blue Island), John Wessendorf (von Washington Heights), Theresa Gottselig, Peter Thomas u. s. w. Die erste Leiche, die St. Maria aufnahm, war die der Frau Katharina Wessendorf von Washington Heights, die am 10. Dezember 1887 begraben wurde.

Es sind alle Anzeichen dafür vorhanden, daß dieser deutsche Gottesacker mit den Jahren und nachdem die zahlreichen dort gepflanzten Bäume ihre Aeste ausgebreitet haben und Schatten spenden werden, einer der schönsten Friedhöfe in der nächsten Umgebung Chicago's und wahrscheinlich einer der schönsten deutsch-katholischen Kirchhöfe Amerika's werden wird. Die Auslegung und Verschönerung St. Maria's steht unter der fähigen Leitung des Friedhofsverwalters John Weisbücher, der es recht sehr bedauert, daß der Wald, welcher vor 25 oder 30 Jahren jene ganze Gegend bedeckte, die damals und bis in die jüngste Zeit noch Mecklenburger Ridge benannt wurde, mit Stumpf und Stiel ausgerottet wurde. Zum Schluß ist noch zu erwähnen, daß die Einzelgräber sich auf einer von der Natur gebildeten Anhöhe befinden, auf Sektion D. Sie sind hübsch in Ordnung gehalten, doch würden anstatt der Holzkreuze, mit denen fast ein jedes der Gräber gezeichnet ist, dauerhafte, wenn auch niedrige Grabsteine, dem Ganzen ein vortheilhafteres Ansehen verleihen, welches jetzt das eines altmodischen Dorfkirchhofes ist. Im ersten Jahr betrugen die Einnahmen für verkaufte Familien-Begräbnißplätze, Einzelgräber und das Grabmachen zusammen $3,712.29, wozu noch $577.40 kamen, die bei der Einweihung und aus anderen Quellen erzielt wurden.

Südlich von St. Maria, in einer Entfernung von 3½ Meilen, an der Grand Trunkbahn und 16¼ Meilen vom Bahnhof, liegt der im Jahre 1879 der allgemeinen Benutzung übergebene Friedhof Mount Greenwood, der, wie auch seine nächsten Nachbarn, Mount Olivet und Mount Hope, sowie die Ortschaft Morgan Park, auf dem Kamme von Washington Heights und in einer dicht bewaldeten Gegend sich ausdehnt. Die Hügelkette erreicht auf Mt. Greenwood eine Höhe, die sich 70 Fuß über dem Spiegel des Michigansee's befindet und ist mit hohen, stark stämmigen und knorrigen alten Eichbäumen bewachsen, die an den noch nicht veranlagten Stellen des Friedhofs einen dichten Forst bilden. Von den 80 Acres, die in dem Friedhof enthalten sind, wurden bis jetzt erst 16 in Benutzung gezogen. Auch hier ist von allem Anfang an das Parksystem in Anwendung gebracht und gewissenhaft befolgt worden und die in gefälligen Linien durch den Friedhof sich windenden Fahrwege sind zum größten Theil macadamisirt. Die erste Beerdigung fand am 28. April 1880 statt und seitdem sind über 2500 Leichen dort begraben worden. Auf die Schmückung und Instandhaltung der Grabstätten wird viel Sorgfalt verwendet. Der reiche Blumenschmuck, der dort überall dem Blick begegnet, ist besonders dazu angethan, dem Besucher eine günstige Meinung von dem Verwaltungs- und Anlage-System beizubringen und auch die an passenden Stellen angebrachten Ruhebänke verfehlen nicht, das anmuthsvolle Bild zu vervollständigen. Neben der Einfahrt, die sich an 111. Straße, östlich von der Bahnstation befindet, steht die durchweg aus Baumästen und Rinde aufgebaute Geschäfts-Office, die über und über von Schlinggewächsen umrankt ist. Wenige Schritte hiervon ist mitten auf dem breiten Fahrweg ein Blumenrondell angelegt, auf welchem zahlreiche Ziersträucher, ein Bananenbaum, Canna's, andere hochstämmige Pflanzen und viele Blumen eine höchst malerische Gruppe bilden. Den Blumengärtnern sind zwei geräumige und mit allen modernen Vorrichtungen versehene Treibhäuser und ein Fortpflanzungshaus, die je eine Länge von 100 Fuß haben, zur Verfügung gestellt. Unweit von der laubenähnlichen Office und den Gewächshäusern steht die aus Stein erbaute öffentliche Gruft, die Raum hat für 500 Särge. Von den auf Mt. Greenwood errichteten Denkmälern verdient der 33 Fuß hohe Granit-Obelisk des bekannten Menschenfreundes Karl Uhlich zuerst erwähnt zu werden. Auf der Spitze des Monumentes steht eine weibliche Figur mit gen Himmel gestreckter Hand, das Symbol der Hoffnung. Auf dieser Begräbnißstätte ruhen die Gebeine des Ehepaares Uhlich, von vier Kindern desselben und die von Henry Klein, eines alten Freundes der Familie. Die übrigen von den kostspieligeren der Monumente sind die von Herman Brockway, Mary Adelheid Brockway (letzteres ein hohes, aus weißem Metall gefertigtes Denkmal, mit einer „Glauben" versinnbildlichenden Figur auf der Spitze), Wm. Morgan (von Blue Island), N. B. Rexford, Benjamin Kayler (der ursprüngliche Eigenthümer des Landes, auf welchem der Friedhof ausgelegt ist), Orden der Elks (ein metallenes, niedriges Denkmal, auf welchem ein aus Bronze gegossenes Musthier aufgestellt ist), Edgar Johnson Goodspead, Walter Pride Cottle u. A.

Mount Olivet und Mount Hope.

Gerade gegenüber von der Einfahrt zum Mount Greenwood Friedhof, an der anderen Seite von 111. Straße, befindet sich die Eingangspforte zu dem irisch-katholischen M o u n t O l i v e t Friedhof, welcher sich von da südlich bis zur 115. Straße entlang zieht und ebenfalls auf hohem, hügeligen Boden angelegt ist. Der Flächeninhalt von Mount Olivet ist genau derselbe, wie der von Mt. Greenwood, nämlich 80 Acres, von denen bereits 30 in Benutzung sind. Die Einweihung dieses Kirchhofs fand am 28. Juni 1885 statt und seit jenem Tage haben nahezu 450 Verstorbene dort ihre letzte Schlummerstätte gefunden. Mount Olivet wird von denselben Leuten verwaltet, welche an der Spitze von Calvary stehen. Der Gottesacker legt auf den ersten Blick Kunde davon ab, daß hier der Geist der Ordnung herrscht und daß der ernstliche Versuch gemacht wird, den Platz so viel wie möglich sauber und waldparkähnlich zu erhalten; der sich über Mt. Greenwood erstreckende Eichenwald findet hier seine Fortsetzung in südlicher Richtung.

Von den wenigen Monumenten, die vereinzelt zwischen den hohen Bäumen stehen, ist hauptsächlich das von den irischen Nationalisten aufgestellte Denkmal, ein 30 Fuß hoher Granit-Obelisk, zu erwähnen. Außerdem sind zum Andenken an Abraham Raimburg, James Shay, Johann Flannigan, Carl Miller, Martin Hogan, Wilhelm Pauly, P. C. McDonald u. A. mehr oder weniger kostbare Monumente gesetzt.

An Mt. Olivet grenzt im Süden der noch neue, bis jetzt wenig benutzte, aber prächtige M o u n t H o p e F r i e d h o f. In Bezug auf natürliche Veranlagung und landschaftliche Reize muß diesem Gottesacker vor allen anderen die Palme zuerkannt werden. Auch an Größe des Gebiets steht er mit vorne an, denn er umfaßt 300 Acres, hat also eine Ausdehnung, die nur Rosehill noch aufzuweisen hat.

Mount Hope ist auf der bewaldeten Hügelkette angelegt, die, wie vordem schon erwähnt, Washington Heights genannt wird, und wird im Osten von der schmucken Ortschaft Morgan Park begrenzt. Die Friedhofsgesellschaft besitzt, wie sie in einem gedruckten Büchelchen erklärt, ein Betriebskapital von $600,000, wovon sie in den letztverflossenen fünf oder sechs Jahren über $150,000 für weitgehende Verbesserungen und Verschönerungen und als Arbeitslohn an Ingenieure, Landschaftsgärtner und gewöhnliche Arbeiter verausgabt hat. Der Gesammteindruck, den dieser Prachtfriedhof auf den Beschauer hervorbringt, ist der, daß die Gesellschaft keine Kosten gescheut hat, um einen idealen Friedhof zu schaffen, was ihr selbstverständlich durch die von der Natur hervorgebrachten landschaftlichen Schönheiten nicht allzu schwer gemacht wurde. Das ganze ausgedehnte Revier: die von glänzend weißen Fahrstraßen durchschnittenen, mit Ziersträuchern, herrlichen Blumen und neuangepflanzten Bäumen besäeten grünen Matten, die vom Fuße der Hügelreihen wellenförmig in weiten Flächen sich dahinziehen; die von stolzen Eichbäumen bewachsenen Abhänge der Hügel, welche bis zu einer Höhe von 100 Fuß über dem Spiegel des Michigansees aufwärts streben und von denen aus man eine ebenso interessante als genußreiche Fernsicht genießen kann; die gesammten Anlagen, bei deren künstlichen Ausschmückung gediegener Geschmack und gründliches Verständniß mit einander Hand in Hand gingen, müssen in dem Besucher, welchem jene Gegend bisher fremd geblieben ist und der sich dort auf ein so paradiesisches Fleckchen Erde nicht gefaßt gemacht hatte, eine freudige Ueberraschung erzeugen und ihn in aufrichtiges Erstaunen versetzen.

Wenige Schritte westlich von den Geleisen der Grand Trunkbahn hat die Friedhofsgesellschaft im griechischen Baustyl eine 160 Fuß breite Säulenhalle gebaut, die $20,000 gekostet hat. Das nördliche Ende derselben bildet das Geschäftszimmer des Verwalters, das südliche eine große Kapelle zur Abhaltung von Leichenfeiern.

Parkansicht im Friedhof Graceland.

Vor diesem stolzen Bau zieht sich eine grüne Rasenmatte hin, die hübsch mit Blumen verziert ist.

Einer der sich durch den Friedhof schlängelnden hübschen Fahrwege führt nach der öffentlichen, unter einem der Hügel gebauten Steingruft, welche 160 Fächer für Särge enthält und viel Aehnlichkeit mit der Gruft in Graceland hat. Zwischen den alten Eichen oben auf dem Hügel sind viele junge Laubbäume gepflanzt und die einzelnen Gräber hier oben lassen an deren Umgebung erkennen, daß das Parksystem durchweg als Regel eingeführt ist.

Der hübsche kleine See, welcher westlich von der Säulenhalle, ganz nahe dabei, angelegt und von Blumen und Sträuchern umzäunt ist, paßt vorzüglich in den Rahmen des lieblichen Bildes.

Die Gesammtlänge der durch den Friedhof führenden Fahrstraßen beträgt ungefähr 5 Meilen und die mit nicht geringen Kosten hergestellte Canalisation erstreckt sich über ein 100 Acres großes Revier; dasselbe gilt von dem Wasserleitungssystem, welches von einer Dampfwasserpumpe gespeist wird, die aus einem artesischen Brunnen die gesammte Röhrenleitung versorgt.

Mount Hope wurde am 30. Juni des Jahres 1888 eröffnet, nachdem eine Arbeiterschaar 3 Jahre lang damit beschäftigt gewesen war, den herrlichen Naturpark praktisch und zweckdienlich zu veranlagen und ihn mit all den Schönheiten auszustatten, die den Todtengarten jetzt zieren und bei deren Hervorbringung Menschenhände die Natur kräftig unterstützen mußten.

Die Friedhofsgesellschaft ging offenbar von der Ansicht aus, daß der Verkauf von Familien-Begräbnißplätzen einen viel schnelleren Fortgang nehmen werde, wenn den Kauflustigen gleich im Anfang der Friedhof in vollendeter Veranlagung und mit allen natürlichen und künstlichen Reizen ausgestattet, sich zeigen könne, und darin mögen die Herren Recht haben. Viel schwieriger aber ist es allem Anschein nach, das Publikum zu einer Besichtigung des 17¼ Meilen vom Bahnhof der Grand Trunk-Bahn entfernt liegenden Todtenhaines zu veranlassen; könnte von der Gesellschaft ein Mittel ersonnen werden, durch welches jener Friedhof an irgend einem Tage das Ziel eines allgemeinen Ausflugs seitens der Bevölkerung unserer Stadt werden würde, so würden sich dem Absatz von Begräbnißplätzen wahrscheinlich keine weiteren Hindernisse in den Weg stellen.

In Bälde wird dieser Friedhof, sowie auch Mt. Greenwood und Mt. Olivet, vermittelst der Rock Island-Bahn zu erreichen sein, deren Geleise bis zur östlichen Grenze von Mount Hope ausgedehnt werden sollen.

Auf Letzterem befinden sich noch keine Grabdenkmäler und wenn der Blick nicht zufällig der steinernen Todtengruft und dem granitnen Mausoleum von Alonzo W. Rollins, welches in einem der Hügel sich befindet, begegnete, würde nichts darauf hindeuten, daß der reizende Park dem Begräbniß von Todten gewidmet ist.

Kürzlich hat der englische Preßclub von Chicago dort auf seinem Begräbnißplatz ein schönes Denkmal aufgestellt.

Haase's Park.

Westlich von der Stadtgrenze, ungefähr 9 Meilen vom Courthaus und zwischen Madison und der 16. Straße, befinden sich drei größere Friedhöfe: Concordia, Waldheim und Forest Home, und südlich von letzterem noch mehrere kleinere jüdische Kirchhöfe. Die zuerst genannten drei Friedhöfe, die zusammen nahezu 240 Acres Land enthalten, bildeten während der 14 Jahre, die dem Jahre 1872 direkt vorausgingen, mit anderem angrenzenden Waldland den damals unter dem Namen „Haase's Park" bekannten Picnic-Platz, den schönsten und größten Hain, der den Vereinen, Logen und Gesellschaften Chicago's zur Abhaltung von Festlichkeiten jemals zur Verfügung gestellt worden ist.

Gar Mancher, welcher in jenen Tagen in voller Lebenskraft und Lebenslust in Haase's Park dem Vergnügen huldigte, liegt jetzt unter denselben Bäumen, in deren Schatten er einst in Gesellschaft fröhlicher Cumpane sich seines Lebens freute, zur ewigen Ruhe gebettet, und anstatt der lustigen Gesänge und heitern Tanzmusik, die einst in jenen Wäldern das Echo wachriefen, hört man heutigen Tages nur die Töne von Klageliedern und die Klänge von Trauermusik. Freude und Lust haben dem Ernst und der Trauer Platz gemacht; Stellen, auf denen früher Tanzböden aufgeschlagen, Bierstände errichtet waren, haben nun Grabgewölben Raum gewährt; Bäume, unter denen in jenen Tagen die Festesfreude oft die üppigsten Blüthen trieb, werfen ihren Schatten nun auf blumengeschmückte Grabhügel. Es sind zumeist Eichen und Linden, die der blumen- und pflanzenbewachsenen Oberfläche dieser Todtenstädte, dem Gesammtbilde, den ernsten Charakter verleihen, welcher einem Gottesacker so wohl ansteht. Dem Deutschen ist der Eichbaum als Sinnbild der Treue des Mannes bekannt, zu dem sich wie das deutsche Weib die Linde in lieblicher Anmuth als das Sinnbild treuer Liebe gesellt. Der idyllisch-zahme, melancholisch sanfte Charakter dieser Gegend eignet sich ganz vortrefflich dazu, dem Menschen, nachdem er am Ende seiner irdischen Laufbahn angelangt ist, ein ruhiges, abgeschiedenes Plätzchen zu bieten, wo er sein müdes Haupt zur Ruhe legen kann. An Sonntagen und an allen Tagen, an denen in dem benachbarten Louisenhain heutigen Tages deutsche Feste gefeiert werden, bildet der am Fluß sich entlang ziehende Urwald das Ziel zahlreicher Touristen, und dabei kann es nicht ausbleiben, daß die angrenzenden Friedhöfe einen nicht geringen Theil dieser Spaziergänger abbekommen. Es gehört keineswegs zu den Seltenheiten, daß bei solchen Gelegenheiten festlich gepuzte, fröhliche Kinderschaaren dort zwischen den Gräbern sich herumtummeln, und da kann ich es mir nicht versagen, hier eine sehr hübsch empfundene, poesievolle Stelle aus Wilhelmine von Hillern's „Friedhofsblume" einzuschalten, weil sie recht gut hierher paßt:

„Da sind überall gar lauschige Plätzchen zum Versteckensspielen. Und was für Märchen lassen sich da träumen in diesen Nischen unter den niederhängenden Zweigen der im Abendwind rauschenden Weiden! Das flüstert und raunt, das huscht und schlüpft unsichtbar durch die wehenden Schleier der Kreuze und knistert in den vertrockneten Kränzen. Und da und dort blickt traurig ein steinernes Kind von einem Monument herab und sieht sehnsüchtig zu, wie die lebenden Genossen da herumspielen, als möchte es gerne mitmachen. Und die marmornen Rosenguirlanden, die solch ein Denkmalskind immer in der Hand hält, glühen auf im Abendroth, als sollten sie sich beleben und duften wie ihre blühenden Genossinnen unten auf dem Grab.

Und als ahnten die Kinder, daß das steinerne Bildniß auch mitthun möchte, ziehen sie es hinein in ihre Spiele und plaudern mit ihm und fragen es und beantworten sich dann selbst an seiner Statt die Frage; denn so machen sie es ja auch mit ihren Puppen.

„Hat Deine Mutter arg geweint, als Du starbst?"

„Ja — sehr!"

„Bist Du jetzt im Himmel, ist es dort schöner als hier?"

„Ja, noch viel schöner."

Und dann erzählt das steinerne Kind vom Himmel und die Anderen hören andächtig zu —."

Das hier in Betracht kommende Terrain grenzt im Westen an den Desplainesfluß und im Osten bilden Desplaines Avenue, an welcher die steinernen Einfahrtsthore zu Waldheim und Forest Home sich befinden, die Grenze. Der südliche Winkel dieses Fleckchens Erde ist vor vielen, vielen Jahren schon zu Zwecken der Beerdigung menschlicher Leichen benutzt worden und darf daher mit Recht als der älteste Begräbnißplatz in der nächsten Umgebung Chicago's genannt werden, denn dort auf dem heute noch "Indian Hill" genannten Hügel, nahe der 12. Straße, begruben die Bewohner des dort vorhanden gewesenen Indianerdorfes ihre Todten, und der Besitzer dieses Landes, Herr Ferdinand Haase, ist gewissenhaft darauf bedacht gewesen, den Hügel während der letztverflossenen 40 Jahre in dem Zustande zu erhalten, in welchem er ursprünglich in seinen Besitz gelangte. Man findet daher dort heute noch die mit Asche und Steinen gefüllten Wigwam-Plätze beim Dutzend, gerade so, wie sie einst vom rothen Manne verlassen worden sind; zu befürchten steht nur, daß die starke Zunahme in der Zahl der Beerdigungen auf Forest Home es verursachen wird, daß in Bälde auch diese Spuren der früheren Indianer-Ansiedlungen verwischt werden.

Es war im Frühjahr von 1849, als Hr. Haase, mit der Büchse auf der Schulter, zuerst in jene dichtbewaldete Gegend kam, welche damals Oak Ridge benamst wurde und die von menschlichen Wohnungen nur ein Blockhaus, ein unter dem Namen "8-Mile-House" bekanntes Gasthaus und ein Bretterhaus aufzuweisen hatte; Letzteres gehörte Joseph Kettelstring, einem alten Ansiedler, der im Jahre 1836 schon in Chicago wohnte und dort damals sein erstes Kind durch den Tod verlor.

Das Blockhaus bewohnte Hr. Reuben Wheaples, und von ihm kaufte unser deutscher Pionier Haase zwei Jahre nach seiner Ankunft den östlich vom Desplainesfluß und südlich von Madisonstraße sich entlang ziehenden Urwald, in welchem er zur nämlichen Zeit — in 1851 — die ersten Balken zu seinem heute noch stehenden, hübschen Wohnhaus aufrichtete. Zuerst widmete sich Hr. Haase der Viehzucht, in 1859 aber, als er die Vorliebe gewahr wurde, welche die Deutschen der Stadt Chicago damals schon für jene herrliche Gegend an den Tag legten, stellte er seine grünen, schattigen Wälder dem Publikum behufs Abhaltung von fröhlichen Festen im Freien als Pic-Nic-Hain zur Verfügung und Haase's Park bildete durch viele Jahre hindurch das Mekka Tausender und Abertausender von Leuten; es kam oft vor, daß die alte Galena-Bahn, die erste Eisenbahn, die Chicago aufzuweisen hatte, zwischen 15,000 und 20,000 Festgäste an einem Tage nach Haase's Park und von da zurückbeförderte. Die gewaltige Ausdehnung, die dieses profitable Geschäft, welchem Hr. Haase sich nun zugewendet hatte, gewann, stellte gar große Anforderungen an die Ausdauer und Thatkraft des Parkbesitzers und Hr. Haase, dem die Sache über den Kopf wuchs, machte öfters Versuche, Chicagoer Vereine und Gesellschaften zu veranlassen, den gesammten Park käuflich von ihm zu erstehen; doch trotzdem er den Preis auf nur $100 per Acre festsetzte, waren seine Bemühungen erfolglos.

Im Jahre 1871 endlich gingen verschiedene Theile des Parks in andere Hände über und der dafür bezahlte Preis betrug $800 per Acre. Der von Hrn. Haase gehegte Wunsch, sein Park möge als Festplatz der Deutschen unter der Aegide einer zu diesem Zwecke gebildeten deutschen Vereinigung weiter bestehen, ging somit nicht in Erfüllung, doch ist durch Gründung des Louisenhains, wenn auch in kleinerem Maßstabe, für Haase's Park ein Ersatz geschaffen, welcher den Anforderungen nun in jeder Weise entspricht und während der kurzen Zeit seines Bestehens bereits fest in der Gunst des Deutschthums eingebürgert hat. Der Louisenhain grenzt unmittelbar an die Anlagen des deutschen Altenheim und wurde von Herrn A. C. Hesing in hochherziger Weise dieser Anstalt zum Geschenk gemacht. Die aus dem Verpachten des Hains erzielten Summen fließen nach Abzug geringer Verwaltungskosten in die Kasse Altenheims und bilden einen nicht unbedeutenden Theil der Einnahmen dieser Anstalt.

Forest Home. — Jüdische Kirchhöfe.

Südlich von Waldheim, nur durch einen hölzernen Zaun von diesem Gottesacker getrennt, liegt der von deutschen Männern verwaltete Muster-Friedhof Forest Home, dessen in ewigen Schlaf versunkene Bevölkerung zum weitaus größten Theil aus englisch-amerikanischen Kreisen stammt. Hier fungirt Herr Ferdinand Haase, der Präsident der Friedhofs-Gesellschaft, als Verwalter und Todtengräber; der alte Herr hat aber trotz der zu recht ernsten Betrachtungen Anlaß gebenden und sprichwörtlich gefährlichen Beschäftigung des Grabens von Gruben für Andere noch nicht das Geringste von seinem gesunden Humor eingebüßt; er ist im wahren Sinne des Wortes ein fideler Todtengräber.

Ich habe Forest Home einen Musterfriedhof genannt, weil er dieses Prädikat mit vollem Rechte verdient. Er liegt 56 Fuß höher, als der Spiegel des Michiganfee's, bildet einen Theil eines reizenden Naturparkes, und der ruhige, ernste Charakter des Letzteren ist bei der Veranlagung des Friedhofes so viel wie möglich beibehalten worden. Nirgends wird der Totaleindruck, den die Naturschönheiten dieses Todtengartens hervorbringen, durch unschöne Einzäunungen oder sonstige Ungehörigkeiten abgeschwächt. Das Ganze trägt das Merkmal der Einheit und Zusammengehörigkeit, und Alles muß sich dem mit peinlicher Gewissenhaftigkeit durchgeführten Park- oder "Lawn"-System unterordnen, welches gleich von Anfang an zur Richtschnur genommen wurde. Adolph Strauch, der dieses System zuerst bei der Veranlagung des Spring Grove-Friedhofs in Cincinnati in Anwendung brachte, war ein persönlicher Freund des Herrn Haase und hat in ihm einen eifrigen Nachahmer der schönen Kunst der Landschaftsgärtnerei gefunden. Die Befolgung des Parksystems auf Friedhöfen hat nicht wenig dazu beigetragen, die Lust an diesem schönsten Zweig der ornamentalen Landwirthschaft, der Landschaftsgärtnerei, zu wecken, welche bis in die neuere Zeit in Amerika verhältnißmäßig nur wenig bekannt war und ausgeübt wurde. Sie ist aber, wenn sie nach wissenschaftlichen Grundsätzen betrieben wird, eine der genußreichsten, gesundesten Beschäftigungen, denen der Mensch sich hingeben kann. Und wenn unsere Friedhofsgesellschaften über so vortheilhaft gelegene Plätze zu verfügen haben, wie das vielfach der Fall ist, kann eine freie Anwendung dieser interessanten, lehrreichen Kunst nicht verfehlen, die Aufmerksamkeit eines jeden Beobachters, wenn er auch nur eine Spur von Liebe zur Natur besitzt, auf sich zu lenken und dazu zu führen, daß sie allmählig in immer ausgedehnterem Maße architektonischen Zwecken unter- oder beigeordnet wird.

Der wellenförmige Boden Forest Home's besteht aus sandigem Kies, und zwischen den mit Blumen und verstreut dastehenden Denkmälern verzierten Gräbern ziehen sich die in saftigem Grün schimmernden, kurzgeschorenen Rasenflächen hin, auf welche hübsche Baumgruppen ihre tiefen Schatten werfen. Weiter gegen Westen treten die Bäume dichter zusammen und bilden einen waldähnlichen Park, dessen westliche Grenze der im Sommer zumeist träge dahin kriechende, im Frühjahr aber oft wild schäumend seinen Lauf verfolgende Desplainesfluß bildet. Während auf den Friedhofsanlagen dunkle Tannen zum helleren Grün der noch jungen Birken, Katalpen, Linden ꝛc. treten, ragen in dem vom Fluß bespülten Park die Baumriesen säulenartig in die Lüfte. Es finden sich hier also Abwechslung und Abstände im Charakter der Landschaft in Fülle, Abwechslung in Farbe und Form, Gruppirung und Bodenformation. Es ist daher kein Wunder, daß Forest Home während der Sommermonate ein reiches Quantum der Ausflüglermenge abfriegt, die besonders an Sonntagen und bei Gelegenheit von Louisenhain-Festlichkeiten jene idyllische Gegend besucht, und sich in den schattigen Linden-Alleen, in der lauschigen Umgebung des malerisch-beränderten Friedhofs-Sees, im alten Park nahe dem Fluß und den angrenzenden Wäldern und Wiesen mit ihrem Indianerhügel ergeht und Erholung sucht. Forest Home enthält 80 Acres Land, von welchem

Ansicht von Forest Home.

18 Acres jenseits des Flusses liegen, über den an jener Stelle eine Hängebrücke führt. Es sind hier jetzt über 4000 Leichen begraben, deren unterirdische Betten zusammen von einer Rasenfläche bedeckt werden, die 13 Acres groß ist. Das erste Begräbniß fand im Februar 1877 statt, in welchem Jahre nur 15 Leichen beerdigt wurden. Die vorderen, östlichen 7 oder 8 Acres des Friedhofes waren zur Zeit, als Haase's Park im Zenith seines Ruhmes stand, Getreidefelder und die darauf stehenden Bäume sind erst später angepflanzt worden, mit Ausnahme der prächtigen Reihen von Linden, die sich an beiden Seiten des Hauptfahrweges entlang ziehen und dem Friedhof einen ganz besonderen Reiz verleihen; sie wurden bereits im Jahre 1859 gepflanzt. Das geschmackvolle, burgartige Einfahrtsgebäude, welches aus Backstein hergestellt ist, steht vor der nordwestlichen Ecke des Friedhofs an Desplaines Avenue. Südlich von dem breiten Einfahrtsthor und dem daneben stehenden Glockenthurm befindet sich die Geschäftsstube, welche auch gleichzeitig eine interessante Ausstellung von Indianer-Reliquien die auf dem Indianerhügel und den daran stoßenden Kiesgruben und Feldern gefunden wurden, beherbergt. Darunter befinden sich Tomohawks verschiedenartigster Gestalt, alte verrostete Kochutensilien, Schmuckgegenstände, Münzen, Pfeilspitzen und viele andere Gegenstände, welche früher einmal im Besitz der in jenen Wäldern hausenden Indianer gewesen sind. Auf der anderen Seite der Einfahrt befindet sich ein Raum zur Aufbewahrung von Werkzeug u. dgl. Ein Gewächshaus grenzt südlich an das Einfahrtsgebäude und einige Schritte weiter südlich steht das alte, aber noch sehr gut erhaltene, geräumige Wohnhaus des Hrn. Haase, an welches sich der Hof mit einer Reihe von Nebengebäuden und Schuppen anschließt.

Auf Forest Home müssen sich die Besitzer der Grabstätten ziemlich strengen, aber ersprießlichen Vorschriften fügen. Außer an den Gräbern selbst dürfen hier gar keine Erdarbeiten vorgenommen werden und ein Auffüllen oder Abtragen der Begräbnißstätten wird nicht gestattet. Die Friedhofsgesellschaft bietet überhaupt keine „Lotten" zum Verkauf aus, ehe nicht die ganze „Section" hübsch geebnet, mit Rasen bedeckt und angemessen mit Blumen und Strauchwerk bepflanzt ist. Sobald eine solche „Lot" käuflich in den Besitz einer Person gelangt ist, entstehen dem Käufer absolut keine Kosten mehr aus dem Instandhalten derselben, außer wenn er das Begießen des Grabhügels durch die Friedhofsverwaltung besorgen läßt. Das Grasmähen im Sommer wird von der Letzteren umsonst vorgenommen und die Mähmaschine nimmt dann ihren Weg über die Gräber von Reich und Arm und mähet alles gleich. Das von der Gesellschaft geführte strenge Regiment ist eine Nothwendigkeit, denn es giebt überall in der Welt rohe Gesellen, die von Pietät und Anstand wenig wissen und die sich kein Gewissen daraus machen, Rasen und Erde für einen Grabhügel erst in einem benachbarten Garten oder auf einer Wiese zu stehlen und, wenn's geht, Blumen dazu. In Bezug auf die Aufrechterhaltung des einheitlichen Parksystems und die Instandhaltung der Begräbnißplätze, des Abzugssystems, der Fahr- und Fußwege u. s. w. muß der, Ende des Jahres 1880 gegründete Verbesserungs-Fond als ein wichtiges Hülfs-Mittel betrachtet werden, dem vorgesteckten Ziele nahe zu kommen. Dieser Fonds wird von einem Board of Trustees verwaltet, welcher aus fünf Mitgliedern, Besitzern von Begräbnißplätzen, zusammengesetzt ist, und in ihn fließen halbjährlich 10 Procent der aus dem Verkauf von „Lots" erzielten Einnahmen, bis der Fonds eine Höhe von $25,000 erreicht haben wird, welcher den Besitzern von Begräbnißplätzen ein fortdauerndes Instandhalten derselben und die Vornahme aller nothwendig werdenden Verbesserungen garantiren soll, nachdem die jetzige Gesellschaft (mit Herrn Haase an der Spitze) aus ihrem Wirkungskreis ausgeschieden sein wird.

Auch auf Forest Home fehlt es nicht an Beweisen, daß der nach Ruhm strebende Erdenpilger auch auf dem Gottesacker den letzten Versuch macht, sich durch Namensverzeichniß und Grabschrift gegen Vergessenheit zu schützen. Die hervorragendsten der Denkmäler tragen folgende Namen: Rosa Wendt, Emeline Hurlbut, Uihlein, Robison, Johanna Franz King, Ashbel Steele, Joseph Kettelstring, Philander Smith, Hannah Austin, A. Williams, Peter Keßler, G. Baumann (Gruft) zc.

Etwa eine Meile südlich von Forest Home, an beiden Seiten der Landstraße, welche eine Fortsetzung der Desplaines Ave. bildet und nach Riverside führt, befinden sich acht jüdische Kirchhöfe, die mit Ausnahme von einem unbedeutend sind und nur wenige Gräber aufzuweisen haben. Auf den über den Einlaßpforten angebrachten Schildern stehen der Reihe nach die folgenden Namen verzeichnet: Oesterreichisch Ungarischer Krankenunterstützungs-Verein; Anshe Sunvalk, Chicago; Chewre Anshe Emes; Moses Montefiore; Chavo Amuno; B'nai Abraham; Improved Order of Free Sons; Free Sons of Israel. Der Friedhof des letztgenannten Ordens, welchem hier in Chicago zehn Logen angehören, ist der schönste und größte von allen, und bei dessen Veranlagung und Verschönerung ist mit Geschick und gutem Geschmack zu Werke gegangen worden. Er hat einen Flächeninhalt von 5 Acres und liegt westlich von der Landstraße, zwischen dieser und dem Desplainesfluß, dessen Ufer dort mit mächtigen Laubbäumen bewachsen sind, deren schwellendes Laubdach in jener mehr flachen, offenen Gegend um so deutlicher in's Auge fällt. Die Eröffnung des reich mit Blumen geschmückten, schattigen und praktisch ausgelegten Kirchhofs fand im Jahre 1876 statt, und seitdem sind dort mehr als 150 Leichen begraben worden.

Das Direktorium hat im Laufe der Jahre schon über $10,000 für Verbesserungen verausgabt und sich's ernstlich angelegen sein lassen, den Friedhof in Bezug auf Verschönerungen und Instandhalten so zu gestalten, daß er einen Vergleich mit gar manchem der größeren Friedhöfe aushält. Die 5 Acres Land kosteten dem Verwaltungsrath beim ersten Ankauf $1200, und Begräbnißplätze, 12 bei 16 Fuß, wurden an Mitglieder damals für $10 das Stück verkauft; heute ist deren Werth auf $50 gestiegen. Nicht nur Mitglieder des Ordens und Arme, deren Letzterer sich angenommen hat, werden dort begraben, sondern auch Juden, die außerhalb des Ordens stehen und sich eine Grabstätte käuflich erworben haben, können dort ihre letzte Wohnung finden. Gegenüber davon befindet sich, wie das Schild angiebt, der Kirchhof des „Improved Sons of Israel", doch ist dieser Orden in die Brüche gegangen und hat seinen Friedhof verkauft; ein improvement des alten Ordens der freien Söhne Israels scheint er demnach nicht gewesen zu sein.

Einfahrtsthor zum Friedhof Waldheim.

Friedhof Waldheim,

auf welchem bekanntlich einem Jeden, der sich den Bestimmungen und Regeln der Friedhofs-Verwaltung fügen will, ein Plätzchen eingeräumt wird, wo er sich einstmals, wenn sein Stündlein geschlagen haben wird, begraben lassen kann, ist der deutscheste aller Friedhöfe dieser Stadt. Weder über seine Glaubensbekenntnisse, noch über seine Nationalität wird dort von dem Grabkäufer Auskunft verlangt, doch kommt es höchst selten vor, daß die Beerdigung von anderen als Deutschen auf Waldheim zu verzeichnen ist.

Letzterer Friedhof umfaßt 80 Acres, von denen ungefähr die Hälfte noch dichter Eichenwald ist. Es sind in diesem stark in Benutzung gezogenen Todtenhaine im Laufe der letztverflossenen 5 Jahre vielerlei deutlich in die Augen fallende Verbesserungen vorgenommen worden und die Verwaltung, deren eigentliche Seele und Triebfeder der Bankier Hr. John Buehler ist, läßt allenthalben an dem Vollbrachten erkennen, daß sie ernstlich bestrebt ist, dem Gottesacker Waldheim den hervorragenden Rang zu erhalten, den er unter den öffentlichen Friedhöfen Chicago's einnimmt. Der Verwaltung ist es unter Anderem gelungen, die Wisconsin Central-Bahn zu vermögen, ihre nach Waldheim fahrenden Züge, die früher vor dem Thor in dem nördlichen Zaune des Friedhofs hielten, an diesem Zaun entlang in östlicher Richtung weiter bis zur Desplaines Ave. fahren zu lassen, wo eine bequeme, schöne Platform errichtet und von dieser aus an östlichem Zaun entlang bis zur Haupteinfahrt ein hölzerner Seitenweg gebaut worden ist. Letztere ist ein dem Charakter der Todtenstadt entsprechendes, ernstimposantes Steingebäude, welches linker Hand dem großen Geschäftszimmer, rechts einer Kapelle Raum giebt. Aus den im Bureau aufliegenden Büchern ist zu ersehen, daß die erste Beerdigung auf Waldheim am 7. Mai 1873 stattfand und daß es die sterblichen Ueberreste von Conrad Wippo waren, die dort in das erste Grab gesenkt wurden; seitdem ist die Zahl der stummen Bewohner jenes Friedhofs auf über 17,000 angeschwollen. Gleich nachdem wir auf dem Hauptfahrweg, der eine Fortsetzung der Einfahrt bildet, wenige Schritte gethan haben, befinden wir uns in der Mitte einer grünen, mit Hunderten von jungen Laubbäumen, Trauerweiden rc. bepflanzten Wiese, die sich nördlich bis zu der für Einzelgräber bestimmten Abtheilung, in südwestlicher Richtung bis zu der südlichen Grenze des Friedhofs wellenförmig entlang zieht und mit den beiden kleinen Seen, deren Gewässer unweit der Haupteinfahrt im Sonnenlicht flimmern und glitzern, einen äußerst günstigen Eindruck auf den Eintretenden ausübt. Dicht hinter der südlichen Mauer des Einfahrtsgebäudes steht eine Windmühle, welche aus dem südlichen der beiden kleinen Seen das zum Begießen nöthige Wasser in einen großen Behälter pumpt. Wenige Schritte von der Haupteinfahrt theilt der breite Fahrweg sich in zwei Arme, welche an beiden Seiten mit schönen Schattenbäumen bepflanzt sind und mit peinlichster Sorgfalt rein und hübsch in Ordnung gehalten werden; auch alle übrigen Neben-Fahrwege legen Zeugniß ab von dem Ordnungssinn des unter der Leitung von Hrn. Georg Schrade stehenden Verwaltungspersonals; sie schlängeln sich in gefälligen Windungen zwischen blumengeschmückten Grabstätten hindurch und sind sämmtlich mit einer dicken Schicht Kies bedeckt. Der dem Einfahrtsthor direkt gegenüber, westlich neben der grünen Wiese liegende, vordere Theil des Friedhofs, Block N, ist in Uebereinstimmung mit dem, schnell die alte Mode der plumpen Grabumfassungen verdrängenden Parksystem veranlagt, während westlich davon solche Einfassungen noch erlaubt sind. Den lebenden Besitzern der meisten Grabstätten muß das Compliment gemacht werden, daß sie durch geschmackvolle Herrichtung und sorgfältige Instandhaltung der Schlummerstätten ihrer Lieben die Friedhofsverwaltung in deren löblichem Bestreben, dem Gesammtbilde den Stempel des Geregelten, der ernstfreundlichen Anmuth, aufzudrücken, wirkungsvoll unterstützen; die Zahl der verluderten, der Vergessenheit anheim gegebenen Gräber ist hier eine verhältnißmäßig sehr geringe.

Waldheim darf mit vollster Berechtigung auf den Namen „Deutscher Volks=
friedhof" Anspruch erheben, denn auf keinem anderen unserer Gottesäcker sind Grab=
stätten in so ausgedehntem Maße Eigenthum von deutschen Vereinen, Orden und
Gesellschaften geworden, wie das hier der Fall ist. Zahlreich sind die unter dem Na=
men „Lotten" bekannten Begräbnißplätze, auf denen deutsche, auf dem Gebiete der
Wohlthätigkeit wirkende Genossenschaften ihre verstorbenen Mitglieder oder Schütz=
linge zur Ruhe bestattet haben. Der alte deutsche Orden der Druiden und der
Orden der deutschen Odd Fellows haben ihren Begräbnißplätzen durch Aufstellung
von kostbaren Monumenten einen ganz besonders sinnigen Schmuck verliehen. Von
den übrigen Vereinigungen, welche in Waldheim Begräbnißstätten besitzen, sind die
folgenden zu erwähnen: Deutsche Gesellschaft, Deutsches Altenheim, Deutsches
Hospital, Aurora Turnverein, Turnverein „Vorwärts", Schleswig Holsteiner Un=
terstützungsverein, Logen des Harugari=Ordens und des Ordens der Hermannssöhne,
Herder Loge vom Orden der Freimaurer, Orden der Rothmänner, Sozialer Arbei=
terverein der Westseite u. A. Bekanntlich ist es auch den Freunden der hingerichte=
ten Anarchisten gelungen, die Erlaubniß des Waldheim=Direktoriums zum Begräbniß
ihrer hingerichteten Genossen auf jenem Friedhof zu erlangen; das gemeinsame
Grab von Spies, Fischer, Engel, Parsons und Lingg befindet sich an einer nahe
einem der südlichen Fahrwege günstig gelegenen Stelle und ist mit einem marmor=
nen Grabsteine und bunten Teppichbeeten, sowie mehreren Blumenvasen ge=
schmückt. Der Begräbnißplatz, welcher 1500 Quadratfuß enthält, ist von einer
eisernen Kette umringt und bildet das Ziel vieler neugieriger Besucher. Vor noch
nicht langer Zeit ist dieses Grab mit einem kunstvoll ausgeführten Denkmal
geziert worden.

Der westliche, bis an das Ufer des Desplainesflusses reichende, waldähnliche
Theil Waldheims ist um Vieles hügeliger, als die östliche Hälfte, und wird voraus=
sichtlich später einmal in starker Nachfrage stehen; die Bodenformation ist hier der
Veranlagung von geschmackvollen Familien=Begräbnißplätzen viel günstiger, als
eine ebene Fläche. An der nördlichen Grenze dieses hügeligen Landes befinden sich
die Grabstätten (Lotten), die Eigenthum des deutschen Altenheim sind und von
denen das Waldheim=Direktorium vier und Hr. Haase vier geschenkt hat. Letzterer
eignet nämlich in diesem Viertel Waldheims noch eine Anzahl „Lotten" und hat da=
von auch dem Deutschen Hospital sechs geschenkt.

Diese westliche Hälfte Waldheims, die dermaleinst in landschaftlicher Bezie=
hung als das Schmuckkästchen dieser Todtenstadt dastehen wird, ist mit prächtigen
stolzen Eichbäumen bewachsen, von denen noch gar mancher der Art zum Opfer
fallen muß, ehe der dichte Wald genügend gelichtet sein wird, um ihn seinem neuen
Zwecke zugänglich zu machen. Eine jüdische Gemeinde hat von der südwestlichen
Ecke des Friedhofs Besitz ergriffen und sie mit einem eisernen Zaune umgeben; ganz
in der Nähe hiervon besitzt das deutsche Hospital noch mehrere Begräbnißplätze,
ein Geschenk des Waldheim=Direktoriums. Von den zahlreichen Familien=Denk=
mälern, die allenthalben zwischen den Bäumen hervorschimmern und schönfarbigen
Blumen als Hintergrund dienen, wollen wir nur die mit den nacherwähnten Namen
verzeichneten nennen: Troost Bros. (auf dieser Grabstätte liegen sechs schnell hinter=
einander an der Diphtheritis gestorbene Kinder begraben; das in Italien angefer=
tigte Denkmal stellt eine weibliche Figur mit Rosenkranz, den Kopf auf die Hand ge=
stützt, dar, das Bild der tiefsten Trauer); Arno Voß, Werner Clußmann, U. Senfried,
Wilhelmine Hellwig, Geo. Jansen, Louise und Wilhelm Schröder, Jacques Fröh=
lich, Mathias Schulz, H. Wiemann, John N. Müller, N. Righeimer, Anton
Schuerle, Friedrich Maas, Joseph Fischer, M. Gottfried, John L. Hörber, E. R.
Lott, John Kummer, B. L. Roos, Johanna Hohner, G. Tarnow, F. Hanke, Peter
Köhler, Minna Maurer, — Bodenschatz, Margaretha Underberg, John H. Schmidt,
Auguste Zöllner, John Trogg, A. Delp, Moritz Langeloth (auf der Spitze dieses
Monuments hockt eine Eule) u. s. w. Auch befinden sich hier mehrere Privatgrüf=
ten und eine öffentliche Gruft, die Raum hat für 200 Särge, aus Stein gebaut
und von Schlinggewächsen umrankt ist. Die Herrn E. F. Lehmann gehörende
Grabstätte ist mit einer neuen Graniteinfassung umgeben worden und wird in
naher Zukunft mit einem Prachtdenkmal geziert werden.

Auch die Schlummerstätte der Frau Christine Bühler, auf deren Grab liebliche
Blumen blühen und duften, ist durch ein Monument geschmückt worden, welches,
kunstvoll ausgeführt, die hervorragenden Charaktereigenschaften der Verblichenen

versinnbildlicht. Zum Schluß kann nur nochmals wiederholt werden, daß der deutsche Friedhof Waldheim unter den Todtengärten Chicago's einen hervorragenden Rang einnimmt und daß das dort herrschende Verwaltungssystem bis jetzt die befriedigendsten Resultate erzielt hat. Wo Männer von so anerkanntem Gemeinsinn an der Spitze eines öffentlichen Unternehmens stehen, wie die Mitglieder des Waldheim-Direktoriums, kann es nicht ausbleiben, daß deren Werk von Erfolg gekrönt und daß das Publikum, welches das Unternehmen unterstützt, seine Rechnung findet, auch wenn das erst im Tode der Fall sein sollte.

Die Direktoren von Waldheim sind: John Buchler, Jos. Fischer, C. F. Geist, Wm. Feindt, Phil. Maas, Jakob Heißler, John Lingenberg, T. J. Lefens, G. Schweinfurth, John M. Faulhaber, Dr. Theo. Wild, Theo. Guenther, H. R. Lafrentz, W. C. Seipp und Rud. Brand. Die Beamten sind: Phil. Maas, Präsident; J. Heißler, Vicepräsident; J. M. Faulhaber, Schatzmeister; John Buchler, Sekretär; G. Schrade, Verwalter. Comite für Verwaltung: die Herren Fischer, Feindt, Lafrentz, Maas, Buehler und Heißler. Finanzcomite: Lingenberg, Guenther und Feindt.

Der Concordia-Gottesacker

hat seine nördlichen Grenzen und seine Haupteinfahrt an Madisonstraße, eine kurze Strecke westlich vom Altenheim. Er umfaßt 60 Acres und wird von einer Gesellschaft verwaltet, die aus den nachgenannten deutschen evangelisch lutherischen Gemeinden gebildet wird: St. Paulus, St. Johannes, St. Jakobi, Bethlehems, Immanuels, Dreieinigkeits und St. Matthäus; Präsident der Gesellschaft ist Herr Henry W. Meyer.

Dieser Friedhof läßt auf den ersten Blick erkennen, daß die Verwaltung auf Ordnung sieht und von den Einnahmen wieder soviel verausgabt, wie behufs sorgfältiger Instandhaltung der Wege und Einrichtungen, sowie zu der Vornahme neuer nothwendiger Verbesserungen erforderlich ist.

Etwa die Hälfte des gesammten Terrains, von welchem 18 Acres südlich von den Geleisen der Minnesota & Northwestern Bahn liegen, ist bis jetzt in Begräbnißplätze ausgelegt, von denen keiner eine Umzäunung oder Einfassung aufzuweisen hat, da diese vorschriftsmäßig verboten sind. Einer weiteren Vorschrift, nach welcher der Kirchhofsverwalter sich richten muß und auch richtet, ist es zu verdanken, daß die Fuß- und Fahrwege in hübsch sauberem Zustande sich befinden, das Unkraut überall im Keime erstickt wird, verfallene Gräber wieder in Stand gesetzt werden, das Gras überall ganz kurz gehalten und da, wo Gras sich nicht befindet, Samen gesäet wird, kurz, daß der Concordia Gottesacker eine der rühmlichen Ausnahmen bildet unter den Gemeindekirchhöfen. Die Gesammtzahl der dort begrabenen Leichen beträgt nahezu 15,000, von denen ungefähr die Hälfte in Einzelgräbern ruhen; eröffnet wurde der Friedhof im Jahr 1872, doch erst seit die Gesellschaft im Jahre 1884 in eine Aktiengesellschaft umgewandelt wurde, ist der Verschönerung und Verbesserung der Anlagen mehr Wichtigkeit beigemessen worden. Eine steinerne Einfahrt führt von Madisonstraße in den Gottesacker, während weiter hinten im Friedhof eine neue mit Schiefer bedeckte Gruft für den allgemeinen Gebrauch hergestellt worden ist, die Raum hat für 400 Leichen und sammt dem Einfahrtsthor $15,000 gekostet hat. Oestlich von dem Letzteren befindet sich das mit einem feuerfesten Gewölbe versehene Büreau des Verwalters Wilhelm Müller, westlich davon das Wartezimmer; im Erdgeschoß des Baues, welcher eine Front von ungefähr 60 Fuß an Madisonstraße besitzt, befinden sich die Vorrathskammern und Geräthezimmer. Der Glockenthurm hat eine Höhe von 55 Fuß und ein aus Schiefer und Kupfer hergestelltes Dach. In Bezug auf vorgenommene Verbesserungen ist außerdem noch der Bau einer Windmühl-Wasserpumpe und die Thatsache zu erwähnen, daß es sich die Verwaltung in einem einzigen Jahre $3000 für Kies hat kosten lassen, mit dem die Wege befahren worden sind.

Im Friedhof Waldheim.

Böhmische und skandinavische Friedhöfe.

Auch das frühere, jetzt Chicago angegliederte Town Jefferson hat seine Todtenstädte, seine Kirchhofsbezirke und Leute, die sich auf ehrliche Weise vom Tod ernähren, nämlich Todtengräber, Wirthe, Gärtner, Grabsteinhändler u. s. w. Dort befindet sich auch der Töpferacker, auf welchem die Leichen der von den Studenten in den medizinischen Lehranstalten oftmals garstig zerstückelten Armenhäuslern, von unerkannt gebliebenen Selbstmördern und anderen, im Kampfe um's Dasein unterlegenen Unbekannten endlich eine Stätte finden, wo sie sich für immer ausruhen können.

Der größte und am meisten in Gebrauch genommene dieser Friedhöfe ist der etwa eine Meile nordöstlich von Jrving Park, an einer gut im Stand gehaltenen Fahrstraße belegene

Böhmische Nationalfriedhof,

wo sich ein Jeder, einerlei, zu welchem Glauben er sich bekennt, ob er Christ, Jude, oder Heide ist, begraben lassen kann.

Diese Todtenstadt hat eine sehr anmuthige Umgebung, welche viele hübsche Gehölze und Eichenhaine aufzuweisen hat. Ganz in der Nähe befinden sich auch die ausgedehnten Baumschulen und die Kunstgärtnerei des Hrn. Peterson, aus dessen weithin sich erstreckenden Baumpflanzungen unsere Parks, Schulhöfe, viele Privatanlagen ꝛc. ihren Bedarf beziehen und auch die vielen schönen Schattenbäume im Louisenhain und den Altenheim-Anlagen zum größten Theil hervorgegangen sind.

Der Böhmische Nationalfriedhof wurde im Sommer 1877 eröffnet und muß als eine der Folgen angesehen werden, die der in jenem Jahre zwischen der Geistlichkeit und der Verwaltung der St. Vincents-Kirche, Ecke Dekoven- und Desplainesstraße, und den zu dieser Kirche gehörenden Vereinen und Logen ausgebrochene Streit nach sich zog, welcher in erster Reihe schuld daran war, daß genannte Vereine sich von jener Kirche lossagten. Nachdem die Spaltung stattgefunden hatte, wurde den verstorbenen Mitgliedern und Angehörigen jener Vereine die Beerdigung auf dem böhmisch-polnischen katholischen Kirchhofe, welcher sich an Milwaukee Ave., ungefähr 13 Meilen von der Mitte der Stadt Chicago befindet, verweigert und daraufhin wurde in einer von den abtrünnigen Vereinen einberufenen Versammlung der Ankauf des erwähnten Landes nahe Jrving Park beschlossen und dieses für Beerdigungszwecke ausgelegt. Ursprünglich wurden 30 Acres gekauft, doch als die Verwaltungsbehörde wahrnahm, wie schnell ihre Kundschaft anwuchs, brachte sie bald darnach und später noch einmal je weitere 10 Acres käuflich in ihren Besitz, sodaß der Friedhof nun 50 Acres enthält, auf denen im Ganzen jetzt über 6000 Todte begraben liegen.

Hier wurde am 28. Juli 1889 der Grundstein zu einem Veteranen-Monument gelegt, welches im Sommer von 1892 enthüllt wurde und ungefähr $5000 kostete. Viele der böhmischen Vereine gehen ernstlich mit dem Plane um, auf diesem Friedhof ein böhmisches National-Denkmal zu errichten, für welches bereits ein mitten im Hauptfahrweg liegendes, mit Blumen und Blattpflanzen geschmücktes Rondell hergerichtet worden ist.

Von dem gesammten Terrain sind bis jetzt etwa 30 Acres in Begräbnißplätze ausgelegt und dem Friedhofsverwalter muß das Lob gespendet werden, daß er den Gottesacker in mustergültiger Weise in Ordnung hält. Die meisten der Gräber bilden buntfarbige Blumenbeete, die gegen mäßige Entschädigung von dem Gärtner des Friedhofs, Leopold Jne, angelegt und gepflegt werden. Der Blumenzucht dienen drei geräumige Treibhäuser, in denen unter Anderen Prachtexemplare der unter dem Namen: American Beauty bekannten Rosensorte gezogen werden. Und wie profitabel sich die Blumengärtnerei auf diesem Kirchhof erweist, geht z. B. aus der

Thatsache hervor, daß der Verkauf von Blumen, die Schmückung von Gräbern mit solchen und das Begießen der Letzteren dem Friedhofs-Fond im vorigen Jahre über $4000 eingebracht haben.

Wie auf den meisten der anderen Friedhöfe, so wurde auch hier bis in neuerer Zeit das Einfassen und Einfriedigen von Begräbnißplätzen gestattet und so ist auch hier nun endlich das Parksystem eingeführt worden, womit auf dem für Einzelgräber bestimmten Viertel der Anfang gemacht worden ist.

Der westliche Theil des Friedhofs, der niedriger liegt, als die östlich der angrenzenden Sektionen und noch uncultivirt ist, soll in ein Stück Parklandschaft mit einem künstlichen See und hübschen, sich um diesen herumschlängelnden Fußwegen umgewandelt werden; die westliche Grenze dieser geplanten Anlagen bildet der Nordarm des Chicagoflusses.

Die Verwaltung hat dem Canalisationssystem und der Wasserzufuhr die gebührende Bedeutung beigemessen und nach beiden Richtungen hin keine Kosten gescheut. Die Verbindung der Abzugs-Canäle ist eine vollkommene, und ein 1610 Fuß tiefer artesischer Brunnen, der mit einem Kostenaufwande von $3000 angelegt wurde, fördert jede Minute durchschnittlich 250 Gallonen helles, klares Trinkwasser zu Tage. Die Fahrwege sind zum größten Theil macadamisirt, und die hübsch sauber gehaltenen Fußwege mit Kies bestreut und allenthalben sieht man das Bestreben der Verwaltung, dem Publikum keinen Anlaß zu Klagen oder Beschwerden zu geben, sich offenbaren. Die schöneren der Monumente, die dieser Friedhof aufzuweisen hat, tragen folgende Namen: V. und K. Kratochvil, Lorenz Blahnik, Rod. K. Kristan, Professor Ladimir Klacel, F. Landa, Jos. Pilat, V. Kašpar, Frant Kalal, Jan. Kolar, — Kadlec, Prokop Hudek, K. Kriz, Josef Donat, V. Uher, Frant Bedlan, Simon Strobe, J. Peroutka, Jan Krasa, Anton Sotel u. s. w. Die böhmischen Unterstützungs-Vereine, welche einen Theil des Direktoriums aus ihrer Mitte bilden, sind die folgenden: Vernost No. 8, Praha No. 13, Rovnost No. 14, Jungmann No. 20, Jiri Podebratsky No. 24, Cveta No. 27, Pravda No. 37, Rip No. 41, Vysehrad No. 48, Vratislav No. 51, Lincoln No. 52, Česko-Narodni No. 58, Pokrok No. 65, Jri Washington No. 66, Česko-Delnicky No. 72 Garfield No. 90 und Cesta Koruna No. 107. Außerdem aber gehören dazu beiden Odd Fellow-Logen: Palacky No. 630 und Praha No. 231; die böhmisch Turnvereine: Felswicna Jednota und Česko-Americky; die Logen vom Or „Jednota Taboritu": Zizka No. 1 und Prokop Velky No. 3; ferner vier Le des Ordens C. S. P. L. und die Loge „Ottokar" No. 78 von den Pythias-Rit Die Leiche eines Kindes war die erste, die dort im August 1877 begraben w und als gleich darauf die zweite Beerdigung stattgefunden hatte, wurde de meinderath von Jefferson gegen die Kirchhofsgesellschaft klagbar und erlangte vorläufigen Einhaltsbefehl gegen sie, so daß dort bis zum November jenes keine Beerdigungen mehr stattfinden durften, in welchem Monat die Fried sellschaft siegreich aus dem Gerichtsstreit hervorging.

Der katholische Friedhof der Böhmen und Polen befindet sich, wie be wähnt, weit draußen an Milwaukee Ave. Der Kirchhof kann weder in B Größe noch auf Ansehen einen Vergleich mit dem National-Friedhof ausb wird zum größten Theil von Einzelgräbern eingenommen, die mi Ausnahmen vernachlässigt, vergessen sind. Das Terrain ist dort so nur ein Fahrweg in dem Kirchhof angelegt ist und es Wagen nicht g kann, durch die Einfahrt hindurch zu fahren.

Ein ganz anderes Bild aber, ein freundlicheres, anmuthigeres dar, wenn wir den dem County-Armenhaus gegenüberliegenden stand rischen

Friedhof Mount Olive

betreten, welcher 52½ Acres hügeliges, hochgelegenes Land enthält und sichtlich einer großen Zukunft entgegen geht. Der Friedhof wurde erst im 1886 eröffnet, bildet aber schon den Ruheplatz von über 2500 Leichen. Stein werden nicht erlaubt und die Anfänge, welche man hinsichtlich des "Lawn"- oder Parksystems dort gemacht hat, lassen erkennen, daß gungen von kundiger und verständiger Hand geleitet werden. Der Fri scheidet sich von den übrigen Gottesäckern hauptsächlich dadurch, d hm zahlreiche Apfelbäume stehen, die im Herbst mit ihrer goldgelben der

Soldatendenkmal im Böhmischen National-Friedhof.

Todtenstadt einen ganz eigenthümlichen Reiz verleihen; an diese Apfelbäume stößt in der Richtung nach dem Armenhaus ein dichtes Gehölz von Nadel= und Laubholzbäumen, die ebenfalls zu dem Friedhofe gehören und voraussichtlich zum Bepflanzen der vielen lichten Stellen auf Letzterem sich als sehr willkommen erweisen werden. Die technische Leitung des Gottesackers liegt in erfahrenen, erprobten Händen, nämlich in denen des Herrn J. S. Birkeland, welcher 17 Jahre lang Direktor von Greeland gewesen ist und sich in seiner Stellung dort einen beneidenswerthen Ruf erworben hat. Unter seiner Aufsicht sind ziemlich kostspielige Verbesserungen auf Mount Olive in Angriff genommen worden, zu denen der Bau von schön geebneten, trockenen Fahrstraßen, die Veranlagung eines ausgezeichneten Abzugs= Systems, der Aufbau eines steinernen Gewölbes und daneben der einer geräumigen, praktisch eingerichteten Kapelle, die Bohrung eines artesischen Brunnens und andere, weniger wichtige, aber doch erforderliche Verschönerungen gerechnet werden müssen. Auch dieser Friedhof liegt inmitten einer höchst anmuthigen, ländlichen Umgebung und macht mit seinen vielen herrlichen Bäumen, deren im Herbst sich roth und gelb färbende Laubdächer von dem dunklen Grün der schlanken Tannen sich malerisch abheben, einen sehr vortheilhaften Eindruck, der noch durch die hügelige Formation des Bodens erhöht wird. Wie Hr. Paul O. Stensland, der sehr eifrige Sekretär und Schatzmeister der Friedhofs=Gesellschaft, der mir als Cicerone diente, mittheilte, liegt die höchste Stelle des Friedhofs 18 Fuß höher, als die Prairie in der nächsten Umgebung. Letzterer hat schon mehrere sehr schöne Monumente aufzuweisen, von denen die von Geo. A. Johnion, Inga Benson, Clara K. Carlson und Theodore Olsen die geschmackvollsten sind. Das Direktorium besteht aus den Herren: S. T. Gunderson, Präsident; Paul O. Stensland, Sekretär und Schatzmeister; Charles E. Schlytern, Soren D. Thorsen, Anker Stabford, Halvord Michelson und John Oleson.

Von den Beamten der Gesellschaft hat Hr. Stensland, der Sekretär und Schatz= meister, seit dem Tage der Gründung bis heute eine bedeutende Rührigkeit und Thätigkeit an den Tag gelegt, denen der Friedhof ganz besonders seine rasche Ent= wickelung und die Gesellschaft ihren geschäftlichen Erfolg zu verdanken hat.

Paul O. Stensland wurde am 9. Mai 1847 in Sandeid, Amt Stavanger, Nor= wegen, geboren. Er wuchs inmitten des gesunden Lebens auf seines Vaters Bauern= hof auf und besuchte die Volksschule jenes Landbezirks. Im Alter von 18 Jahren nahm er Abschied von seinen Eltern und begab sich auf die Reise nach dem fernen Hindostan auf der asiatischen Halbinsel. In dem neuen Lande widmete er sich un= verzüglich der Baumwoll= und Woll=Industrie Indiens und trieb einen gewinn= bringenden Handel mit diesen Erzeugnissen. Nahezu sechs Jahre lang bereiste er jenes Land und sammelte gleichzeitig viele Kenntnisse, die ihm später von großem Nutzen waren. Im Herbst 1870 kehrte er nach seiner Heimath zurück und während seines nun folgenden neunmonatlichen Aufenthaltes verlor er beide Eltern durch den Tod. Dieser herbe Schicksalsschlag veranlaßte Hrn. Stensland, von Neuem in die weite Welt zu ziehen und diesmal war Chicago das Ziel seiner Reise. Hier langte er im Frühjahr von 1871 an und seitdem ist er ununterbrochen ein Be= wohner dieser Stadt gewesen. Zuerst versuchte er sich im Ellenwaarengeschäft, dann im Land= und Versicherungsgeschäft, in welchem er sich das Vertrauen und die Ach= tung seiner Mitbürger in einem solchen Grade zu erwerben wußte, daß er sich ent= schloß, eine Privatbank zu etabliren. Sein Glück ließ ihn auch hier nicht im Stich und im Jahr 1891 wandelte er seine Bank in eine Staatsbank um, die den Namen „Milwaukee Avenue State Bank" führt, und deren Präsident Hr. Stensland ist.

Wie aus der Beschreibung des Friedhofs Mount Olive hervorgeht, ist er Sekretär und Schatzmeister jener Gesellschaft; er ist ferner der Herausgeber der skandinavischen Zeitung „Norden". Neun Jahre lang, von 1879 bis 1888, war er Mitglied des Schulraths der Stadt Chicago, in welcher Stellung er sich durch seine Energie und als Vorsitzender mehrerer wichtiger Ausschüsse durch seine geschäftlichen und praktischen Erfahrungen auszeichnete. Von dem früheren Mayor Cregier wurden er und die Herren Washington Hesing, Ferd. Peck und General Fitz=Sim= ons zu einem Ausschuß ernannt, welcher eine Revidirung des städtischen Freibrie= fes vornehmen sollte. Als Hr. James Scott vom Chicago Herald sein Amt als Weltausstellungs=Direktor niederlegte, wurde Hr. Stensland an dessen Stelle ge= wählt und im April 1892 mit einer Wiederwahl beehrt. Der Iroquois=Club und mehrere skandinavische Vereine zählen Hrn. Stensland zu ihren Mitgliedern.

Im Friedhof Waldheim.

Allerlei Skizzen.

Rosehill. — Denkmal von Prof. Cumming Cherry.

Bekränzte Grabhügel.

Die zahllosen Kränze, die auf Gräbern niedergelegt werden, mögen wohl die Frage wecken, ob die Menschen immer ihren Todten Kränze weihten und wie diese früher ausgesehen. Wie alt die Sitte des Kranzwindens ist, läßt sich aber nicht sicher feststellen. Nicht jeder Völkerstamm kann auf eine gleich lange Zeit dieser Sitte zurückblicken. Im alten Testamente werden Kränze nur als heidnischer Opferschmuck erwähnt, bei der Beschreibung der Leichenfeierlichkeiten des Patroklos und Hektor sagt Homer nichts von Kränzen. Erst aus dem fünften und vierten Jahrhundert v. Chr. haben wir sichere Nachrichten, daß Griechen die Gräber der Todten schmückten, und zwar an bestimmten Todtenfesten. Weit älter dagegen ist sicherlich die Sitte bei den Aegyptern gewesen, denn von diesen haben wir nicht nur Nachrichten, sondern die Kränze selbst noch von etwa 900 v. Chr., wenn nicht gar 1700 v. Chr. Allerdings weichen diese Kränze von unseren heutigen zum Theil sehr bedeutend ab. Neben solchen aus ganzen Zweigen finden sich auch vielfach aus einzelnen Blumenblättern zusammengesetzte, sogenannte genähte Kränze, die noch römische Schriftsteller, wie Plinius und Ovid, als zu ihrer Zeit gebräuchlich, erwähnen. Als Unterlage dienten fein gerissene Dattelpalmblattfiedern, und mit gleichem, nur noch feinerem Materiale wurde genäht. Verwendet wurden in erster Linie Blumenblätter der Nymphaea Lotus, einer Wasserrose, und Laubblätter von Mimusops Schimperi, in die jene Blumenblätter eingewickelt wurden. Doch auch Oelbaumblätter und Weidenröschenblumen, Weidenblätter und Blüthen des Rittersporns, Weidenblätter und Blumenblätter einer Malve, sowie unser gewöhnlicher Klatschmohn fanden Verwendung. Könnten wir uns auch mit diesen Kränzen befreunden, so sind doch andere, wie z. B. solche aus Sellerieblättern, weniger nach unserem Geschmack. Von den Kränzen der alten Römer haben wir keine Originale, dafür aber gute Modelle und Abbildungen und Beschreibungen. Sie sind unsern heutigen Kränzen schon viel ähnlicher, als diese primitiven und dabei doch überaus schwierig und mühsam herzustellenden genähten Kränze. Sie waren theils aus Lorbeer- oder Eichenblättern, auch aus Epheublättern, theils auch aus Gräsern und Blumen hergestellt. Man verwendete sie aber nicht beliebig, sondern jede Sorte nur zu ganz bestimmtem Zweck. So erhielt zum Beispiel ein Feldherr, der ein Heerlager aus bedrängter Lage befreite, einen Kranz aus Gräsern und Wiesenblumen, den die befreiten Soldaten dem Hilfebringenden an Ort und Stelle wanden.

Welch ein Unterschied ist doch zwischen jenen rührend einfachen und dabei doch mühsam herzustellenden Kränzen der alten Egypter, welche wir nach fast dreitausend Jahren aus den Sarkophagen an's Tageslicht holten, und den jetzt mit allem Raffinement eines verfeinerten Geschmacks hergestellten Symbolen der tiefsten Trauer und zugleich der höchsten Freude! Dort einzelne zarte Blumenblätter mit peinlicher Gewissenhaftigkeit an einander genäht, hier ganze große Zweige locker zusammen gebunden und mit künstlerisch vollendetem Geschmack mit Blumen mancherlei Art leicht garnirt!

Sind auch jene genähten Kränze vollständig verschwunden, so giebt doch gerade der Umstand, daß die breite Masse des Volkes sich nur langsam von alten Gebräuchen abbringen läßt, uns die schönste Gelegenheit, die Moden der Kranzbinderei an der schier unglaublichen Menge dieser Gebilde zu verfolgen. Jeder Landestheil hat seine eigenen Typen, an denen treu festgehalten wird. Der echte Städter, der Großstädter, welcher sich über alte Vätersitten hinwegsetzt, der nur das steinerne Häusermeer kennt, begnügt sich mit einer einfachen Ausstattung nicht. Ihm müssen alle Erdtheile ihren Tribut zollen, er greift zu fremdländischen Gewächsen. So sehen wir Kränze aus Lorbeer- und Magnolienblättern, aus Goldorangen und japanischen Pfaffenhütchen, aus Cypressen und südeuropäischem Mäusedorn. Soll es aber etwas ganz besonders Werthvolles sein, so müssen die Tropen herhalten und echte und falsche Palmenwedel liefern. Statt heimischer Immortellen werden großblumige des Kaplandes verwendet, statt schlichter Papierblumen Rosen und Lilien, Kamellien, Eucharis, Orchideen.

Spät im Herbst, wie zum Abschied in dem Jahre, will man den heiligen Ort mit dem Schönsten, was die Natur bietet, schmücken. Jeden Tag kann der Winter sein bleiches Leichentuch) über die theuren Hügel ausbreiten. Da möchte man gern, daß sich der Schmuck so lange wie möglich schön erhält. Bunte Beeren der Gehölze, wintergrünes Laub, unvergängliche Immortellen sind deshalb so bevorzugt. Aber das genügt Vielen noch nicht. Sie wollen etwas Besseres, Schöneres, und da greift man zu künstlichen Blumen und Blättern. Ob sie schöner sind? Vor des Todes Majestät sollte doch wahrlich der trügerische Schein Halt machen! Indeß Keinem sei die kindliche Freude verdorben. Noch viel weniger schön und fein gebildet ist es, wenn Kränze statt aus naturfarbenem grünen Laube, aus künstlich bunt gefärbten Blättern Verwendung finden. Es ist das eine in den letzten Jahren leider sehr eingerissene Mode, die von wenig gutem Geschmack zeugt. Ganz abgesehen davon, daß zu solchen Kränzen nur minderwerthiges, schlecht gewordenes Material verwendet wird, dessen Mängel die Farbe liebevoll deckt, so dokumentirt sich hierin auch noch ein roher Sinnenreiz, der am allerwenigsten hier am Platze ist. Die runde Form des Kranzes, so schön sie in ihrer Einfachheit ist, hat auch nicht Stand halten können. Langsam und allmälig vollzieht sich hier eine Wandlung, die in vielen, wenn auch nicht allen Fällen gar nicht so übel ist; mehr und mehr tritt an die Stelle der Kreisform die längliche, die sogenannte Wiener Form. Sie ist dem Makartkranze entlehnt, sie paßt in ihrer heiteren Form zur Freude. Dort lasse man sie. Der Todtenkranz, das Symbol des vollendeten Kreislaufs, sei und bleibe rund und frei. Zwar ist es das Neueste, daß man jetzt die Oeffnung des Kranzes mit Farnwedeln zu verdecken sucht. Wozu aber die schlichte, reine Form verwischen? Ein runder Kranz aus Stechpalmreis mit leuchtend rothen Beeren, ein Kranz aus Tannengrün und Ephenblatt, ein Lorbeerkranz, was kann es Schöneres, Wirksameres, Dauerhafteres geben? Noch ehe diese welt sind, ist der Frühling wieder da, dann schmücke man den theuren Hügel mit frischem Lenzesgrün und Frühlingsblumen.

Rosehill Garten. — P. A. Peterson's Wohnhaus.

Peterson's Baumschule.

Pflanze du für die Nachwelt!
Die Vorwelt pflanzte für dich.

Etwa anderthalb Meilen in nordwestlicher Richtung vom Friedhof Rosehill und der dortigen Station der Northwestern=Eisenbahn, inmitten einer höchst an= muthigen ländlichen Umgebung, befindet sich ein für Garten= und Naturfreunde sehr interessantes Fleckchen Erde, nämlich eine über ein Flächengebiet von mehr als 400 Acres sich erstreckende Baumschule und Handelsgärtnerei. Diese ist nicht nur die größte, sondern auch die älteste in der Nähe von Chicago, denn sie besteht schon nahezu 40 Jahre und hat im Laufe dieser langen Zeit in sehr bedeutendem Maße dazu beigetragen, daß nicht allein unsere Parks, Boulevards und Friedhöfe, son= dern auch viele Straßen und Privatgärten einen so reichen, herzerfrischenden Schmuck von grünen Schattenbäumen und Ziersträuchern aufzuweisen haben. Die Baumzucht wird dort auf jener ausgedehnten Pflanzung von deren Besitzer Herrn P. S. Peterson unter Mithülfe von dessen Sohn William selbstverständlich als Ge= schäft betrieben, aber dennoch darf Herr Peterson im Hinblick auf die vom Stand= punkt der öffentlichen Gesundheitspflege aus betrachteten vielerlei Segnungen, die dem Volke einer Großstadt aus dem Anpflanzen von Schatten spendenden Laub= bäumen und mit Blüthen sich bedeckenden Sträuchern auf öffentlichen Anlagen und Straßen erwachsen, ein Wohlthäter der Menschheit genannt werden. Viele, viele tausende der schönsten Bäume unserer reizenden Parks, Ahorn= und Lindenbäume, Katalpen, Ulmen, Eschen, Pappeln u. s. w., unzählige der im Frühjahr in süß duf= tende Blüthenkleider gehüllten Büsche und Stauden, erhielten eine größere oder geringere Anzahl von Jahren hindurch ihre erste Pflege auf den Pflanzungen des Herrn Peterson, dem es auch Altenheim und der Louisenhain zu verdanken haben, daß dort Insassen und Gäste unter dem dichten Laubgewinde von üppig wuchernden Linden, Katalpen, Ahornbäumen re. im kühlen Schatten verkehren können.

Das freundliche, sehr behaglich ausgestattete Wohnhaus der Familie Peterson und das mit mehreren Dutzend von strammen Zug= und Reitpferden, sowie vielen Kühen feinster Rasse gefüllte imposante Stallgebäude sammt den Gesindehäusern u. s. w., sind sämmtlich über eine von hochstämmigen, mächtigen Bäumen bepflanzte, parkähnliche Anlage verstreut, durch die sich wohlgepflegte breite Fahr= und Fuß= wege schlängeln, ein herrschaftlicher Landsitz, wie er wohl in Chicago's Nähe idyl= lischer und zugleich malerischer sich nicht leicht finden läßt. Von hier aus dehnen die Baumschulen und Strauchpflanzungen sich nach allen Himmelsrichtungen hin aus, da stehen in langen, geraden Reihen wohl eine Million kleine, zunächst „halb= wüchsige" und dann schon ziemlich in die Höhe geschossene Bäume und unzählige Büsche, deren Blätter in Form und Farbe von einander ebenso verschieden sind, wie die Größe oder ursprüngliche Heimath der Pflanzen.

Die hier gepflogene Zucht von Bäumen und Sträuchern beschränkt sich auf solche Gattungen, die öffentlichen oder Privatanlagen absolut zur Zierde gereichen können und unter die Rubrik „Ornamental" kommen. Unter den Bäumen sind es hauptsächlich Linden, Katalpen, Ahorn, Buchen und Birken, die sich der größten Beliebtheit erfreuen und von denen die Mehrzahl der hier gezüchteten als kleine Pflänzchen, in feuchtem Moos verpackt, aus Europa importirt wurden. Wie Herr Peterson erklärt, kommen die meisten der Pflanzen aus Frankreich und Deutsch= land, doch auch andere Länder liefern ihm Sämereien oder Pflänzchen von inte= ressanten Neuheiten. Selbstverständlich handelt es sich bei den Importationen nur um die neuesten Errungenschaften auf dem Gebiete der Baum= und Strauch= Cultur zu Zwecken des Handels, Baumpflanzen, die eine besonders zierliche Blattbildung, gefällige Kronenformation und andere wünschenswerthe Eigen= schaften in sichere Aussicht stellen. Die sehr verschiedenartig gemischten Bestände, denen wir auf unserem Rundgang begegnen, zeigen ebenso viele verschiedene Typen, und wenn wir nun noch die uns umgebenden Wäldchen, Wiesen und Felder mit in's Auge fassen, so zeigt sich unserem Blicke ein Reichthum von Motiven, die uns fortwährend neue Nahrung zu Betrachtungen geben. Wir sehen h er vor uns eine unübersehbare Menge von Pflanzengestalten, die beredter, als Worte es vermögen, uns von den geheimen Lebensregungen der schaffenden und bildenden Säfte und Kräfte der Natur Kunde ablegen. Und nun einige Worte über einzelne der zahlreichen hier vertretenen Baumarten, wie vor uns ihre zarten Stämmchen emporstreben und in langen Reihen Spaliere bilden. Da ist zuerst die Weißerle (Alnus incana Dez.) mit glatter und silbergrauer Rinde des Stammes und der Aeste. Sie blüht 2 bis 3 Wochen früher als die Schwarzerle und ist daher nächst dem Haselstrauche die am zeitigsten blühende Holzart. Durch ihren schönen silbergrauen Stamm und die aus Graugrün, nach den beiden Seiten des Blattes, gemischter Farbe, hat die Weißerle den Vorzug eines freundlicheren Aussehens vor der Schwarzerle. Die Familie der Acer — Ahornbäume — ist hier in ungefähr einem Dutzend von Spielarten vertreten, von denen vornehmlich die jetzt von ihr getrennt gehaltene Gattung Negundo (Acer Negundo L.) in wunderschönen Exemplaren hier vertreten ist. Vielversprechend sind unter anderen die jungen norwegischen Ahornbäumchen, sowie die Gattungen Reitenbachii und Schwedlerii. Die Blüthen der Ahornarten sind bekanntlich polygamisch. Der Spitzahorn (Acer platanoides L.) ist eine deutsche Art, deren Blüthe etwas zeitiger erscheint, als bei den meisten anderen, noch ehe die Blätter vollständig entwickelt sind. Er liebt die Ebene und kann einen feuchten Standort nicht vertragen. Als Zierbaum macht er sich durch schöne Laubfärbung und größeren Glanz der Blätter sehr geltend und ist für Parkanlagen ein zeitiger Frühjahrsschmuck, da er fast alle Jahre reichlich blüht. Der Bergahorn (Acer Pseudoplatanus) bringt hellgelbgrüne Blüthen hervor, die in langen hängenden Trauben vereinigt sind. Die Krone ist meist schön gewölbt mit büscheliger Gliederung der Belaubung und der Baum zeigt in seiner ganzen Entwickelung ein sehr kräftiges Leben.

Im Melchthale am Juchlipaß in der Schweiz steht ein solcher Baum von 28½ Fuß im Umfang und bei Truns steht nach Tschudi noch der alte Ahorn, unter welchem 1424 der graue Bund beschworen wurde, was ein Alter von über 500 Jahren vermuthen läßt. Der Bergahorn gehört entschieden zu unseren schönsten Bäumen und ist seiner vollen saftglänzenden Belaubung wegen in der Landschaftsgärtnerei sehr gesucht.

Weiter schlendernd durch die Reihen der jugendlichen Pflanzengestalten begegnen wir auch der deutschen Buche (Fagus sylvatica L.), bei welcher die Abwölbung der Krone zwar erst sehr spät vollendet wird, die nachher aber eine desto schönere wolkenähnlich gestaltete Krone zeigt. Kein deutsches Laubholz hat so viele und abweichende Abarten als die Buche und unter ihnen kommt, wie bei vielen anderen Laubbäumen, sogar eine mit trauerweidenartig hängenden Zweigen vor, die Hänge- oder Trauerbuche (F. salvatica pendula). Unter den Trauerbäumen, die auf Hrn. Peterson's Pflanzung anzutreffen sind, verdienen auch mehrere Arten von Trauerbirken besonderer Erwähnung und auch die Birke mit ausgeschnittenen Blättern; daß Trauerbirken und Weiden, deren dünne, peitschenförmige Langtriebe ohnedies die Neigung zur Erde haben, unserem ästhetischen Gefühl zusagen, liegt in der Natur der Sache. Der Stamm der gemeinen Birke erhält seine kreideweiße, weithin schimmernde Rinde erst mit einem gewissen Alter. Jetzt, in der Jugend, ist die Farbe am Stamm und den schwächeren Aesten und Zweigen gelbroth bis rothbraun. Das thränenweidenartige Ansehen nehmen solche Birken, die im dichten Schluß stehen, nicht an. Die weiße Rinde und die so charakteristische Krongestaltung geben der Birke einen großen landschaftlichen Werth und machen sie zu einem Lieblingsbaume Aller. Von den Laub hervorbringenden Zuchtbäumen mögen noch die Linde, Esche und Rüster (Ulmus campestris) erwähnt werden, obwohl auch die großblätterigen Katalpen zu den geschmackvollsten Zierbäumen gehören, die es giebt. Der Name Ulme zeichnet treffend das Schattenspendende, den warmen, innigen Ton des Laubwerks, sie ist das Ideal des Malers. Die Esche dagegen hat etwas Nordisch Kühles, sich selbst Genügendes; sie hat weder als jüngerer Baum mit fest zusammengezogener Krone, noch in späteren Jahren als hochstämmiger Baumriese mit lockerer Krone etwas gemein mit anderen Laubbäumen. Ganz verschieden die Ulme. Deren feine Verzweigung breitet sich fächerförmig aus, wie segenspendend, und giebt uns das liebliche Bild des Waldfriedens.

Das Gottfried-Denkmal in Waldheim.

Die Linde scheint unter den Schattenbäumen das höchste Alter erreichen zu können, wie aus mehreren geschichtlich denkwürdigen Linden hervorgeht, deren es übrigens in Deutschland viel mehr als berühmte Eichen giebt. Das spricht dafür, daß die Linde in früherer Zeit viel mehr als die Eiche mit dem Volksgeiste verwachsen gewesen sein mag. An viele der denkwürdigen Linden Deutschlands knüpfen sich Legenden und Sagen, doch die berühmteste und vielleicht älteste Linde dortselbst ist wohl die zu Donndorf bei Bayreuth, von welcher, da sie am 10. Juli 1849 den letzten ihrer Hauptäste verlor, nur noch der hohle Stamm als Ruine übrig ist. Schon in einer Urkunde von 1839 ist ihrer als einer sehr alten Linde gedacht und 1390 soll sie schon 24 Ellen Umfang gehabt haben. Sie wird von Walser auf etwa 1235 Jahre geschätzt, wäre also noch älter als die bisher als die älteste geltende von Chaillé bei Melles in Frankreich, deren Alter 1218 Jahre betragen soll. Linden von 300 bis 500 Jahren sind in Deutschland nicht selten und besonders in Mecklenburg stehen viele alte Linden; die alte Linde auf dem Kirchhof zu Polchow soll 56, eine andere zu Zurow bei Wismar 40, eine dritte zu Kirch-Kogel bei Lübesse 35 Fuß Stammumfang haben. Die Linde war unstreitig seit uralter Zeit von allen Bäumen der Liebling des deutschen Volkes, sie ist das Bild, der Ausdruck deutscher Innigkeit. Unter der Kirchhofslinde wurde so manchem Dahingeschiedenen der thränenreiche Abschiedsgruß dargebracht; unter breitästiger Dorflinde tanzte so manches heranwachsende Geschlecht.

Zu einem ausgesprochenen Liebling ist der schon erwähnte Katalpenbaum geworden, der heutzutage in keiner Parklandschaft, in keinem Partgarten fehlt und im Frühjahr durch seine prächtigen Blüthen und deren lieblichen Duft das Entzücken der darunter Wandelnden hervorruft. Auch über Tannen, Fichten und Kiefern erstreckt die hier betriebene Baumzucht sich. Die heranwachsenden Nadelholzbäumchen, welche sich in ihrem äußeren Habitus ziemlich gleichen, und noch keine Blüthen als unterscheidende Merkmale hervorbringen, geben uns durch die Benadelung eine augenscheinliche Diagnose, indem der Fichte kräftig-grüne, spitze, vierkantige Nadeln völlig anders beschaffen und gefärbt sind, als die stumpf zugespitzten, schwertförmigen, zweischneidigen der Tanne. Die Nadeln der Kiefer hingegen sind sparrig, grau-grün, in der Achse eines lanzetförmigen, weißgewimperten, schuppenförmigen Blattes. Die Kiefern vermögen dem ärmsten und dürrsten Boden Nahrung abzugewinnen und der Feuchtigkeit zu entbehren, ihr Haupt aber dürstet nach Freiheit und Licht.

Zu den Sträuchern und Stauden übergehend, die hier in großer Mannigfaltigkeit und Pracht weite Strecken des Feldes bedecken, interessirt uns hauptsächlich der Reichthum unserer nordamerikanischen Ziersträucher, wie er sich hier dem Blicke darbietet. Von einem Spezifiziren dieser einheimischen oder exotischen Pflanzen kann hier natürlich keine Rede sein. Doch auf jeden besonders bezeichnende Gattungen, die zum großen Theil auch der alten Welt angehören, wie z. B. Erdbeerenbäumchen, immerblühende bastardartige Rosen, Schneebeeren mit röthlichen Blättern, Liguster (immergrüner), Eibisch oder Rosenpappe, Ampelopsis (Wildrebe), Aristoteleßstrauch, Goldflieder, die trullifarnblätterige Salisburie oder Gingkobaum, auch Maidenhair-tree genannt, Hydrangeaceen, Harthen- oder Johannisgewächse (Hypericum calicium) Maulbeerfeige, Trompetenblume, Heckenkirsche, Hollunder, Schneeball, Styrax, Wachsmyrthe, Calycanthus, Spierstrauch (Spiraea), Wunderbaum (Robinia) und andere, mag hier besonders hingewiesen sein, in deren Bezeichnungen zweifelsohne die meisten unserer aufmerksamen und beobachtenden Parkbesucher viele Bekannten erkennen werden. Selbstverständlich giebt es unter der Menge von Sträuchern gar manche, die in rauchigen Fabrikstädten durchaus nicht fortkommen; andere wieder sind gegen kalte Winde sehr empfindlich, eine dritte Klasse beansprucht zum Ausreifen ihrer Zweige eine sonnenwarme Lage, eine vierte dagegen eine halbschattige Position und lassen sich dergleichen Bedingungen noch weitere finden, wenn man sich nur die Mühe giebt, darnach zu suchen. Wie sieht es oft auf unseren Friedhöfen und auch in einzelnen der Parks aus? Um Lücken zu füllen, dieses und jenes vor den Blicken abzuschließen, werden beliebige Sträucher gepflanzt, die vielleicht sich dadurch empfehlen, daß sie dieses Hineinpfropfen ruhig über sich ergehen lassen, dabei aber verhältnißmäßig noch rasch wachsen. Gerade in unseren öffentlichen Anlagen und auf den Stätten unserer Todten sollte bei Auswahl der Sträucher, bei Gruppirung derselben, die peinlichste

Sorgfalt obwalten. — Auf dem Friedhof vermag der Gärtner wohlthuendere Eindrücke hervorzurufen als der Bildhauer mit noch so kostbaren Monumenten. Wo es thunlich, pflanze man immergrüne Sträucher; bei solchen mit periodischer Belaubung sind Blumen mit allzugrellen Farben zu vermeiden, weißblühende Philadelphen, lila Syringen und ähnliche mehr, die außer den sanften Farbentönen noch den Vorzug des Wohlgeruchs besitzen, kommen hier allgemein in Frage. Ja, die Sträucher sind in ihrer Verwendung ungemein vielseitig, — da ließe sich noch reden von den vielen Arten, die durch die Kunst des Gärtners zu einer Jahreszeit ihre Blüthen entfalten, wo in der freien Natur Alles im Winterschlafe ruht, von der wirthschaftlichen Verbreitung wildwachsender Früchte, von dem Anbau beerentragender Sträucher; doch es sei hiermit genug.

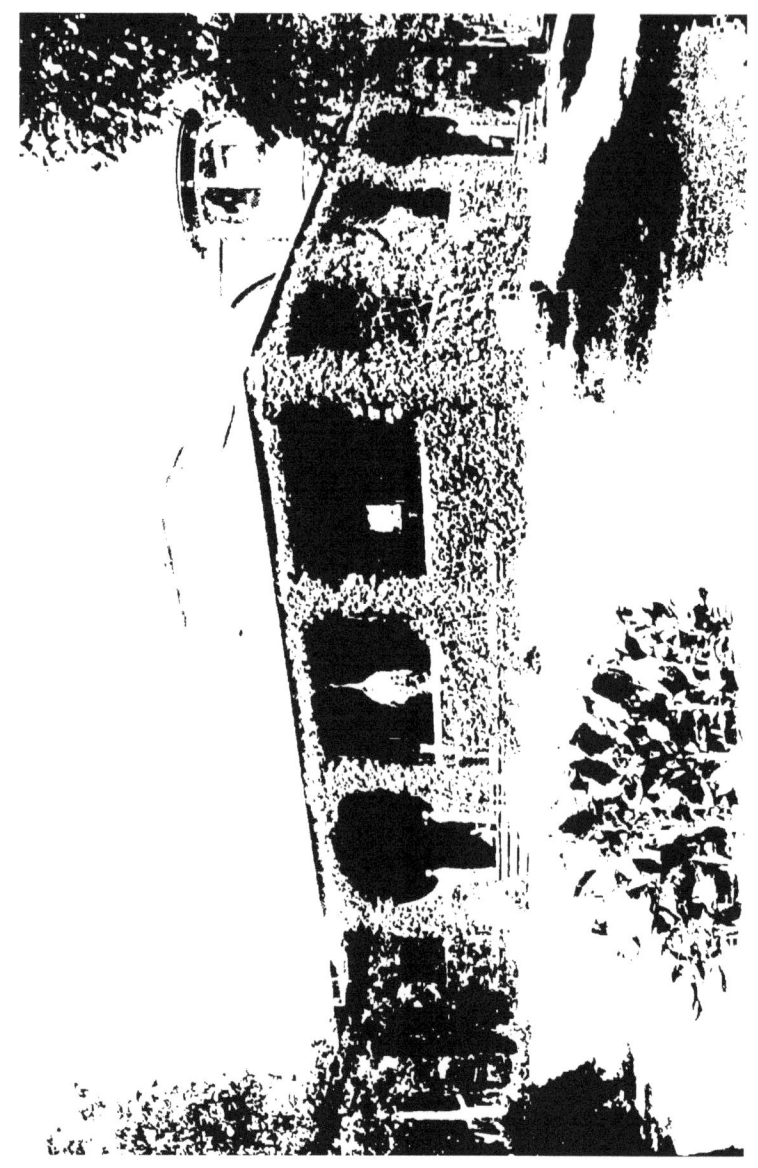

Blumenpflege in Wohnräumen.

Im Herbst, wenn es mit der Pracht und Herrlichkeit der Blumen im Freien beinahe ganz vorüber ist und die kürzlich noch von Farben und üppiger Lebensfülle strotzenden Beete im Park und Hausgarten heute nur ein trostloses Bild von der Vergänglichkeit alles Bestehenden ablegen, wendet der Blumenfreund seine Aufmerksamkeit wieder der Zimmergärtnerei zu, denn der wahre Blumenfreund kann ohne Blumen nicht leben, sie sind mit seinem ganzen Sein und Wesen so eng verflochten, nehmen unter den Lichtseiten, die das wechselvolle Leben ihm entgegenstrahlen läßt, einen so hohen Rang ein, daß er, getrennt von ihnen, um eine der erquicklichsten Freuden seines Daseins beraubt sein würde. Wer Blumen liebt und pflegt, pflegt und veredelt gleichsam sein Gemüth; wie vom Gesange, so kann man ebenso richtig von den Blumen sagen: „Wo man Blumen liebt, da laß Dich ruhig nieder, böse Menschen sind nicht der Blumen Hüter."

Die Liebe zu den Blumen bringt die edelsten Regungen unseres Herzens zum Erwachen, ihre Pflege erfüllt unser Gemüth mit angenehmen Vorstellungen und läßt böse Gesinnungen nicht aufkommen, sie macht uns mit einem Wort zu besseren Menschen. Und was das Prächtigste bei der ganzen Sache ist, auch der Aermste kann sich, wenn er zu den Glücklichen gehört, denen Blumen Freude machen, den Luxus einiger Pflanzen für sein Fenster gestatten, der schönsten Zierde, die einem Zimmer verliehen werden kann. Mögen die Räume eines armen Mannes Hütte noch so dürftig, die Letztere noch so klein und bescheiden sein, man stelle Blumen an das Fenster oder in das Gärtchen vor dem Haus und der von ihnen ausgehende Farbenglanz wird die Dürftigkeit der Einrichtung in einem verklärten Lichte erscheinen lassen, das düstere Bild in ein freundliches, heiteres umwandeln.

Zur Ehre unserer Deutschen sei es gesagt, die meisten blumengeschmückten Fenster, bunten und sorgfältig gepflegten Blumenbeete, findet man vornehmlich in den deutschen Stadtvierteln; man wird kaum irre gehen, wenn man den Charakter des Hausbewohners nach dem Eindrucke beurtheilt, den das Aeußere des Hauses auf den Beschauer macht; wo Ordnungssinn und Schönheitssinn miteinander Hand in Hand gehen, wo die äußere Umgebung trotz des ärmlichen Gepräges, welches dem Wohnhause anhaften mag, hübsch reinlich und in Ordnung gehalten ist und dann noch ein Fensterbrett oder ein Beet voll Blumen ihren Farbenschimmer über das Ganze breiten, da hauset gewiß kein Menschenschlag, den man zu meiden braucht und den Hut ab vor der emsigen Hausfrau oder dem fleißigen Arbeitsmann, die nach vollbrachter Tagesarbeit noch ihren Lieblingen im Gärtchen oder vor dem Fenster ihre Aufmerksamkeit zuwenden und sie hegen und pflegen!

Was nun die Pflege von Blumen ausschließlich in Wohnräumen betrifft, so sollte vor allen Dingen die Thatsache in's Auge gefaßt werden, daß Pflanzen die Zimmerluft verbessern, unter dem Einflusse des Lichtes Sauerstoff ausströmen und dadurch der Gesundheit der Bewohner förderlich werden.

Die Einführung von Topfpflanzen in die Wohnstuben kann auf verschiedenerlei Beweggründe zurückgeleitet werden. Viele Leute sehen in den Pflanzen nichts weiter als einen todten Zimmerschmuck, den sie mit Bildern, Vasen, bunten Stickereien und anderem Krimskram in eine und dieselbe Reihe stellen und sie auch wie todte Gegenstände aller Pflege entbehren lassen; Pflanzen, die in solche Hände gerathen, verkümmern und vergehen natürlich in ganz kurzer Zeit, ohne daß deswegen ein Wort des Bedauerns laut wird. Andere haben die Blumen um ihrer selbst willen lieb und weil ihnen deren Pflege und Behandlung Freude macht, weil sie in ihnen

lebende Zimmergenossen erblicken. Das sind die wahren, waschächten Blumen=
freunde, denen die Anwendung von Sorgfalt und einem bischen Mühe bei der Pflege
ihrer Lieblinge nichts als ungetrübtes Vergnügen bereitet.

Die Liebe zu den Blumen ist Herrscherin über ein mächtiges Reich und ihre
Vasallen findet man auf allen Wegen und Stegen. Sie bekunden ihre Unter=
würfigkeit durch das Tragen eines bescheidenen Sträußleins im Knopfloch ebenso
deutlich, als durch Veranstalten großer Blumenausstellungen; sie geben durch die
liebevolle Pflege einer einsamen Geranie im Fenster der armen Wittwe ebenso
unverkennbar Kunde von ihrer Treue und Anhänglichkeit, als durch die Anlage aus=
gebreiteter Blumenteppiche in dem Park des reichen Villenbesitzers.

Und wie viel Licht und Sonnenschein bringen Blumen nicht in das Kranken=
zimmer! Dem einsam auf seinem Lager sich wälzenden Patienten dünken sie Boten
der wiederkehrenden Gesundheit, sein mattes Auge labt sich an ihrer Farbenpracht,
ihr zarter Duft erquickt sein wundes Herz.

Die Auswahl von Pflanzen zur Ausschmückung der Wohnräume muß sich selbst=
verständlich auf solche Sorten beschränken, die zur Erfüllung ihrer Lebensfunktionen
einen ziemlich hohen Wärmegrad erfordern und der Stubentemperatur sich anpassen.
Eine Hauptbedingung zur erfolgreichen Blumenzucht in Wohnstuben ist die, daß
den Pflanzen so viel wie möglich Licht gegeben wird, welches ja bekanntlich mit zu
ihren Hauptlebensbedürfnissen gehört. Doch ist es nicht meine Absicht, auf die Be=
handlung von Zimmergewächsen hier weiter einzugehen, zu solcher Auskunft wird
der Rathsuchende jeden Gärtner bereit finden; nur möge hier hervorgehoben werden,
daß sich helle und geräumige Küchen ganz besonders zur Aufstellung von Blumen
an den Fenstern eignen, weil die Luft dort mehr von der für die Pflanzen so noth=
wendigen Feuchtigkeit besitzt, als irgend ein anderer der Wohnräume.

Nichts gewährt mehr Freude und Vergnügen, als die in Pflege genommenen
Pflanzen sich entwickeln und gedeihen zu sehen, und die Zeit, die darauf verwendet
wird, kann nie als verloren betrachtet werden. Was wäre die Welt ohne Blumen?

Egandale. — Der „Blumenkorb".

Privatgärten und Gewächshäuser.

>Die Natur macht keine Sprünge,
>Sie veredelt das Gemeine
>Nach und nach — im Lauf der Dinge
>Werden Kohlen Edelsteine.
>   Bodenstedt.

Die Liebe zu der Natur und ihren Schönheiten, von dem einfachen Gänseblümchen bis zur stolzen Eiche, ist im menschlichen Herzen tief eingewurzelt und bildet eine Quelle, aus der man nur zu schöpfen braucht, um dann allenthalben um sich herum unzählige Freuden für sich, für Andere und die menschliche Gesellschaft im Allgemeinen zu verbreiten. Wir sehen die Liebe zu Pflanzen und Blüthen oftmals unter den ungünstigsten Verhältnissen sich offenbaren und an Plätzen, wo Armuth fast alle Quellen reinen Vergnügens zum Versiegen bringt.

Die kränklich aussehenden Pflanzen, die so vielfach auf Fenstern und vor Häusern in den staubigen und rußigen Straßen unserer Großstadt den Gegenstand zärtlicher Pflege bilden, gewähren einen keineswegs erfreulichen Anblick. Doch man ersieht aus dieser den kümmerlich gedeihenden Pflanzen gewidmeten Sorgfalt deutlich die angeborene Liebe zu Flora's Kindern, die gewiß besonders da eine unwandelbare genannt zu werden verdient, wo der Entschluß sich kund giebt, trotz den Hindernissen, die in Gestalt von allerhand Unreinlichkeiten in der Luft, einem Uebermaß von Trockenheit oder Feuchtigkeit, Hitze oder Kälte, von plötzlich eintretendem Wechsel der Temperatur, auszuharren in der Pflege der Lieblinge.

Gegen diese verderblichen Einflüsse bilden Gewächshäuser natürlich den geeignetsten und wirksamsten Schutz. In früheren Zeiten wurden solche Pflanzenhäuser ausschließlich als Zubehör stattlicher Wohnpaläste oder Landsitze betrachtet. Doch in neuerer Zeit sind Dank der Fortschritte, die in der Pflanzenzucht und der Herstellung von gläsernen Gewächshäusern zu Privatzwecken gemacht worden sind, die Mittel geschaffen worden, die auch dem weniger Bemittelten es ermöglichen, seine Pflanzen unter ein schützendes Glasdach zu stellen und einen Geschmack zu befriedigen, der, während er sich gleichzeitig geläutert und veredelt zu erkennen giebt, eine Forschungsbegierde erweckt, welche diejenigen, die so glücklich sind, sich von ihr beeinflußt zu fühlen, über alle gemeinen und leichtfertigen Bestrebungen erhebt.

In Gefängnissen haben Insassen für den Verlust ihrer Freiheit Trost gefunden in der Beobachtung einer Spinne oder einer Maus, deren Bewegungen sie mit der größten Aufmerksamkeit und außerordentlichem Behagen verfolgten; hier aber, in einem Gewächshaus, bietet sich vielen von Denjenigen, die sich des Besitzes eines eigenen Heims erfreuen, ein Studium, welches von den allerangenehmsten Ergebnissen begleitet ist und nicht nur das Auge befriedigt, sondern auch den Geist labt und den Stadtbewohnern ein Blatt des Buches der Natur aufschlägt.

Es giebt Menschen, denen die Pflanzenwelt sich mit einer bestimmten Zuneigung zuzuwenden scheint und von ihnen sagt man gewöhnlich, sie haben „eine glückliche Hand". Der Same, den sie in die Erde legen, geht auf, die Blumen ihrer Pflege gedeihen, während sie durch Berührung und Pflege anderer Personen bald vergehen. Darin wird nicht etwa erlernte Geschicklichkeit oder besseres Verständniß der Behandlung erblickt, sondern ein angeborenes, bevorzugtes Verhältniß zur Pflanzenwelt.

Die Blumenpflege gehört zu den dankbarsten und lohnendsten Beschäftigungen, und in der richtigen Erkenntniß des guten Einflusses, den diese auf die innere Ausbildung des Menschen ausübt, giebt sich in Chicago und wohl auch in allen anderen größeren Städten civilisirter Länder das Bestreben kund, die Liebe zu den Pflanzen in die weitesten Klassen der Bevölkerung dringen zu lassen. Dafür sorgen in erster

Reihe die Parks und sonstigen öffentlichen Anlagen und zunächst die zum Wetteifer anregenden Blumenausstellungen.

Das Vorstehende soll den Leser aber nicht zu dem Glauben verleiten, daß hier eine Abhandlung über Gewächshaus-Gärtnerei und Pflanzen-Cultur folgen wird. Das mag denen überlassen bleiben, die hierzu die nöthigen Fähigkeiten und Pflanzenkenntniß besitzen. Der im Vorliegenden besprochene Gegenstand drängte sich dem Verfasser während der so überaus genußreich sich gestaltenden Besuche auf, die er den Gewächshäusern der in den hier folgenden Blättern genannten Herren abstattete. Diese Männer haben weder Mühe noch Geld gescheut, eine Sammlung von Pflanzen aus nahezu allen Winkeln der Erde in ihren Besitz zu bringen, worunter sich nicht wenige der wunderbarsten und merkwürdigsten Erzeugnisse des Pflanzenreiches befinden.

Adolph Schöninger's Gartenanlagen.

Die Abbildung auf Seite 213 zeigt uns das elegante Wohnhaus und die Gartenanlagen des Herrn Adolph Schöninger, eines deutschen Mannes, der sich in den langen Jahren seines in hiesiger Stadt verbrachten thätigen Lebens die Gunst und Achtung aller, die mit ihm in nähere Berührung kamen, erworben hat und der allgemeinen Beliebtheit, die sich ihm zugewendet, im vollsten Maße würdig ist.

Ein Besuch seines reizenden Wohnsitzes, der an der Melrosestraße, zwischen Evanston Avenue und dem Ufer des Sees belegen ist, muß einem Jeden die Ueberzeugung beibringen, daß hier das Heim eines Mannes sich befindet, welcher einen ebenso gediegenen wie gesunden Geschmack sein eigen nennt und zu den begeistertsten Pflanzenfreunden gezählt werden muß.

Die um den Wohnpalast sich ausdehnenden Gartenanlagen bezeugen dies allein schon dem Vorübergehenden, noch mehr aber giebt sich die Liebe des Herrn Schöninger zu den Blumen demjenigen kund, der die mit den einen geläuterten Geschmack und Schönheitssinn verrathenden Wohnräumen unmittelbar in Verbindung stehenden Gewächshäuser betritt und hier seinen Blick über die Pflanzenschätze schweifen läßt, welche die verschiedenen Abtheilungen in malerischer Anordnung füllen.

Herr Schöninger findet in Gesellschaft seiner schmucken Zöglinge und Pfleglinge Sommer und Winter vor Beginn und nach Beendigung seiner Fabrikthätigkeit den herrlichsten Genuß, angenehme Zerstreuung und Herz und Gemüth erfrischende Erholung; er hat seine helle Freude an dem Wachsen und Gedeihen seiner zahlreichen Lieblinge. Seine Liebhaberei für Formen- und Farbenschönheit erstreckt sich jedoch nicht nur auf die Ausstattungsgegenstände der Wohnzimmer, Blumen und Pflanzen, sondern auch auf besonders schön gezeichnete Fischarten und auf Vögel mit prächtigem Gefieder, die ebenfalls, erstere in kleinen Teichen, Letztere in Käfigen, den Pflanzen als Nachbarn zugesellt sind.

Während im Sommer die freie Gartenlandschaft mit ihrem kunstvoll verzierten Lilienteich, den farbenglühenden Blumenbeeten und Schlinggewächsen, den wohlgepflegten Rasenflächen, zwischen denen hindurch hellleuchtende Cementfußwege sich in graziösen Bogen schlängeln und ihren schmucken Schattenbäumen, in ihrem rückwärts gelegenen Theile Herrn Schöninger als „Versuchsstation" zur Züchtung von seltenen Obstpflanzen und anderen im Freien ihr gutes Fortkommen findenden Gewächsen dient, widmet er Sommer und Winter den des schützenden Glasdaches und gleichmäßiger Temperatur bedürftigen exotischen und besonders tropischen Pflanzen seine ungetheilte Aufmerksamkeit.

Das Gewächshaus bildet eine kleine Welt für sich und enthält eine reiche Fülle von interessanten Pflanzenschönheiten.

Zu den interessantesten Exemplaren der Sammlung gehören die hier zu einander gesellten Mitglieder der Familie der Kakteen, die sich durch Mannigfaltigkeit der Formen und durch ihre niedlichen, oder auch großen und prachtvollen Blüthen vor anderen Gewächsen vortheilhaft auszeichnen.

Zunächst sind die schönsten und begehrtesten aller Schmarotzerpflanzen, die Orchideen, zu nennen, welche in zwei Klassen — in Luft- und Sumpf-Orchideen — getheilt werden und mit denen Herr Schöninger sehr befriedigende Resultate erzielt hat.

Palmen, Cicaden, Dracenen, Crotons und viele andere tropische und halbtropische Pflanzen mit einem Reichthum von schönfarbigen Blättern und eleganten

Adolph Schöninger's Wohnpalast und Gewächshäuser.

Formen, Lilien, Amaryllis und sonstige Knollenpflanzen, Rhododendron, Kamelien, Azaleen u. s. w. bilden den reichsten und malerischsten Schmuck der ihnen angewiesenen Räume, während die bekannteren Topfpflanzen wie Geranien, Fuchsien, Gloxinien, Begonien, Primeln etc. hier auch nicht fehlen.

Selbstverständlich haben wir hier auch die Königin der Blumen, die Rose, die mit den Geschicken der Völker und Familien, mit deren Leidenschaften, ihrem Lieben und Hassen so eng verbunden ist. Die Rosenzüchter sind in ihrer Sucht nach Neuem und Besserem und in ihrem Eifer, andere zu übertreffen, zur sogenannten künstlichen Befruchtung geschritten und dadurch und aus der Verbindung der verschiedensten Arten sind ganz neue Sippen entstanden, doch Niemand vermag die Spielarten zu zählen, die im Laufe der Jahrhunderte entstanden und wieder verschwunden sind, weil das Bessere stets der Feind des Guten gewesen ist. Herr Schöninger züchtet nicht nur hochstämmige, sondern auch niedrige veredelte Sorten in großer Mannigfaltigkeit von Farben, im Freien sowohl wie in den Gewächshäusern.

Wicker Park und Uihlein's Pflanzenhaus.

Vielen Naturfreunden, welche sich bei ihren Ausflügen nach den Parks der Straßenbahnen bedienen, bietet die Pferdebahn in North Avenue ein willkommenes Mittel, vom Lincoln Park nach dem Humboldt Park, oder umgekehrt, zu gelangen, da die Wagen der genannten Bahn die Verbindung zwischen beiden beliebten Hainen herstellen. Der Weg von ersterem Park nach Humboldt Park führt knapp an dem in neuerer Zeit seinem verwilderten Zustand entrissenen, schmucken und sorgfältig gepflegten Wicker Park vorüber, dessen Rahmen eine Menge eleganter Wohnhäuser mit farbenprächtigen Blumenanlagen bilden. Die meisten dieser freundlichen Wohnhäuser, unter denen sich nicht wenige palastähnliche Gebäude befinden, sind von wohlbekannten Deutschen, von Leuten wie John Bühler, C. Hermann Plautz, Hermann Weinhardt, Georg Rahlfs, Charles Petri, Dr. Theodor Wild, Edward Uihlein, M. Schulz, John Mohr, John W. Buehler, A. F. Weinberger, F. C. Müller, F. Schmidt, A. Franke u. s. w. bewohnt, die durch den vor den Häusern angebrachten Pflanzenschmuck ihre Liebe zu den Blumen deutlich bekunden. Jedoch im ausgedehntesten Maße wird die Blumen-Cultur in jener Gegend von dem Vice-Präsidenten der hiesigen Gartenbau-Gesellschaft, einem der bekanntesten Deutschen, Hrn. Edward Uihlein, betrieben, dessen Pflanzensammlung eine Fülle von Prachtexemplaren seltener und kostbarer Pflanzengattungen enthält und es verdient, daß Blumenfreunde auf diesen hier vorhandenen Schatz von interessanten Blühern und Blattpflanzen aufmerksam gemacht werden. Die von Herrn Uihlein mit großer Lust und Liebe gepflegten Gewächse befinden sich in einem pavillonartigen, geräumigen Pflanzenhaus, welches neben dem eleganten Wohnhaus die hintere östliche Hälfte des 130 bei 162 Fuß großen Grundstücks No. 34 Ewing Place bedeckt und von diesem 34 bei 56 Fuß beansprucht. Zwei geschmackvolle Kuppeln krönen das Pflanzenhaus, welches hoch genug gelegen ist, um von dem auch einen zierlichen Springbrunnen und Goldfischteich enthaltenden Warmhaus aus eine vor der Front errichtete Grotte von Tropfstein mit fließendem Wasser versehen zu können. Es finden sich wohl nirgends anderswo in Chicago so viele und seltene Gattungen von Orchideen, dieser so wunderbar geformte Blüthen entwickelnden Familie von Schmarotzerpflanzen vor, als im Gewächshaus des Herrn Uihlein. Die Namen der Pflanzenfamilien, die Hrn. Uihlein's Sammlung angehören, sind vornehmlich die folgenden: Im Kalthaus — ungefähr 70 Sorten Orchideen, unter ihnen Oncidium, Epidendrum, Laelia, Lycaste, Odontoglossum, Cypripedium, Bletia, Masdevallia, Maxillaria, Chysis, Barkeria, Brassavola, Mormodes; ferner eine interessante Zusammenstellung von Camellia, Azalea, Rhododendron, Chrysanthemum, Erica. Der mittlere Raum des zierlichen Gewächshauses beherbergt die überaus reich verzweigte Familie der unter dem Namen Cattleya bekannten Orchideen, die hier durch mehr als 40 verschiedenen Sorten Vertretung gefunden haben. Davon sind zu nennen: Dendrobium, Anguloa, Calanthe, Cymbidium, Schomburgkia, Sobralia, Zygopetalum, Gongora, Stanhopea, etc. In dieser von mittlerer Temperatur beherrschten Abtheilung befinden sich auch Prachtexemplare von Palmen, Areca,

Cassia, Seaforthia, Phoenix, Kentia, Corypha, Chamaedorea, Latania, Ptychosperma, Cycas, Cocos, Euterpe, dann auch Pandanus, Carludovica, Aspidistra, Maranta; eine reichhaltige Sammlung von Cryptogamen (Farrenkräuter) u. s. w. Das Warmhaus oder die tropische Abtheilung enthält etwa 120 Sorten von Cypripedium, eine prächtige Auswahl von Anthurium, mehr als 30 Sorten Nepenthes (ceylonische Kannenträger), Begonien, Croton, Dracaenen, Dieffenbachia, Aralia, Calladien, Alocasia, Vresia, Tillandsia, Selaginella, Bilbergia, Phalaenopsis, Peristeria, Aerides, Saccolabium, Vanda, Angraecum u. s. w. bis in's Unendliche. Hr. Uhlein ist ein großer Blumenfreund und der wahre Blumenfreund kann ohne Blumen nicht leben. Sie sind mit seinem ganzen Sein und Wesen so eng verflochten, nehmen unter den Lichtseiten, die das wechselvolle Leben ihm entgegenstrahlen läßt, einen so hohen Rang ein, daß er, getrennt von ihnen, um eine der erquicklichsten Freuden seines Daseins beraubt sein würde. Wer Blumen liebt und pflegt, pflegt und veredelt gleichsam sein Gemüth; wie vom Gesange, so kann man ebenso richtig von den Blumen sagen:

"Wo man Blumen liebt, da laß Dich ruhig nieder,
Böse Menschen sind nicht der Blumen Hüter."

J. C. Vaughan's Handelsgärtnerei.

Das Blumen- und Samengeschäft des Hrn. Vaughan ist eines der bedeutendsten nicht nur in Chicago, sondern im ganzen Nordwesten, und erfreut sich unter der Zunft der Gärtner eines sehr guten Rufes. Die Gewächshäuser, 16 an der Zahl, befinden sich in Western Springs, einer schmucken Vorstadt Chicago's an der Chicago, Burlington & Quincy-Bahn. Die Glasdächer dieser Pflanzen-Häuser enthalten zusammen 35,000 Quadratfuß Glas und bedecken Warm- und kalte Beete in gleichem Verhältniß. Im Anschluß hieran befindet sich ein dem Frost nicht zugängliches Aufbewahrungs-Magazin für im Wachsthum stille stehenden Rosen, Clematis, Georginen und Zwergfruchtbäume und über diesem Magazin sind die Fächer für Georginen und Tuberosen und der Verpackungsraum eingerichtet. Die Gewächshäuser werden wie folgt benutzt: zwei davon, je 24 bei 120 Fuß groß und 13 Fuß hoch, für Palmen, von denen eine Anzahl Pracht-Exemplare für die Weltausstellung bestimmt ist; ein weiteres, 18 bei 150 Fuß groß, für französische Canna's, unter denen sich nicht wenige neue Sämlinge von großer Schönheit befinden; ein viertes für Chrysanthemen, neue und ältere Arten, zu welch' ersteren über 100 noch namenlose Sämlinge gehören, mit denen erst gründliche Versuche angestellt werden, ehe man sie in den Handel bringt; fünf andere Häuser dienen der Rosenzucht, in zweien werden Beetpflanzen gezüchtet und die anderen werden als Versuchsstationen für Sämereien, als Treibhäuser für Blumenzwiebeln und zu Zwecken der Fortpflanzung benutzt.

Auf den in Chicago und anderen Städten des Westens abgehaltenen Blumen-Ausstellungen hat Herr Vaughan mit seinen dort ausgestellten Chrysanthemen große Ehre eingelegt und von den zuerkannten Preisen fiel ihm stets der Löwenantheil zu, was als ein trefflicher Beweis für die Geschicklichkeit seiner Gärtner gelten kann.

Die Hauptniederlage der Sämereien, Blumenzwiebeln, Pflanzen und Gartengeräthe des Herrn Vaughan befindet sich Nos. 146—148 West Washingtonstraße, wo die Waaren in drei Stockwerken von je 40 bei 185 Fuß Flächenraum und in zwei großen Kellern aufgestapelt sind. Diese ausgedehnten Vorraths-, Verkaufs- und Verpackungs-Stockwerke bilden in Verbindung mit den Aufbewahrungs-Kammern in Western Springs für solche Pflanzen, bei denen ein Stillstand im Wachsthum eingetreten ist, eine Reihe von Geschäftsräumen, wie sie für diesen Zweck nicht praktischer gedacht werden können. Aber außer diesen Räumlichkeiten ist zur Bequemlichkeit von Privatkunden, welche ihre Einkäufe in dem Mittelpunkt der Stadt zu machen wünschen, in dem Laden No. 88 Statestraße eine Blumen- und Samenhandlung eingerichtet, wo auch Gartenhandwerkzeuge, Blumenzwiebeln u. s. w vorräthig sind.

Während der Weltausstellung hat Herr Vaughan "offenes Haus" gehalten. Um sich seinen Kunden gefällig zu zeigen, hat er ein vollständiges Programm der Gar-

Edward Uihlein's Gewächshäuser nahe Wicker Park.

tenbauausstellung, deren Plan, Vorschriften, besondere Vorzüge und eine Beschreibung der dort ausgestellten Gruppen und Klassen drucken lassen und an seine Kunden vertheilt. Ein Theil dieses Programms ist dem Cataloge für 1893 einverleibt worden.

Um es seinen Kunden im Osten des Landes leichter zu machen, mit Hrn. Vaughan in Geschäftsverbindung zu treten, hat er in No. 12 Barclaystraße in New York eine Zweigniederlage etablirt, wo alle Bestellungen prompt und gewissenhaft ausgeführt werden.

E. S. Dreyer, biographische Skizze.

Herr E. S. Dreyer, von dessen freundlichem Wohnhaus sich auf Seite 113 eine Abbildung befindet, ist einer der bekanntesten und geachtetsten Deutschen Chicago's, ein self made man in des Wortes voller Bedeutung. Er wurde am 5. August 1844 in Bückeburg im Fürstenthum Schaumburg Lippe geboren, wo er, 5 Jahre alt, seine Mutter und 5 Jahre später seinen Vater, August Dreyer, durch den Tod verlor. Sein Vater war Oberförster und hatte seine Studien auf der Göttinger Universität gemacht.

Edward S. Dreyer genoß einen gründlichen Schulunterricht in der Stadt Hameln und erlernte nach seiner Confirmation das Handwerk eines Wagenbauers. Nach dem Tode seiner Eltern hatte er bei Verwandten ein Unterkommen gefunden und als er 20 Jahre alt geworden war, wanderte er nach dem gelobten Land Amerika aus, wo er im Juni 1864 in New York landete.

Von dort führte ihn sein Glücksstern ohne Weiteres nach Chicago, wo er bis zum heutigen Tage seßhaft geblieben ist und zu Ansehen und Ehren gelangte. Nachdem er die ersten zwei Jahre seines Hierseins zum Studium der englischen Sprache und der hiesigen Gebräuche verwandt hatte, trat er in 1866 als Clerk in das Grundeigenthums Geschäft von Knauer Brothers ein, die ihn vier Jahre später bereits zu ihrem Geschäftstheilhaber erkoren.

Im Jahre 1873 löste er seine Verbindung mit dieser Firma und richtete ein eigenes Grundeigenthumsgeschäft ein, welches er unter dem Namen E. S. Dreyer & Co. in No. 72 Dearbornstraße etablirte. Von da zog er in 1875 nach No. 98 Dearbornstraße, doch die schnelle Entwicklung und Ausbreitung des Geschäftes fand auch hier die Räumlichkeiten bald zu beschränkt und so wurde nach No. 83 Washingtonstraße übergesiedelt und von da im Jahre 1878 nach dem Gebäude an der nordöstlichen Ecke von Dearborn- und Washingtonstraße, wo sich das weit und breit bekannte Bank- und Grundeigenthums Geschäft der Firma heute noch befindet.

Die Göttin Fortuna hatte Herrn Dreyer ihre besondere Gunst zugewendet und so konnte es nicht ausbleiben, daß mit der Zunahme des ihm entgegen gebrachten Vertrauens auch eine Vermehrung seiner irdischen Güter von greifbarer Gestalt stattfand, von denen er einen beträchtlichen Theil gemeinnützigen und wohlthätigen Werken zuwendet. Von dem Tage der Gründung seines Geschäftes an gerechnet, hat Herr Dreyer für sich und seine Kunden mehr als $100,000,000 in gewinnbringenden Unternehmungen angelegt. Das Bankgeschäft gesellte er seinem, vom Jahre 1875 an in Gemeinschaft mit Herrn Edw. Koch betriebenen Grundeigenthumsgeschäft in 1877 bei und Herr Koch blieb Geschäftstheilhaber bis 1891, worauf er eine Aktienbank etablirte und Herr Robert Berger Geschäftstheilhaber des Herrn Dreyer wurde. Letzterer wurde im Januar 1892 zum Präsidenten der Grundeigenthumsbörse von Chicago erwählt, nachdem er schon vorher der Reihe nach das Amt eines Steuer-Collectors für North Chicago, eines Schatzmeisters der Schulbehörde von Lake View, eines Vorsitzenden bei den großartigen Feierlichkeiten zu Ehren der Grant-Denkmal-Enthüllung, eines Mitgliedes der County-Schulbehörde, eines Direktors der öffentlichen Bibliothek, eines Schatzmeisters der Staats-Privatbankgesellschaft, eines Direktors und Schatzmeisters der „Chicago Heights Association" u. s. w. inne gehabt hat und zum Theil noch bekleidet. Er stand auch in förderner Beziehung zu anderen öffentlichen und privaten Einrichtungen von gemeinnütziger Bedeutung, wie z. B. zu dem deutschen Altenheim, Schiller-Theater, Schiller-Denkmal, Germania Club-Halle, Auditorium u. s. w.

Arm und freundlos betrat Herr Dreyer den Boden Chicago's, reich und allseitig geachtet steht er heute, nach nahezu 29jähriger angestrengter und aufreibender Thätigkeit, mitten unter uns.

Die Brauerei der United States Brewing Co.

an Elston Ave., nahe Snowstraße, von welcher sich auf Seite 229 eine Abbildung befindet, war bis zur Mitte des Jahres 1881 unter dem Namen B r a n d 's B r a u e r e i bekannt und hatte den Veteranen unter den hiesigen Bierbrauern, Herrn M i c h a e l B r a n d, zum Begründer. Herr Brand wurde im Jahre 1826 in Hessen Darmstadt geboren, von wo er im Alter von 26 Jahren nach Amerika auswanderte, um sich im neuen Lande durch Ausübung des von ihm erlernten Brauerhandwerks eine gesicherte Existenz zu gründen. Nach kurzem Aufenthalt in Toledo, Ohio, wendete er sich nach der Gartenstadt Chicago und richtete hier im Jahre 1853 in Gemeinschaft mit Herrn in 1872 verstorbenen Valentin Busch in Cedarstraße eine Brauerei ein, die sich rasch zu einem bedeutenden Geschäft emporschwang und bald weit und breit sich eines schmeichelhaften Rufes zu erfreuen hatte. Im 1864 wurde behufs Ausdehnung der Leistungsfähigkeit der Brauerei von Herrn Brand die Busch & Brand Brewery Co. organisirt, sieben Jahre später aber, bei dem großen Feuer von 1871, wurde die stolze Brauerei in Schutt und Asche verwandelt.

Keineswegs entmuthigt durch diesen Schicksalsschlag machte Herr Brand sich mit der ihm innewohnenden unbezähmbaren Energie sofort an den Wiederaufbau der Brauerei, doch da die Anforderungen, die an das Geschäft gestellt wurden, immer mächtiger sich gestalteten und die Raumverhältnisse der Gebäulichkeiten sich als zu beschränkt erwiesen, kaufte Herr Brand an Elston Avenue, nördlich von Fullerton Avenue, ein großes, an den Fluß grenzendes Grundstück, auf welchem er in 1876—1877 die heute dort stehenden ausgedehnten Brauereigebäude mit einem Kostenaufwand von über $300,000 errichtete.

Auch diese Brauerei wurde von Chicago's Erbfeind, dem Feuer, im Mai des Jahres 1885 heimgesucht, doch der angerichtete Schaden wurde schnell wieder ausgebessert und sechs Wochen später war Alles wieder im alten Geleise.

Michael Brand hat auch im öffentlichen Leben eine hervorragende Rolle gespielt; im Jahre 1863 wurde er in die Staats-Legislatur gewählt und in den Jahren 1872—1874 betrauten ihn die Bewohner der damaligen 19. Ward im Stadtrath mit der Vertretung ihrer Interessen, deren er sich gewissenhaft und auf's Eifrigste annahm.

Sein Neffe R u d o l p h B r a n d hat sich ebenfalls einen Namen gemacht, der einen ausgezeichneten Klang hat. Im Jahre 1851 in Oberheim nahe Mainz geboren, trieb auch ihn, nachdem er in Darmstadt in den Dienst Gambrinus' getreten war und sich als Bierbrauer ausgebildet hatte, die Lust des Wanderns nach fremden Erdtheilen dazu, die Reise über den Ocean zu machen und das gelobte Land Amerika zur zweiten Heimath sich zu wählen. Nach der Landung des Dampfers begab Rudolph Brand sich sofort auf die Reise nach Chicago, wo er im Jahre 1868 eintraf. Hier trat er in das Geschäft seines mit großem Erfolge wirkenden Onkels ein und verblieb daselbst bis zum Jahre 1874, wonach er in Blue Island auf eigene Faust eine Brauerei etablirte, die er jedoch einige Jahre später wieder veräußerte, um als Compagnon in die Brauerei seines Onkels einzutreten, in welcher er die Stelle eines Vice-Präsidenten der Compagnie und Geschäftsführers bekleidete. Im Juni 1891 ging die Brauerei mit noch einigen anderen in den Besitz der United States Brewing Co. über und Herr Michael Brand zog sich von dem Geschäft ganz zurück. Die Beamten der United States Brewing Co. sind die folgenden: Valentin Blatz, Präsident; Leo Ernst, Vice-Präsident und Geschäftsführer; Rudolph Brand, Schatzmeister; M. E. Pavn, Sekretär.

Herr Rudolph Brand hatte sich im Laufe seiner geschäftlichen Wirksamkeit die Achtung und das Vertrauen der Chicagoer Bürger in so hohem Grade erworben, daß ihn das Volk im Jahre 1881 zum Stadtschatzmeister erwählte und bald nach Ablauf seiner amtlichen Thätigkeit, die er zur vollen Zufriedenheit der Bürger vollführte, ernannte ihn der damalige Bürgermeister Harrison zum Mitgliede des städtischen Schulrathes und auch hier zeichnete er sich durch getreue Erfüllung seiner Pflichten aus.

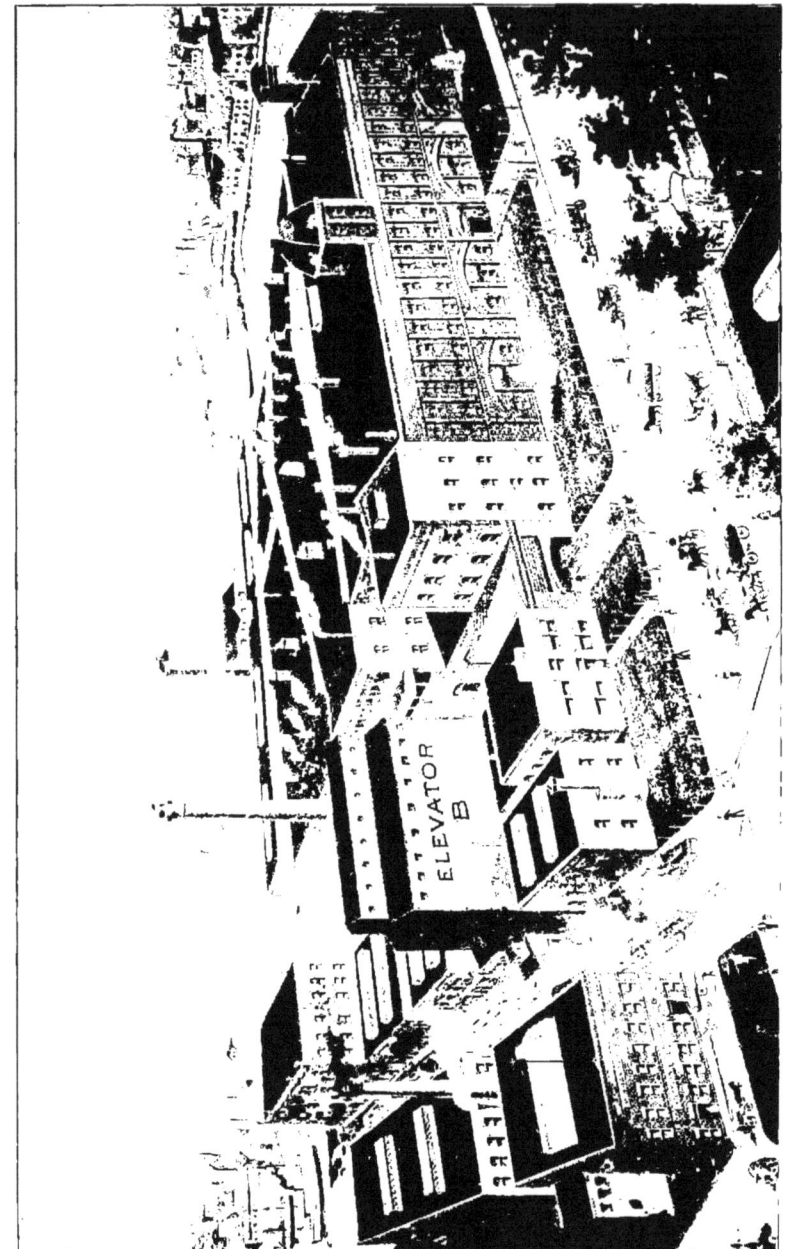

United States (früher Brand's) Brauerei.

Theo. A. Kochs.

Wenn Jemand nach einem Mittel suchte, das phänomenale Wachsthum der Stadt Chicago durch irgend ein charakteristisches Merkzeichen zu veranschaulichen, so brauchte er nur das von Theo. A. Kochs vor 20 Jahren gegründete Fabrikgeschäft und dessen wunderbare Entwickelung als Beispiel anzuführen. In diesem Geschäft werden alle die vielerlei Gegenstände fabrizirt, die im Barbiergeschäft benutzt werden. Im Jahre 1873 machte Hr. Kochs in dem Hause No. 217 Fifth Avenue mit verhältnißmäßig geringen Mitteln den ersten Versuch in dem von ihm gewählten Geschäftszweig und nach kurzer Zeit schon zählte er die meisten der hier etablirten Barbiere zu seinen Kunden. Wie gut er es verstand, sich deren Zufriedenheit zu erwerben, zeigt der Umstand, daß der gute Ruf, den sein Geschäft allmählig sich zu eigen machte, in Bälde sich in den Vorstädten und anderen benachbarten Orten verbreitete, und das Wachsthum der Kundschaft immer größere Anforderungen an die Leistungsfähigkeit der Fabrik stellte. Nach und nach wurden sämmtliche Räume des Gebäudes No. 217 Fifth Ave. in Benutzung gezogen und außerdem mußten Werkstätten auf der Westseite gemiethet werden. Doch immer gewaltiger entwickelte sich das Geschäft, und in 1883 sah Hr. Kochs sich genöthigt, auf dem Grundstück Nos. 158—160 Wells Straße ein Gebäude zu errichten, nach welchem das ganze Geschäft: Büreaus, Waarenlager und Werkstätten verlegt wurden. Zu jener Zeit hatte es den Anschein,

1873.

als ob nun Raum genug vorhanden sei, um allen Ansprüchen gerecht werden zu können, doch im Jahre 1885 schon machte sich die Nothwendigkeit geltend, dem Gebäude

1893

noch ein Stockwerk aufzusetzen und in 1887 erforderte der mit Riesenschritten voranschreitende Aufschwung des Geschäftes den Bau eines weiteren Hauses auf dem Grundstück nebenan, wodurch die Leistungsfähigkeit der Fabrik fast verdoppelt wurde. Aber selbst jetzt genügten die Raumverhältnisse noch nicht, und in 1890 mußte eine weitere Vergrößerung des Gebäudes vorgenommen werden, welches jetzt nun eine Front von 148 Fuß an Wells Straße und eine solche von 110 Fuß an Erie Straße besitzt, was für das ganze Gebäude in allen seinen Stockwerken eine Grundfläche von nahezu 2 Acres ergiebt.

In diesem Riesenetablissement sind ungefähr 250 Arbeiter mit der Anfertigung von Stühlen und anderen Einrichtungsgegenständen für Barbierstuben, von Barbier-"Poles", verzierten Rasirbechern, Schönheitsmitteln (cosmetics), wohlriechenden Essenzen und allen solchen Artikeln beschäftigt, die man in einem modernen, auf der Höhe der Zeit stehenden Barbierladen zu finden gewohnt ist. Diese Waaren werden nach allen Theilen der Vereinigten Staaten, von Maine bis Californien, aber auch nach Canada, Mexiko, England, Australien und Südamerika verschickt, und das Geschäft, welches vor zwanzig Jahren so schlicht und bescheiden in den engen Räumen von 217 Fifth Avenue eingerichtet wurde, versorgt heute die Barbierläden in fast allen Theilen der civilisirten Welt.

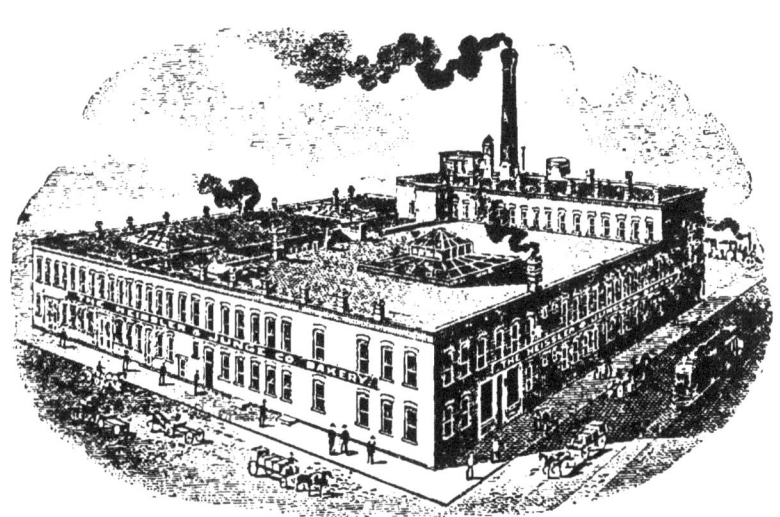

Die Heißler & Junge Company

ist die Eigenthümerin einer der größten und blühendsten Dampf-Bäckereien im Nordwesten, eines Geschäftes, welches wie so viele andere erfolgreiche Fabriketablissements, aus kleinen, bescheidenen Anfängen zu seiner jetzigen Bedeutung und Höhe empor gewachsen ist.

Der eine der Begründer dieses auch über die Grenzen Chicago's hinaus bekannten Bäckereigeschäftes, Herr Jacob Heißler, kam im Jahre 1860 im Alter von 15 Jahren aus seiner elsässischen Heimathstadt, Weißenburg, nach Amerika und nach längerem Aufenthalt in Buffalo und Pittsburg, wo er die Conditorei erlernte, im Jahre 1868 nach hiesiger Stadt. Den ersten bescheidenen Anfang im Bäckergeschäft wagte Herr Heißler zusammen mit Herrn August Junge ein Jahr darauf in dem Hause No. 55 Blue Island Ave., wo Beide bis zum 1. October 1870 hauptsächlich durch die Herstellung von Zwieback das Fundament zu ihren späteren Erfolgen zu legen begannen. An jenem Herbsttage fand die Uebersiedelung des Geschäftes nach No. 413 Clarkstraße statt und hier wurde eine regelrechte Brod- und Kuchenbäckerei eingerichtet und der erste Wagen zur Bedienung von Kunden angeschafft. Herr Junge, welcher aus der Provinz Hannover stammt, kam im Jahre 1866, nachdem er in Göttingen die Bäckerei erlernt und in Kopenhagen gearbeitet hatte, nach Chicago.

Dampfbäckerei der Wm. Schmidt Baking Co.

Nach acht Jahren hatte das Geschäft bereits einen solchen Aufschwung genommen, daß es nöthig wurde, einen Umzug nach ausgedehnteren Lokalitäten vorzunehmen und so wurde in 1878 das Geschäft nach No. 347—349 Statestraße verlegt, wo die Zunahme der Kundschaft jedoch sehr bald so große Anforderungen an die Leistungsfähigkeit der Bäckerei stellte, daß noch No.345 Statestraße mitbenutzt werden mußte. Im Jahre 1884 aber hatte Heißler & Junge's Bäckerei eine solche Ausdehnung angenommen, daß sich die Räumlichkeiten (345—349 Statestraße) als viel zu b. schränkt erwiesen und bedeutend mehr Ellbogenraum erforderlich war. Nun ging es nach dem Gebäude Ecke State= und 24. Straße, welches einen Flächenraum von 100 bei 125 Fuß bedeckte. Hier wurden 8 Oefen in Betrieb gesetzt und 20 Pferde zur Bespannung der Bäckerwagen in Gebrauch gestellt. Diese Hülfsmittel erwiesen sich jedoch vor Ablauf von nur zwei weiteren Jahren schon als gänzlich unzureichend und man suchte dadurch Rath zu schaffen, daß man hinten nach Dearbornstraße zu einen Anbau aufführte, welcher Raum für 40 Pferde und eine große Anzahl von Wagen bot. Im Jahre 1889, als das Geschäft sich zu einer ungeahnten Höhe emporgeschwungen hatte, wurde die „Heißler & Junge Company" gesetzlich incorporirt und im Juli 1892 fand der Umzug nach dem von der Gesellschaft No. 359—409 39. Straße errichteten imposanten und in Uebereinstimmung mit den neuesten Verbesserungen auf dem Gebiete des Maschinenwesens versehenen Fabrikgebände statt, welches nun räumlich und in seiner praktischen Einrichtung den erhöhten und stets wachsenden Anforderungen zu genügen vermag.

Das Grundstück, auf welchem die Dampfbäckerei steht, mißt 311x594 Fuß und hiervon bedeckt das Gebäude einen Flächenraum von 200 bei 206 Fuß; Grundstück und der Neubau zusammen kostete sammt der Einrichtung ungefähr eine Viertelmillion Dollars. Hier sind 16 Oefen und ein sogenannter Reel Ofen im Betrieb und die zahlreichen Wagen, welche Brod und Kuchen den Kunden zuführen, vertheilen sich über 23 „Routes" (Gruppen von Kunden).

Am besten veranschaulicht wird das stete Wachsthum dieses bedeutenden Geschäftes durch die Thatsache, daß der Mehlverbrauch im Jahre 1879 sich auf 16 Faß den Tag belief, während er im vorigen Jahre auf 85 Faß und gegenwärtig schon auf über 100 Faß den Tag gesteigert hat.

Die Wm. Schmidt Baking Co.

Zu den bekanntesten und erfolgreichsten deutschen Geschäftsmännern Chicago's muß ganz besonders auch Wilhelm Schmidt, der Besitzer der großen Dampfbäckerei Nos. 75—81 Clybourn Avenue, gerechnet werden. Herr Schmidt steht jetzt im 42. Lebensjahre, also im rüstigsten Alter und auf der Höhe seiner Schaffenskraft. Er wurde in Liebenburg a. H. geboren, erlernte draußen nach erfolgter Confirmation das Bäckerhandwerk und wanderte im Alter von 21 Jahren nach Amerika aus, wo er am Neujahrstage des Jahres 1872 in Chicago eintraf und bald nach seiner Ankunft als Geselle in eine Bäckerei eintrat. Er arbeitete fleißig, ging sparsam und haushälterisch mit den sauer erworbenen Groschen um und war 2½ Jahre später, in 1874, bereits im Stande, eine kleine Bäckerei, die sich damals auf dem Grundstücke befand, auf welchem heute die Dampfbäckerei steht, käuflich in seinen Besitz zu bringen. Wie bescheiden der Anfang war, geht aus der Thatsache hervor, daß Herr Schmidt am ersten Tage, an welchem er als Meister in seinem eigenen Bäckerladen stand, nur 65 Cents vereinnahmte. Doch gar bald wurde es besser; Meister Schmidt war nicht nur ein geschickter Bäcker, sondern auch ein tüchtiger Geschäftsmann und seinem rastlosen Eifer, auf der Leiter des Erfolges bis zur höchsten Sprosse empor zu klimmen, waren keine Schwierigkeiten groß genug, um ihm hindernd in den Weg treten zu können.

Im Jahre 1877 schon wurde aus Ziegeln das Haus aufgeführt, welches die nördliche Hälfte des gesammten Gebände-Complexes bildet und 5 Jahre später folgte der Bau der südlichen Hälfte und die Umwandlung der Bäckerei in eine Dampffabrik.

Das Geschäft blühte weiter und gedieh, bis im März 1888 der ganze Bau sammt Inhalt ein Raub der Flammen wurde, die in wenigen Stunden die Früchte des Fleißes vieler Jahre jäh vernichteten.

Doch Herr Schmidt ließ den Muth nicht sinken und kaum waren die rauchenden Trümmer auf der Brandstätte erkaltet, als auch schon mit dem Wiederaufbau der Bäckerei begonnen wurde, die im Oktober des nämlichen Jahres noch, mit vielen praktischen Neuerungen versehen, größer und schöner dastand, als zuvor.

Seitdem hat Herr Schmidt die „William Schmidt Baking Company" organisirt, die außer ihm aus acht Angestellten des Geschäftes besteht; er selbst ist Präsident der Gesellschaft und Herr Georg Diehl, ein Schwiegersohn des Herrn Georg Schneider, des Präsidenten der „National Bank of Illinois", Sekretär und Schatzmeister.

Wie trefflich diese sämmtlich bei der weiteren Entwickelung des Geschäftes thätig eingreifenden Theilhaber gemeinsam zu arbeiten verstehen, beweist der Umstand, daß noch in letztem Frühjahr durch einen großen Anbau an der westlichen Seite der Fabrik die Erzeugungsfähigkeit der letzteren verdoppelt worden ist. Dieser Neubau bedeckt eine Fläche von 100 bei 125 Fuß, ist mit den neuesten Verbesserungen auf dem Gebiete des Maschinenwesens versehen und hat über $55,000 gekostet.

Der hier geschilderte geschäftliche Erfolg ist nur ein weiterer Beweis dafür, was deutscher Fleiß, Genügsamkeit und thatkräftiges Vorwärtsstreben in Gemeinschaft mit einander auszurichten vermögen.

Der ausgezeichnete Ruf, den das blühende Geschäft genießt, ist weit über die Grenzen der Stadt hinausgedrungen und hat ihm in den Staaten des Westens und Südens eine stets wachsende Kundschaft zugeführt. Ohne den erwähnten neuen Anbau hinzuzurechnen, besitzt der Gebäudecomplex eine Front von 110 und eine Tiefe von 300 Fuß. Die zur Herstellung der vielerlei Backwaaren: Brod, Kuchen, Crackers, feinen Bisquits und Zuckerwaaren in Dienst gestellten Maschinen und Apparate sind das Beste und Vollkommenste, was menschliche Erfindungsgabe bis zum heutigen Tag zu vollbringen vermochte. Das Mischen und Kneten des Teiges für die vielerlei Sorten Backwaaren geschieht allein nur durch maschinelle Thätigkeit und dadurch wird verhindert, daß das Mehl und der Teig mit den Händen der Arbeiter in Berührung kommen. Mit großer Gewissenhaftigkeit wird in allen Räumen dieser Dampfbäckerei auf peinliche Sauberkeit gehalten, und selbst dem Seewasser traut man dort nicht so recht, denn das zur Mischung des Teiges benutzte Wasser wird einem artesischen Brunnen entnommen, der eine der vielen praktischen Einrichtungen der Fabrik bildet. Des Nachts sind die Arbeitsräume elektrisch beleuchtet, und die Leuchtkraft wird ebenfalls im Gebäude selbst erzeugt. Die Stallungen für die fünfzig Pferde, welche zur Fortschaffung der Fabrikate erforderlich sind, und die Wagenremisen befinden sich hinter den Fabrikgebäuden. Die Zahl der hier beschäftigten Arbeiter beziffert sich annähernd auf 300.

Arnold Brothers.

Es war im Jahre 1868, vor einem Vierteljahrhundert also, als in dem zweistöckigen Holzhause No. 145 West Randolphstraße Adolph Arnold mit seinen Söhnen Hermann, Theodor und Adolph einen Metzgerladen etablirte und dort den Grund legte zu einem Geschäft, welches heute mit zu den bedeutendsten und bekanntesten der Stadt gehört. Zu der wunderbaren Entwickelung, die sich hier vollzog, zu dem mächtigen Aufschwung, den das Geschäft im Laufe der Jahre nahm, trugen vornehmlich die rastlose Thätigkeit und das unentwegte Vorwärtsstreben der drei Brüder bei, die neben ihrem eisernen Fleiß auch eine hübsche Portion Geschäftskenntniß besaßen und diese wohl zu verwerthen verstanden.

Das Geschäft hatte in verhältnißmäßig kurzer Zeit sich auf eine so gesunde Basis gestellt, daß Arnold, der Aeltere, sich die wohlverdiente Ruhe gönnen und den weiteren Aufbau des blühenden Unternehmens seinen Söhnen allein überlassen konnte. Im Jahre 1880 trat an Stelle des alten „Frame"-Hauses ein dreistöckiges 40 Fuß breites Backsteinhaus und mehrere Jahre später wurde auf der westlich daran grenzenden Bauſtelle ein weiteres 40 Fuß breites Gebäude aufgeführt und mit dem Nebengebäude zu einem vierstöckigen gemacht. Damit aber hatte es noch lange nicht sein Bewenden. Mit der steten Erweiterung der dem Geschäft gewid-

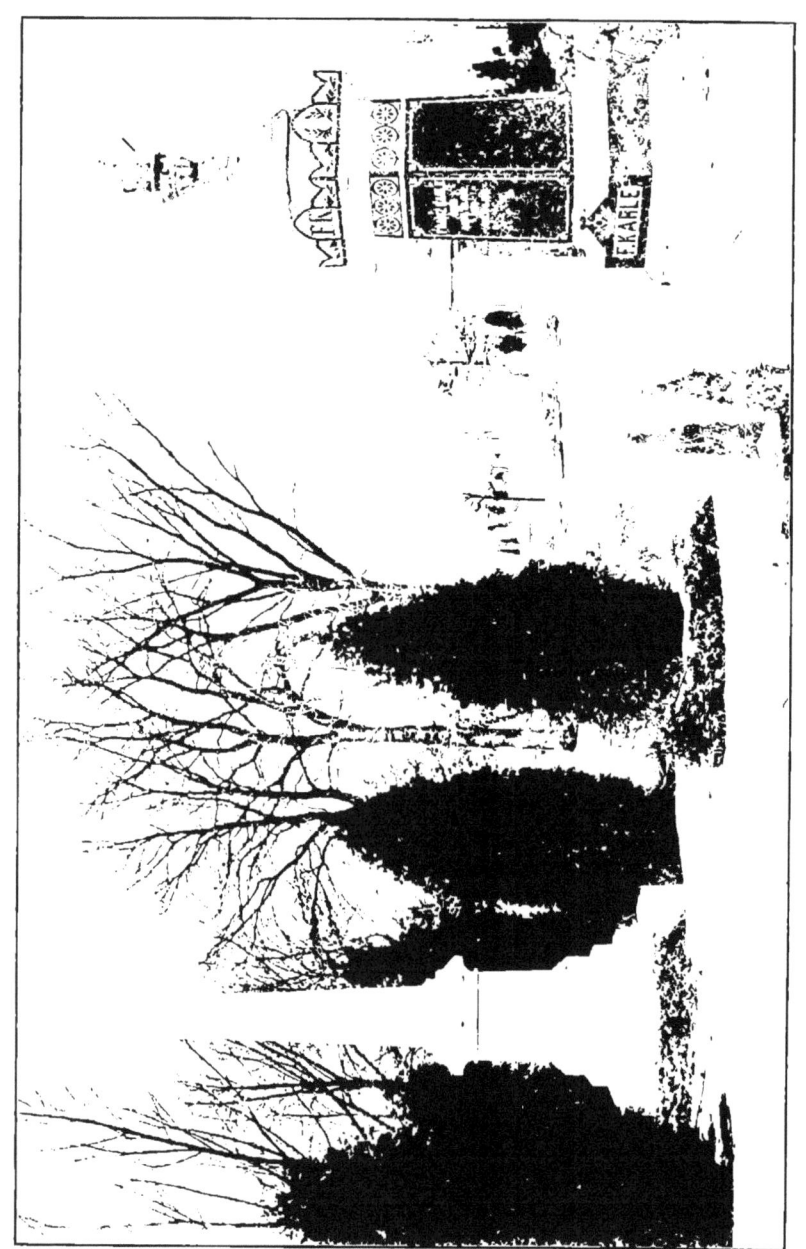

Das Marie-Denkmal im Friedhof Waldheim.

— 231 —

meten Räumlichkeiten hielt auch eine Zunahme in dem erzielten Reingewinn rüstig Schritt und als das Jahr 1891 sich einstellte, sahen die Gebrüder Arnold sich in der angenehmen Lage, westlich von ihrem 80 Fuß breiten Backsteingebäude ein bis zur Ecke von Unionstraße reichendes, sieben Stockwerke hohes Gebäude zu errichten, welches an Randolphstraße eine Front von 40 Fuß, an Unionstraße eine solche von 190 Fuß besitzt und wodurch die Gesammtfront der den Gebrüdern Arnold gehörenden Gebäulichkeiten an Randolphstraße auf 120 Fuß anschwoll. Aber auch damit hatte die Unternehmungslust der Brüder ihre Grenzen noch nicht erreicht. In den ersten Monaten vorigen Jahres wurde das östlich von dem Gebäude-Complex stehende dreistöckige Backsteinhaus dem Erdboden gleich gemacht und auf der frei gewordenen 20 Fuß breiten Baustelle ein fünfstöckiger Neubau errichtet, in dessen unterem Stock Arnold Brothers ein Bankgeschäft — die Haymarket Produce Bank — und darunter, in Erdgeschoß, feuer- und diebessichere Gewölbe zur Benutzung der Kunden einrichteten. In Anbetracht des ausgezeichneten Rufes und unbegrenzten Vertrauens, deren die Gebrüder Arnold sich erfreuen, wird ihnen auch

in ihrer neuen Eigenschaft als Bankiers der Erfolg nicht ausbleiben. Von den übrigen Räumlichkeiten des Neubaues — 143 W. Randolphstraße — wird das eine Treppe hoch belegene Stockwerk der Haymarket Produktenbörse, von welcher die Gebrüder Arnold und die Mehrzahl der in jener Gegend ansässigen Commissionshändler Mitglieder sind, zum Geschäfts- und Versammlungslokal dienen; andere Theile des Gebäudes sind an Advokaten etc. und an die Merchants' Union Telegraphen-Gesellschaft vermiethet, welch' letztere dort ein Zweigbüreau etablirte.

Durch diesen letzten Anbau ist die Länge der Front an Randolphstraße auf 140 Fuß gestiegen, was bei einer Tiefe von 190 Fuß für den gesammten Häusercomplex der Gebrüder Arnold eine Grundfläche von 26,600 Quadratfuß ergibt. Zu alledem kommt noch die Thatsache, daß auch die südöstliche Ecke von Randolph- und Unionstraße Eigenthum von Arnold Brothers ist, welche nach Schluß der Weltausstellung dortselbst ein imposantes Steingebäude, ähnlich wie das von ihnen an der gegenüber liegenden Ecke errichtete, bauen werden. Männern wie diesen verdankt Chicago seine Größe und wunderbare Entwickelung!

BANK OF COMMERCE.

Zu den vertrauenswürdigsten und deßhalb empfehlenswerthesten deutschen Geldinstituten der Stadt Chicago gehört die "Bank of Commerce", deren Geschäftsräume sich in dem Gebäude "The Temple", Nos. 188—192 La Salle-straße, befinden. Diese Bank ist im Frühjahr 1891, bis wohin sie von den Begründern, den Herren Felsenthal, Groß und Miller, als eine der bekanntesten deutschen Privatbanken Chicago's geführt wurde und schnell die Gunst des Publikums sich eroberte, in eine Staatsbank umgewandelt worden, als welche sie nun den beneidenswerthen Ruf, den sie sich durch eine ebenso gewissenhafte als vorsichtige Geschäftsverwaltung erworben hatte, noch mehr befestigte.

Die geschäftliche Leitung der "Bank of Commerce" liegt in den erprobten Händen von: Hermann Felsenthal, Präsident; Jacob Groß, Vize-Präsident und Fred. Miller, Kassirer.

Beim Beginn des Geschäftsjahres 1893 wurde dem Staats-Auditor folgender beglaubigter Ausweis über die finanzielle Lage der Bank unterbreitet:

Vermögen:

Ausgeliehene Beträge	$1,370,713.97
Bonds und Prämien	16,558.00
Baar und Forderungen an Banken	541,796.40
Büreau-Einrichtung	6,200.00
	$1,935,268.37

Verbindlichkeiten:

Kapital	$500,000.00
Ueberschuß	7,500.00
Ungetheilter Gewinn	7,268.44
Nicht bezahlte Dividenden	17,500.00
Depositen	1,402,999.93
	$1,935,268.37

Als Direktoren stehen die folgenden Herren, deren Namen sammt und sonders in der hiesigen Geschäftswelt einen guten Klang haben, an der Spitze der Bank:

Fred. Miller, K. G. Schmidt, Jacob Groß, Fred. W. Wolf, Hermann Felsenthal, Jacob Birk, Morris Veifeld und Peter Spielmann.

Felsenlandschaft in Ggandale.

Geschäfts-Anzeigen.

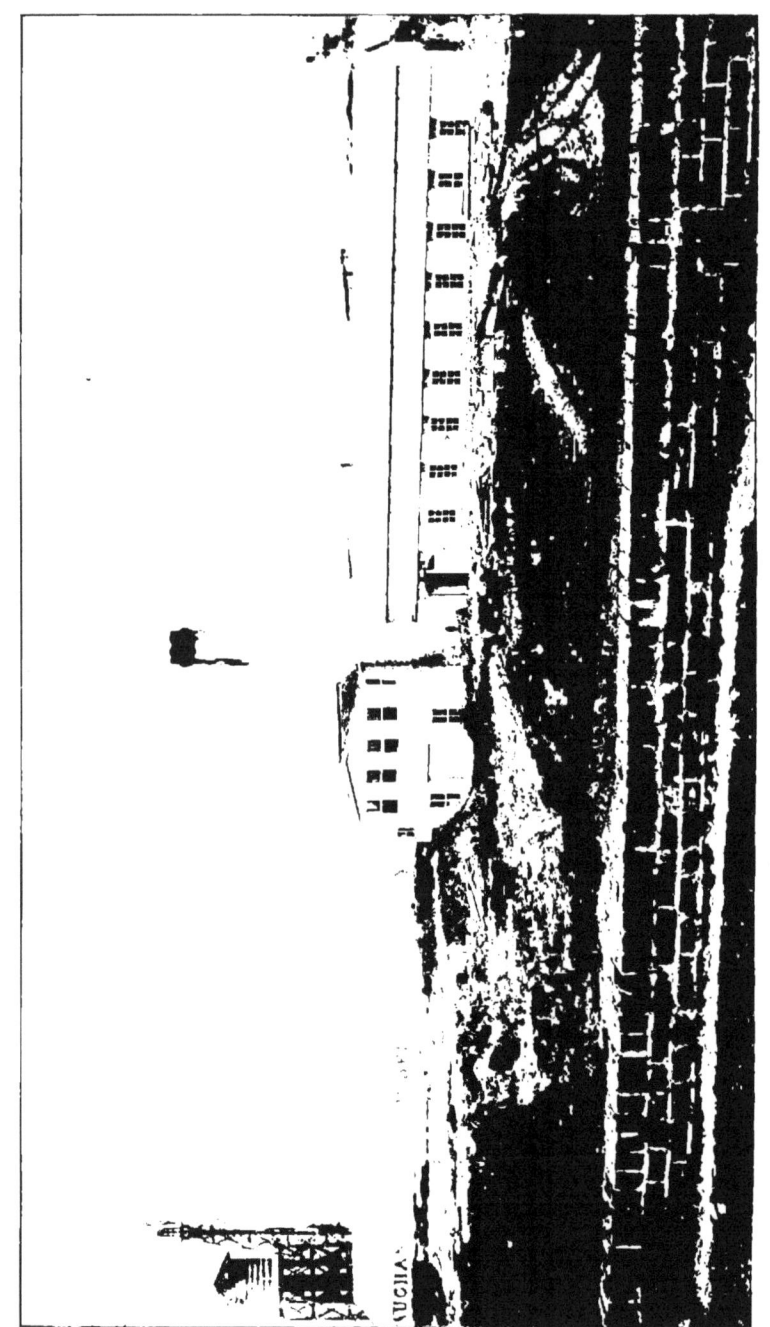

J. C. Vaughan's Gewächshäuser in Western Springs.

E. S. Dreyer.   Robert Berger.

E. S. DREYER & CO.,

Bankiers,

Grundeigenthum- und Hypotheken-Geschäft,

Nord-Ost Ecke Dearborn und Washington Str.,

Telephon No. 2645.   Chicago.

Philip Henrici,

Deutsche Kuchenbäckerei,

Restauration und Kaffeehaus,

175 und 177 Ost Madison Strasse.

Damen, die auf ihren Einkaufstouren im Mittelpunkt der Stadt Verlangen nach einer wirklich guten Tasse Kaffee und feinem Backwerk empfinden mögen, ist Henrici's wohlbekannte Restauration ganz besonders zu empfehlen.

EDWARD KOCH,

Bankier und Actienmakler,

No. 158 Dearborn Straße,

Mitglied der Chicago Actienbörse.

Telephon No. 2978. ◄◄◄—► CHICAGO.

| WILLIAM DICKINSON. | COURTLAND P. DIXON. | JEROME A. KING. |
| JOHN W. DICKINSON. | | IRA C. HUTCHINSON. |

DICKINSON BROS. & KING,

Ausländischer und amerikanischer

Portland ✶ Cement,

Milwaukee Cement, Louisville Cement.

Chicago. — **New York.** **New Orleans.**

HENRY & D. S. GREENEBAUM,

92 La Salle Strasse.

Geld zu verleihen auf Grundeigenthum.
Sichere Kapital-Anlagen stets vorräthig.

——— Lebensversicherung und Landgeschäft.

McAvoy Brewing Company

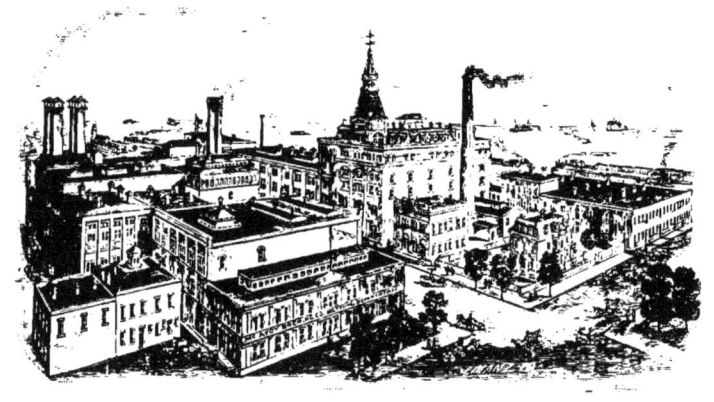

Feines Bier.

2349 SOUTH PARK AVENUE.

Austin J. Doyle, Präsident.

Adam Ortseifen, Vice-Präsident.

H. T. Bellamy, Sekretär und Schatzmeister.

TELEPHONE NO. 8257.

C. P. DOSE & CO.,

Land-Geschäft,

Geld zu verleihen auf Grundeigenthum.

Agenten für das Schiller-Gebäude.

———— Zimmer 201—203 im Schiller-Gebäude.

Telephon, Main 3824.   Chicago, Ill.

Seit 1856 in Chicago.

CHARLES KOZMINSKI & CO.,
164—Randolph-Straße—164

Geld zu verleihen zu billigen Zinsen auf Chicagoer Grundeigenthum. Beste Hypotheken und Bonds zu verkaufen.

Vollmachten, consularisch und notariell beglaubigt. Einziehung von Erbschaften und sonstigen Guthaben werden auf's beste besorgt.

Passagescheine nach und von Europa **sehr billig.**

Wechsel und Postanzahlungen auf alle Postplätze der Welt.

Grundstücke, Kauf und Verkauf.

HENRY JANSEN,

Importeur von Rhein-Weinen.

Chicagoer Rathskeller.

163 & 165 Washington Straße,   Chicago.

JOHN A. ORB,
Präſident.

THEO. OEHNE,
Vice-Präſident und Schatzmeiſter.

J. H. SCHILLER,
Sekretär.

Conrad Seipp

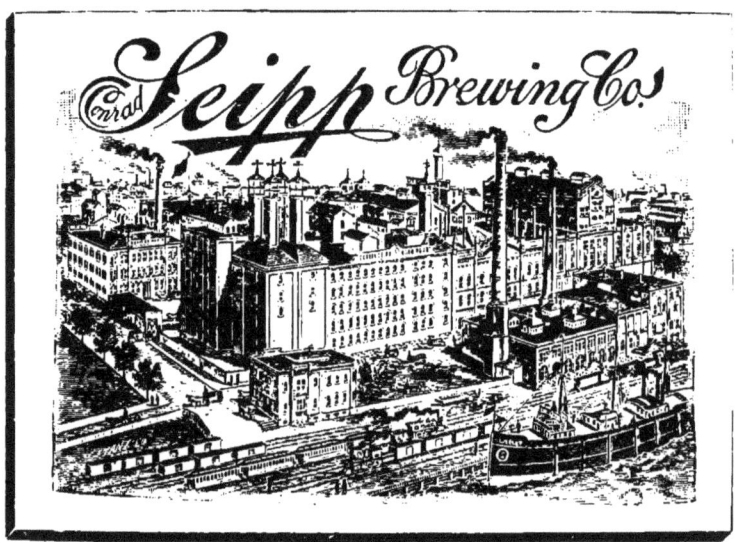

Brewing Co.

Lake Shore, am Fuß der 27. Straße,

Chicago, Ill.

William Mechwart,

Fabrikant von allen Sorten

Blumentöpfen, Vasen,
Hängekörben,

Ornamenten für Teiche und Aquarien ꝛc.

Vorrath von allen Größen und Mustern in reicher Auswahl.

Bestellungen prompt ausgeführt.

Auf gediegene Arbeit und die Hervorbringung

geschmackvoller Neuheiten

wird in meiner Kunsttöpferei besonders viel Werth gelegt und dabei sind die Preise die niedrigsten.

Töpferei:

**Nos. 141-147 Liberty=Str., nahe Union=Str.,
Chicago, Illinois.**

Standard Brewery,

West 12. Straße und Campbell Avenue,

Chicago, Ill.

Feines Bier im Faß und (für den Familiengebrauch) auf Flaschen gezogen.

Das Lagerbier der **Standard Brauerei** hat sich durch seine **Güte** und **Reinheit** einen beneidenswerthen Ruf erworben und schnell beliebt gemacht. Probirt es!

August J. Dewes, Präsident.

Carl J. Dewes, Vize-Präsident und Schatzmeister.

John Gaynor, Sekretär.

Register.

A.

Abt, Peter........................53
Altenheim........................169
Amberg, Franz............24, 90, 93
Angelsberg, M. N................137
Appel, Henry....................153
Armstrong, John M.......15, 16, 19
Arnold, Adolph..................228
Arnold, Adolph, jun.............228
Arnold, Bros....................228
Arnold, Hermann.................228
Arnold, J.......................142
Arnold, J. P....................90
Arnold, Theodor.................228
Artz, B.........................153
Aßmann..........................103

B.

Babcock, H. H...................51
Baier, A........................142
Baker, Samuel L.................71
Bank of Commerce................231
Bates, Eli...................24, 32
Bauer, Aug......................24
Bauer, Aug......................158
Baumann, G......................173
Baynes, John....................138
Benson, Inga....................189
Beifeld, Morris.................231
Benson, Supt....................16
Berger, Robert..................219
Bernard, F. H., Dr..............90
Biehl, L........................141
Birk, Jacob.....................231
Birkeland, J. S.................189
Blair, C. J.....................23
Blaney, J. W. Z., Dr............130
Blatter, Felix..................142
Blatz, Valentin.................220
Bodenschatz.....................178
Bowen, Chauncey..............44, 51
Boyle, Amalia C.................142
Bradley, Wm. H..................23
Brand, Michael..................220
Brand, Rudolph..................220
Brenan, Thomas..................138
Brenock, John................68, 71
Brick, Chr......................142
Brockway, Mary Adelheid.........161
Broß, Wm........................44
Bryan, D. P.....................126
Bühler, Christine...............178
Bühler, John..71, 81, 90, 177, 181, 215

Bühler, John W..................215
Burkhardt & Son.................142
Burkhardt, H. S.................71
Busch, J. B.....................142
Busch, Valentin.................220

C.

Carlson, Clara K................189
Carpenter, Benj.................19
Carter, C. B....................71
Charles, Jos....................36
Christoph, H. J.................153
Clark, D. W.....................71
Clark, J. B., jun...............23
Cleveland, H. W. S..............51
Clußmann, W.....................178
Cole, David.....................67
Cornell, Paul...........44, 51, 153
Coßmann, M......................142
Cottle, W. P....................161
Cragin, C. J....................36
Cremer, Anton...................142
Cudahy, John....................137
Culver, B. F....................23
Cunningham, Thos. J.............36

D.

Davis, Jefferson................154
Delp, A.........................173
Demmler, Franz..................24
Detmer, Anton...................142
Devine, Wm. M...................137
De Bry, Hermann..............24, 43
Dewes, F. J..........82, 90, 93, 94, 95
Diehl, Geo......................228
Dietsch, Emil................24, 77
Dreyer, Edw. S......24, 35, 36, 219
Donnersberger, Jos..............52
Dore, John C....................44

E.

Eastman, Frank..................44
Ebert, A. E.....................51
Engelsmann, J...................142
Ernst, Leo......................220

F.

Farwell, C. B...................36
Faulhaber, J. M.................181
Feindt, Wm......................181
Felsenthal, Hermann.............231
Ferber, Johann..................158
Fischer, Jos...............178, 181

Fischer, Peter, Pfarrer........... 158
Fitz Simons, General............. 189
Flannigan, J.................... 162
Forell, F. K. C.................. 44
Foß, J. H....................... 153
Foster, F. F..................... 51
Frank, Joseph................... 24
Franke, A....................... 215
Friesleben, Catharine............ 153
Fröhlich, Jacques................ 178
Free Sons of Israel.............. 174
Fuller, H. W.................... 36
Fuller, Melville W............... 44

G.

Gage, Geo. W.................... 51
Gall, John F.................... 27
Gall, L. G...................... 153
Gartenmann, J. B................ 153
Gauß, E. F. L................... 90
Geilfuß, August................. 153
Geiß, C. F...................... 181
Gielifke, Carl.................. 153
Gilpin, Henry D................. 72
Gindele, John G.......... 19, 20, 23
Gloganer, Fritz................. 90
Goldzier, Julius................ 90
Goodman, Dan.................... 153
Goodrich, Grant............. 16, 23
Goodspead, E. J................. 161
Gottfried, M.................... 178
Gottsellig, Theresa............. 153
Goudy, Wm. C......... 15, 16, 23, 35
Grant, Frau U. S................ 35
Grant, Ulysses S., jun.......... 35
Greenebaum, Henry, 67, 68, 71, 77, 81,
.... 90, 93
Gresham, Walter L............... 35
Groß, Jacob.................. 93, 231
Große, John..................... 36
Günther, Theo................... 181
Guth, Henry..................... 153

H.

Haase, Ferdinand.... 169, 170, 173, 178
Hädicke, Paul................... 90
Härting, Carl............... 24, 90
Hagemann, A..................... 142
Hanke, J........................ 178
Harmon, H. W.................... 51
Harms, H., Dr................... 90
Harrison, Carter H.............. 27
Harvey, J. D.................... 36
Haunschild, Jos................. 142
Hayes, S. S................. 44, 71
Hechinger, Catharine............ 142
Heinzmann, Geo.................. 93
Heiß, C. E...................... 24
Heißler, Jacob.............. 181, 224
Heißler & Junge Co.......... 224, 227
Hellwig, Wilhelmine............. 178
Henius, Max, Dr............. 90, 93

Henne, Phil..................... 24
Henrotin, C..................... 36
Herting, John................... 142
Hesing, A. C......... 23, 24, 69, 90, 93
Hesing, Louise.................. 142
Hesing, Washington.............. 189
Heuer, August................... 23
Heywood, P. P................... 36
Hibbard, H. R................... 51
Hickling, Wm.................... 153
Hitt, F. R...................... 67
Hjortsberg, Max................. 23
Hogan, Martin................... 162
Holden, Chas. C. P........ 19, 67, 68
Hörber, F. L.................... 178
Hohner, Johanna................. 178
Holinger, Arnold................ 24
Honore, H. H.................... 44
Hooley, R. M.................... 137
Hottinger, Anton................ 19
Hoyne, Thos.................. 44, 77
Huck, Louis................. 24, 126
Hurlbut, Emeline................ 173
Hutzler, Louis.................. 93

J.

Ine, Leopold.................... 185
Jacob, Emma W................... 153
Jahnke, A. H.................... 153
Jansen, Geo..................... 178
Janssen, Theo................... 90
Jennings, F. D.................. 44
Jewett, S. M.................... 36
Johnson, Geo. A................. 189
Johnson, R...................... 104
Johnson, W. S................... 71
Johnson, W. T................... 36
Jones, Wm................... 16, 23
Junge, August................... 224

K.

Kadish, L. J.................... 23
Kales, Francis.................. 23
Kanst, Fred...... 51, 56, 59, 60, 61, 62
Karls, Theo..................... 24
Karnatz, F. W........... 78, 81, 86, 96
Kauffert, C. F.................. 153
Kayler, Benj.................... 161
Keller, Geo..................... 153
Keßler, C. B.................... 153
Keßler, Peter................... 173
Kettelstring, Jos........... 169, 173
Kirk, Chas. S................... 23
Klein, Henry.................... 161
Kleiner, Paul................... 153
Koch, Edward................ 90, 219
Kochs, Theo. A.................. 223
Köhler, Peter................... 178
Kohlsaat, C. C.................. 71
Kreß, Geo....................... 153
Kublant, F...................... 153
Kummer, John.................... 178

L.

Lackner, Francis 24
Laflin, Mathew 43
Lafrentz, H. R. 181
Langeloth, Moritz 178
Lawrence, Frank 71
Lesens, T. J. 24, 36, 181
Lehmann, E. J. 178
Lehrkamp, Louise 178
Leicht, Andrew 23, 24
Leiendecker, L. P. 142
Leiendecker, R. 142
Letz, Fred 19
Lindblom, Robert 36
Lingenberg, John 181
Lipe, Clark 67, 68
Lott, E. R. 178
Loewenthal, Berthold 68
Louisenhain 169
Ludlam, J. W. T. 133
Lynch, Thomas 137

M.

McAuley, J. T. 36
McAvoy, John 137
McCagg, E. B. 23, 44
McCrea, S. H. 68, 71
McDonald, P. C. 162
McGrath, P. J. 71
McGregor, J. 36
McLaughlin, Jos. 138
Maas, Friedrich 178
Maas, Philip 181
Madlener, Fridolin 24
Manierre, George 16, 23
Maurer, Minna 178
Mayer, Frank 142
Mayer Leopold 24
Mechwart, Wm. 99
Merkel, R. 158
Millard, Alden E. 68
Miller, Carl 162
Miller, Fred 231
Mitchell, Wm. H. 126
Moeller, E. C. 24
Mohr, John 215
Morgan, Wm. 161
Mueller, Bernard 142
Mueller, J. C. 215
Mueller, John B. 178
Mueller, Wilhelm 182
Munson, Francis 47
Muus, J. F. A. 67

N.

Nelson, Andrew 23
Neu, Marie 142
Nettelhorst, Louis 24
Newberry, Walter L. 16, 23
Newman, Bischof 35
Newman, Wm. W. 153
Nickerson, S. M. 23, 26
Roe, S. R. 153

O.

Ohmich, H. G. 153
Olmstead, Fred Law 44, 51
Orb, Elise 153

P.

Palmer, Potter 35, 36
Pauly, Wilhelm 162
Pavy, M. E. 220
Pearce, J. Irving 44
Peck, Ferd. 189
Perkins, R. E. 44
Peterson, P. S. 199
Petri, Chas. 215
Pettigrew, J. A., Sup't 36, 39
Plautz, C. Hermann 90, 215
Pottgieser, Giesbert 153
Proudfoot, Lawrence 15
Pruessing, Geo. 24

R.

Rahlfs, Geo. 68, 71, 96, 215
Raimburg, A. 162
Rapp, Wilhelm 27
Rasper, Hugo 93
Rausch, Carl, Dr. 126
Raymond, B. W. 16, 23
Raymond, S. B. 36
Rebisso, Louis T. 36
Rehm, Jacob 23
Rexford, R. B. 161
Righeimer, R. 178
Roeder, J. C. 142
Rollins, Alonzo W. 165
Roos, B. L. 178
Root, Jas. P. 44, 47, 51
Rose, Edward 36, 90
Rosenthal, Julius 24, 31, 90
Rozet, Geo. O. 36
Rubens, Harry 24, 90
Ruh, Valentin 19
Runyan, E. F. 67, 68
Russell, Martin J. 52

S.

Sargent, E. H. 51
Scammon, J. Y. 44
Schillo, Anton 142
Schimpfermann, W. H. 153
Schmahl, W. 153
Schmidt, Christian 153
Schmidt, Geo. 36
Schmidt, J. 215
Schmidt, J. H. 178
Schmidt, K. G. 231
Schmidt, (Wm.) Baking Co. 227
Schmidt, Wilhelm 227
Schönewald, J. 142
Schönhofen, Peter 126
Schöninger, Adolph 212, 215
Schöninger, Jos. 24

247

Scholer, J. 142
Schrade, Geo. 177, 181
Schröder, Louise 178
Schröder, Wilhelm 178
Schürle, Anton 178
Schüttler, Peter 68
Schulz, Mathias 178
Schulz, M. 215
Schweinfurth, G. 181
Schweisthal, Michael 36
Scott, Geo. H. 134
Seiffert, Rud. Dr. 24
Sell, Johann 99, 100
Selz, Morris 36
Seuss, F. L. 90
Seyfried, U. 178
Shay, James 162
Sherman, John 52
Sidwan, L. B. 44, 51
Sieben, Michael 142
Simon, Andreas 90
Simonds, O. C. 122, 126, 129
Skinner, Mark 16, 23
Sladek, Marie 142
Small, Albion W., Prof. 93
Smith, Geo. W. 44, 47
Smith, Philander 173
Snell, A. J. 134
Snowhook, W. B. 137
Sorgenfrei, J. 153
Spielmann, Peter 231
Stanford, Geo. W. 67
Stanley, P. E. 36
Steiger, Gabriel 153
Stein, Chas 153
Stensland, Paul O. 189
Stern, Max 24
Stieglitz, Gustav 24
St. George, A. 90, 93
Stockton, Jos. 23, 31, 36
Straßheim, Christ. 23
Strauch, Adolph 133, 150, 170
Strombach, Chas. 23, 24, 32
Strong, Wm. E. 36
Stuckart, Conrad 153
Stüdli, Lina. 31
Sullivan, J. B. 36
Sundell, Chas. G. 77

T.

Tarnow, G. 178
Taylor, E. S. 23, 35, 36
Tegtmeyer, Christ. 71
Tempel, John 142
Teßmann, Carl 153
Thomas, Peter 158
Thompson, Harvey L. 71, 93
Towner, H. 36
Tree, Lambert 32
Trogg, John 178
Troost, Bros. 178
Turner, J. B. 23

U.

Uhlich, Karl 161
Uihlein, Edw. 90, 173, 215, 216
Ullmann, Nellie W. 153
Underberg, Margarethe 178
Ure, John C. 16, 20

V.

Vaesgen, Isabella 158
Vanderbelt, Henry 161
Vanghan, J. C. 216, 219
Vocke, Wilhelm 77
Voß, Arno 178

W.

Wacker, Chas H. 36
Wadlow, Ed. T. 153
Wagner, Albert 142
Wagner, Peter 142
Waller, R. A. 23
Walsh, John R. 51
Wampold, Louis 36
Washburne, Hempstead 35, 93
Weinberger, A. F. 215
Weinhardt, Hermann 90, 215
Weinhardt, Martha 93, 94
Weiß, Geo. A. 24
Wendt, Rosa 173
Wenter, Frank 24
Wentworth, John 134
Werkmeister, J. 153
Wessendorf, Catharine 158
Wessendorf, John 158
Wheaples, Reuben 169
Wieland, Henry) 36
Wilcox, S. R. 68, 71
Wild, Theo., Dr. 181, 215
Wiemann, H. 178
Wilken, Emil 68
Williams, Norman 36, 44
Wilson, John M. 44, 51
Winston, F. H. 23
Wippo, Conrad 177
Wischemeyer, Heinrich ... 142, 157, 158
Wischemeyer, Maria 157, 158
Withrow, T. F. 23
Wolf, Fred. W. 231
Wolff, Ludwig 24, 90
Wolford, Jacob 137
Wood, E. E. 68
Woodard, Willard 68, 71

Y.

Yerkes, Chas. T. 23

Z.

Zapel, Carl 104, 105
Zeller, Jos. E. C. 153
Zender, Johann 142
Zoellner, Auguste 178
Zulfer, A. 142